劲仔味道

——民营企业工商人类学个案研究

刘 谦 等著

经济日报出版社

图书在版编目（CIP）数据

劲仔味道：民营企业工商人类学个案研究 / 刘谦等著
. —北京：经济日报出版社，2021. 11
ISBN 978-7-5196-0976-4

Ⅰ.①劲… Ⅱ.①刘… Ⅲ.①食品企业—民营企业—
企业发展—研究—湖南 Ⅳ.①F426.82

中国版本图书馆 CIP 数据核字（2021）第 243259 号

劲仔味道：民营企业工商人类学个案研究

著　　者	刘　谦等
责任编辑	门　睿
责任校对	常　贺
出版发行	经济日报出版社
地　　址	北京市西城区白纸坊东街 2 号 A 座综合楼 710（邮政编码：100054）
电　　话	010-63567684（总编室）
	010-63584556（财经编辑部）
	010-63567687（企业与企业家史编辑部）
	010-63567683（经济与管理学术编辑部）
	010-63538621 63567692（发行部）
网　　址	www.edpbook.com.cn
E - mail	edpbook@126.com
经　　销	全国新华书店
印　　刷	三河市华东印刷有限公司
开　　本	710×1000 毫米　1/16
印　　张	18.5
字　　数	305 千字
版　　次	2022 年 1 月第一版
印　　次	2022 年 1 月第一次印刷
书　　号	ISBN 978-7-5196-0976-4
定　　价	68.00 元

前　言

　　劲仔食品集团股份有限公司（以下简称劲仔食品）是一家从小作坊发展到上市公司的民营企业。生产、研发、销售休闲食品，是它的主业。"味道"自然是这家企业的核心议题和重要特色。

　　本书以劲仔食品为个案，以它的上市时间为节点，回溯它成长发育、日渐成熟的过程，帮助我们了解与生活息息相关的商品，如何镶嵌在社会运行中，一步步向我们走来。它不是一部以企业家个人为中心的人物传记，而意在以工商人类学的视角，引导人们对萦绕我们日常生活的工商实践进行化熟悉为陌生的凝视，帮助人们更好地理解、感悟民营企业这一独特形式的社会组织，以及其成长、发展的过程。

　　作为普通市民，按照自己的心意选购商品，是我们的日常生活。我们当然知道超市里琳琅满目的商品来自不同的企业。但是，那些企业又是按照怎样的策略生产，并确保它生产的每一件产品都符合相关质量标准？经过了怎样的考虑和设计，定位商品价格和设计包装，把它们送到我们目之所及的范围内，促使我们在诸多品牌中，选择这个，而放弃那个？细细想来，虽然作为消费的选购，似乎只是一瞬间的决定，但是，对于我们手中的商品来说，它从原材料的形态，变身到现在的模样，而且被我们买到手中，这真是一个长长的链条和神奇的过程。

　　本书选取劲仔食品为个案，进行深入描述与分析。它的产品，也许你并不陌生，就是在许多超市里可以见到的那让你胃口大开的"劲仔"小鱼和豆干。这两年，它的代言人是年轻帅气的邓伦，前两年，它的包装上是充满"湘味"的汪涵！尤其是那香辣口味的"劲仔"小鱼，是劲仔食品的拳头产品。辣得痛快，简直让人欲罢不能！还有那劲道、无杂质的小鱼口感，再想到它来自深海的出身，顿觉这是一款集劲爆口味和健康休闲于一体的不舍零食。

　　作为"劲仔"的消费者，这是我们真实的感受。更为难得的是，我们有一

1

份机缘走入劲仔食品，不仅深入到他们大规模、现代化、干净整洁的生产车间，和他们的员工同吃同住，而且，访谈了近50位企业员工，包括企业创始人、总经理、中层管理人员和一线员工，了解它从20世纪80年代末90年代初如何从一个小作坊成长到年度营收9.09亿元，净利润1.03亿元，稳居休闲鱼制品行业第一的大规模休闲食品企业。① 这番历程，作为旁观者，我们看得热血沸腾，似乎也和企业一起充满着雄心壮志。作为人类学专业人士，更从理解民营企业作为中国经济发展乃至社会发展不可或缺的细胞的角度，窥探中国民营企业发展的历史机遇、企业家精神与企业成长的规律。我们通过本书，记述劲仔食品的成长和对她的一份理解与展望。

本书是依托劲仔食品，从工商人类学视角对企业成长进行的一番解读。工商管理，通常将企业的投入、产出、盈利置于前台，探究营利性组织经营活动规律及企业管理的理论、方法与技术。工商人类学，则是人类学理论视角在工商领域的应用。它讲求从文化意涵的角度理解企业行为。尽管盈利是企业的根本。但是在工商人类学看来，那是企业良性运行的表现，却不是终极目的。企业家将企业的发展视为一番事业甚至人生追求，专业人士将企业视为展示职业价值的舞台，一线员工不仅需要靠劳动养家糊口，更以自己的方式对劳动单位进行投票与选择。在宏观层面，国家对民营企业的政策，和企业所属行业业态的发展，无疑构成企业运行的直接外部环境。在工商人类学看来，一个企业只有在市场浪潮下，将这些内外环境与动力系统维持精妙的平衡，方可持续发展。因此，本书将记述劲仔食品一路走来，如何应对这些内外压力，识别机遇与挑战，不断形成新的平衡，维持有序增长的机理。

这不是一部以企业家个人为中心的人物传记，但是充满了人与情。劲仔食品的创始人周劲松，是一位当之无愧的企业家，更是劲仔食品的灵魂人物。但他不像人们想象中的企业家，激情澎湃而富于煽动性。他的冒险精神，从迈出岳阳平江勇闯河南之初，就显露出来。同时这份冒险精神，一方面不以冒险的面目出现，却始终暗藏在企业发展的每一个关键环节。他总是表现出低调、朴实、不善言辞的风格，却一直选择永不停息、勇往直前的企业发展战略；另一方面，这份冒险精神，始终伴随着风险的把控和具体行动。周劲松从休闲食品起家，历经将近30年的发展，一直将企业定位在这一专业领域。当他预见到企

---

① 搜狐网，2021年4月30日，官宣：华文食品正式更名为劲仔食品，https://www.sohu.com/a/463913777_114984

业每一步核心挑战的本质时，都会心胸宽广地邀请相关专业人士加盟，来应对每一阶段的独特挑战与风险，共谋大业。当然，还有很多元老级员工，和那些日夜劳作在生产一线的工人们。一个企业的发展，建立起一套适宜的机制，和多元并存的文化氛围，鼓励支持每一个人为企业发光发热，才可以走得长远。而如何发挥人的能动性，则深深根值于对人的复杂性的理解之上。一个有形的企业，一番可见的制度，如何和不同层面的人性对话与互构，考验着企业上下的智慧。在一定意义上，这本书是一幅群英谱，记载企业不同阶段的劲仔人的证言证词。也正是这些人与情，铸造着企业的过去、现在与未来。

这不仅是一部以理论为导向的社会学专著，同时又尽力从社会运行的视角，将一个企业的成长作为微观个案，从而理解我们所处社会，乃至人性的伟大与局限。每一门学科，都是人类经过长期观察，摸索规律形成的一套规律性总结。依据不同的学科，其理论有着各自的话语体系和理论工具。社会学、人类学理论的魅力在于，形成一些概念体系去解释我们司空见惯的社会生活，比如角色理论、社会交换理论、文化再生产理论等。但是，任何理论都有它的局限性，无法穷尽活色生香的人间烟火。作为人类学学者，经常苦于寻找适切的理论统摄对生动社会生活的阐释。在本书的构建中，我们力求用理论分析的视角和意趣，引导读者去思考，而不意在使用社会学、人类学理论去贯穿全书。出于这种考虑，一方面尽量避免抽象的理论对劲仔食品的生动实践形成窒息；另一方面，希望能更广泛地吸引更多对企业运营、商品生产与消费这一宽泛话题有兴趣的广大读者、消费者。

作为休闲食品企业，味道，是劲仔食品的标志性特征；作为企业，每一个企业都有自身的风格与品位；本书力求以工商人类学触角，展示劲仔食品作为当今中国民营企业个案所具有的文化蕴涵与时代精神，故名《劲仔味道：民营企业工商人类学个案研究》。

刘谦

2021 年 7 月 19 日

目　录
CONTENTS

绪　论

2018 年 11 月 1 日，习近平总书记在民营企业座谈会上的讲话明确指出，改革开放四十年来，"民营经济具有'五六七八九'的特征，即贡献了 50% 以上的税收，60% 以上的国内生产总值，70% 以上的技术创新成果，80% 以上的城镇劳动就业，90% 以上的企业数量。在世界 500 强企业中，我国民营企业由 2010 年的 1 家增加到 2018 年的 28 家。我国民营经济已经成为推动我国发展不可或缺的力量，成为创业就业的主要领域、技术创新的重要主体、国家税收的重要来源，为我国社会主义市场经济发展、政府职能转变、农村富余劳动力转移、国际市场开拓等发挥了重要作用。"① 当前，我国正处于经济结构战略性调整和转型升级的关键时期。民营企业为中国经济增长做出了切实的贡献，是中国经济发展必不可少的基础细胞和重要参与者。同时，民营企业没有国有企业天然的支撑系统，面对市场风云，从组织机制的角度，必须灵活、果敢、富有预见性和扎实的行动力。劲仔食品集团股份有限公司（以下简称"劲仔食品"），就是一个在市场丛林中稳健前行的个案。本研究选取劲仔食品作为个案，讲述她的故事，评析她的成长与现状，从工商人类学视角，对其发展形态、商业实践、组织文化等进行描述、分析，以期更好地理解中国民营企业成长的机理。在这一过程中，将中国民营企业发展与宏观社会环境、文化传统、社会转型历史阶段特征进行勾连，从而更好理解中国社会。

劲仔食品，是一家平实的企业。它的工厂坐落在湖南岳阳，从事风味豆干、风味小鱼等传统休闲食品的研发、生产与销售，目前主要品牌是"劲仔"。创始人周劲松，1972 年生人，湖南岳阳平江人，1989 年正式涉足休闲食品行业，当时的主打产品是豆干；时至 2019 年，劲仔食品年营业收入 8.95 亿元，实现净利

---

① http://www.gov.cn/xinwen/2018-11/01/content_ 5336616.htm，习近平：在民营企业座谈会上的讲话

润 1.18 亿元，并开启 IPO，最终实现企业上市。从企业成长的角度，将劲仔食品发展的关键步伐进行如下勾勒：

2000 年，周劲松注册"劲仔"品牌。

2010 年，成立湖南省华文食品有限公司，注册资本和实收资本 200 万元

2015 年，在平江伍市工业园购置 176 亩土地新建高标准、现代化、规范化的休闲食品生产基地，成为目前风味小鱼和风味豆干生产的标杆企业。

2016 年，联想控股旗下佳沃集团以 3 亿元的代价拿下华文食品前身华文有限 20% 的股权。该年营业收入为 3.97 亿，净利润 2586 万元，逐渐跻身主流休闲零食品牌。

2017 年，鱼制品自动化生产线全线创新升级，人均劳效实现翻番式跨越增长，营业收入为 7.67 亿，净利润 7566.19 万元。

2018 年，变更为华文食品股份有限公司，注册资本和实收资本 36000 万元，营业收入为 8.05 亿元，净利润 1.15 亿元。

2019 年，向证监会递交招股书，拟发行不低于 4000 万股新股，募集资金约 1.6 亿元。发行人控股股东、实际控制人周劲松、李冰玉夫妇，分别持有股份 34.56%、10.06%。①

2020 年 9 月 14 日，"鱼类零食第一股"华文食品在深交所敲钟上市。

2021 年 4 月 29 日，公司发布公告，经申请，并经深圳证券交易所核准，公司证券简称由"华文食品"变更为"劲仔食品"，英文证券简称由"HWSP"变更为"JZSP"，证券代码"003000"保持不变。

和书店里经常看到的是"华为""美的""京东""腾讯""老干妈""褚橙"这些脍炙人口、飞速增长的企业相比，从公司规模和盈利指标上看，劲仔食品在民营企业大军中，并不显眼。2017 年，民营企业 500 强的营业收入总额为 244793.82 亿元，户均 489.59 亿元。② 在休闲食品行业中，"好想你"健康食品股份有限公司 2018 年营业收入为 49.49 亿元；上海来伊份股份有限公司 2018 年营业总收入为 38.91 亿元。③ 从营业收入、生产销售体量上看，劲仔食品在休闲食品行业占据一席之地，虽尚未成为领军企业，但是它一直都在努力成为未来快速消费品市场中最具前景、最有活力的企业。同时，它一路走来的成长经

---

① 华文食品股份有限公司首次公开发行股票招股说明书，2019 年 12 月版，1-1-45，46，47，48
② 《中国经济贸易年鉴》2018
③ 中商产业研究院，2019 年休闲食品市场前景研究报告

历，也可以被描述为有较大的困难，而无明显挫折。它的成长经历、各种困境、奋进的精神，恰恰可以被视为中国当代民营企业的缩影。

豆干、小鱼，看起来一点都不炫目，这些休闲食品却是人们生活中特别是年轻人生活中不可或缺的存在。这也是像劲仔食品这类企业能够存在与发展的根本理由：能够提供人们所需要的产品。但是，通过一个个企业实实在在地生产与运行，来实现这个理由却很不简单。企业要洞察消费者需求、研发新产品、高效组织生产，满足无数个质量标准，处理客户反馈、铺设经销渠道、对一线员工开展思想工作、公司上下一致协同作战，以追求效率……经过十年的精耕细作，劲仔食品股份有限公司已成为业界领军企业。2018 年公司实现净利润总额 115132289.26 元。2020 年 9 月 14 日，劲仔食品登陆深交所中小板，成为 A 股"鱼类零食第一股"。据了解，此次公开发行股票 4001 万股，发行价 5.02 元／股，新股募集资金总额约 2.01 亿元，发行后总股本 4.0001 亿股。

简单地讲，之所以选择劲仔食品作为理解中国民营企业的窗口，进行深入个案研究，具有以下三点缘由：第一，该企业具有较长的发展阶段，经历了从 20 世纪 80 年代企业创始人走街串巷小本经营起家，到如今年实现年利润上 1 个多亿，并成功上市，这样全景式的个案成长历程，可以更好地展示改革开放以来历史洪流对民营企业生存环境的直接影响。第二，劲仔食品作为从事食品生产与销售的实体经济企业，通常能更好地展现企业生产从依赖人工到大机器生产过程中，劳动形态的转变，以及镶嵌在其间的生产、管理、消费互动关系的变迁。如今科技、互联网在企业战略规划、生产、销售中的先导作用凸显，这些都可以为传统实体经济与当代科技创新结合的思考提供更具时代色彩和直观的观察空间。第三，鉴于该企业对研究团队的开放性，使得本研究具有较好的条件进行更深入的研究。在研究过程中，采取包括田野观察、访谈在内的定性研究方法，深入该企业内部，一方面与企工员工同吃同住同劳动，并参与企业市场渠道调研，与消费者对话，在观察与参与中形成对该企业的感性认识，同时在企业内部对近 40 个来自各个岗位的员工进行深度访谈，包括生产一线员工、销售一线员工、行政一线员工、企业奠基人、主要决策人、产品代言人等；另一方面查阅企业成立至今的档案资料，运用文献法与访谈法相结合的方式厘清该企业的发展历程。

劲仔食品和许多成功民营企业一样，经历了初创时的艰辛、持续发展和如今相对稳定的增长。在这个过程中，他的创立者周劲松、李冰玉夫妇，90 年代初怀揣致富的梦想，离开家乡，以勤勉的体力、宽厚的人性、坚韧的毅力支撑着作坊的运营，并且慢慢吸引更多乡亲加入共同致富的行列。一旦抓住市场机遇，先是豆干，后是风味小鱼，他们便勇敢地迎接那如饥似渴的市场需求。在迅猛的市场饕餮之宴面前，一面是财富的狂欢，一面是失控的危险。只有勇者与智者，方可从容应对。周劲松经受住了考验。他及时引入现代管理方式，将企业生产从作坊式的无序状态，迅速调整到现代企业规模化、规范化生产。他敞开怀抱，以情谊与豪爽铺设迎宾大道，以真金和白银打造利益共同体。从不多言的周劲松，以安静的方式进行着强大的联合。企业的产能与销售额一下在同行业中脱颖而出。难能可贵的是，他并没有被眼前的胜利冲昏头脑。华文食品融得联想佳沃集团3亿元的战略投资，筹备上市，并进入IPO排队，凭借着一年卖出12亿包的劲仔小鱼成功打响了品牌，最终成为"鱼类零食第一股"成功上市……"没有最好，只有更好"成为周劲松朴素的座右铭。正是这样的信念，支撑他带领企业实现着一次次的超越，永远有一个更高却合理的目标指引前进的步伐。这样的前进从不轻松，因为一直在走上坡，但却是稳健的，因为从没失去方向。

周劲松身上有着诸多成功企业家的优秀品质：踏实、敏锐、坚定而富有内在持续动力；而他所创立和执掌的企业，在初期深深打上了创始人的个性烙印，随着企业的不断发展，企业家的个人印记逐渐淡去，却更考验企业家辨识大局的眼光和持续学习与成长的能力。当然，一个企业的成长绝不仅仅是创始人的功劳。应当说，那是一部群英谱：有擅长管理、销售的优秀职业经理人、具有丰富上市经验的商界精英、有踏实而富有谋略的生产经理、主管、有热情而富有感召力的党团组织、工会负责人、有日见成长的专业团队，更离不开许许多多智慧、勤恳朴素的一线员工；有多年来一直跟随董事长打天下的元老级员工，也有陆续加入"劲仔食品"的新员工，为公司不断注入新的视野与活力……

如此多的人汇聚在一起，以不同的方式贡献自己的力量、青春与智慧，成就"劲仔食品"的今天。这之中蕴含着诸多值得探讨的问题。对这些问题的思考，可以进一步解开劲仔食品的成长密码。更重要的是，可以将之视为当代中国民营企业的样本，理解这样的企业运行的内外环境与机制，理解20世纪前后中国社会变迁在工商领域实实在在的投射。这些问题包括：一个企业如何将天时地利人和实现有效的组合，推动组织进步；作为实体经济组织，如何实现蓝领文化与白领文化的有效转换；作为提供休闲食品的企业，如何标定产品的品牌内涵，引领消费者日常生活的消费实践；无形的企业文化如何撬动有形的企业利益等。

在以上研究问题的驱动下，本书分为上编、下编和总结编。上编，以陈述劲仔食品成长历史为纲要，在纵向发展脉络中理解劲仔食品。就像理解一个人，不仅会为他如今光鲜的表面所吸引，如果能知道他的幼年、童年、青年、壮年是如何一步步走来，那么，我们会对他如今的魅力源泉与类型有着更好的把握与定位。下编，则更多进行横断面的描述与剖析，分为生产品质、品牌管理与企业文化三个版块，更直接地回答蓝领与白领文化的转换、品牌建设与引领消费、无形文化与有形利益关联性问题。

无论是上编对企业成长史的梳理，还是下编对企业运营三大版块的剖析，共同贯穿着对中国民营企业健康成长密码的思考。事实上，对于通过经营活动获利生存、贡献社会的工商组织来讲，最重要的是解决好两组矛盾：一是劳动异化问题，二是消费异化问题。

所谓劳动异化，是指随着社会分工的发展，人们的劳动越来越从自然的生产、人们的日常生活中脱离出来。在工业化大机器生产面前，每个人都成为这架生产机器中的零件，工人需要精准管理自己的肢体动作，以确保又快又好地进行生产；管理者需要准确理解自己在企业运行中的职责，并及时实现，如下达指令、及时调整等。但是，人，毕竟不是机器，而有着七情六欲的人，永远不甘心被大机器俘虏。人们总是希望在这被社会分工切割的劳动环节中，做出自由的呼吸，体会到个体的价值与尊严，而不仅仅是机械地生产着和自己毫不相关的那些"产品"。于是，公司追求效率，与必须依靠的人却追求尊严与价值之间，便产生了深刻的张力。偏偏，人又是这个世界，甚至宇宙中最奇妙的存在，每个人对人性的理解、追求又是那样不同。于是，统一规范的生产劳动和多姿多彩的人性需求之间便产生了深层的矛盾，这便是劳动异化的张力。不解决这个问题，企业便不可能最大程度激发员工积极性，发挥最大创造力，实现利润创造。

所谓消费异化问题，实际上是如何在实现公司销售利润与引导消费者需求良性发展之间的平衡。我们可以延展这样的想象：牛奶公司，会希望全世界人都消费牛奶，而且最好只认准这家公司出品的 A 牌牛奶；出品风味小鱼的公司，估计会千方百计让越来越多的人，爱上风味小鱼的味道，而且持续而稳定地认准这家公司生产的 B 牌小鱼；制造起重机的公司，也许希望喧闹的建筑项目从不间断，一直有客户需要这家公司 c 牌起重机；但是，且慢，难道开诊所的医生会希望更多人生病吗？尽管马克思在讽刺资本的嗜血性时，曾经用贩卖棺材的商人举过更极端的例子，但是，按照这样的思路延展下去，似乎每一个企业的销售只顾及引诱消费者更多的购买从而实现短期利润，而无视人类的持续发展。事实当然并非如此。首先，必须承认工商组织为人们生产、输送了各种各类商品。这些商品，小到针线，大到雷达卫星，构成了当今社会存在与运营的物质载体。只是，商品的买卖双方，本质上处在不同的日常实践逻辑之中，通常通过产品及其服务，需要实现两个世界的交集与精妙平衡，既在于买与卖的经济平衡，也在于抽离开具体的经济活动，回归商业产生与发展的原点：满足人的需要，有助于形成更有秩序、更健康的人类生活。

看起来劳动异化问题，更多体现在生产环节，消费异化问题，更多体现在销售环节。其实并不完全，这要看如何定义"劳动"，如何定义"需求"。如果将销售业务员为了提高销售额而用心揣摩客户的心思也视为劳动，将公司高管的战略规划也视为劳动，那么，无论是辛勤的一线工人，还是风风火火的销售，还是衣冠楚楚的白领，他们都会叩问自己那个重要的问题：我这样努力，值得不值得？而问题的答案似乎有千万种，那是因为"值与不值"，是和每个人的"需求"相对应的。而人的需求又是什么呢？按照马克思的理解，它有物质的属性，却又是变动不居；它塑造了个体的差异，却必然地受到历史与社会的深刻限制。当企业试图满足员工的需求时，员工有着各种类型和各种层次的需求，对于一个企业的挑战在于如何设定一套稳定的系统，来回应上上下下不同类型劳动者如此繁多而变动不居的需要，并且将需要的满足汇聚成促进企业成长的动力；当企业试图满足消费者需求时，在物欲横流、短期注意力稍纵即逝的时代，对于一个企业的挑战在于如何拨开现象，更加深刻地理解甚至引领客户的需要，并且有能力将消费者的需求更负责任地放置于社会良性运行的背景之中，并通过商品这一有形的方式展示企业对消费者恰如其分的理解。

回到劲仔食品，他们恰恰是以其生动的实践，稳健的成长，向人们展示了当代民营企业在对这两个关键问题的阶段性答卷。劲仔食品的产品，以风味小鱼和豆干为代表，有着诱人的口味和良好口碑；劲仔食品的员工，与时俱进，坚定不移地抓住每一次商业机会，从每一次竞争的瓶颈中修炼，获得成长的力量。劲仔食品，作为一个企业，一直在积极汲取专业意见，在不断调试和探索中，寻求与环境的平衡与互动，创造适合自己的风格。那，便是"劲仔味道"。

要做"世界级休闲食品领先企业"的口号，一直是创始人兼董事长周劲松的目标，更是"劲仔味道"更深远的意涵。走进劲仔食品，那里蕴含着勃勃生机和孜孜以求的精神，让人无不深受感染。本书以"商品""货币""劳动"

"消费"为核心概念，贯穿工商实践的"日常生活"，一方面充斥着企业经营的专业术语，另一方面是掩埋在散漫的日常生活中深层的文化考量。终究，人类学在理解工商实践时，将人的"文化理性"与"社会秩序"作为人之为人的文化诉求进行探究。这也是人类学理解工商实践的起点与丰富空间。

上编　成长的足迹

第一章

小溪青山　壮志豪迈

每个人说起那段赶火车的经历都记忆犹新，或是热血沸腾，或是感慨万千、抑或怅然若失。那时候，家属还是可以送进站的，站台上挤满了人；火车上的窗户还是可以开的，任何空隙都可以是上车的入口；大家都站着，似乎无座票比有座票还要多。站台上每个离家的背影，都仿佛在诉说着一个个故事。这些故事各不相同，但都有一个共同的主题——奋斗。周劲松背着行囊回头望去，远处的父母见他转身使劲挥了挥手，旁边站着他的妻子，妻子怀里抱着年幼的孩子。周劲松提了提肩上的行李，他既感受到家庭圆满带来的喜悦，也意识到自己对这个家应肩负的责任，就像此时他身边的每一个人一样。他对远处的家人投以坚毅的目光，然后转头扎进离家打拼的人潮中。汽笛轰鸣，无数离家人即将启程，同时也拉开了他们异乡打拼闯荡的人生序幕。火车隆隆，承载着万千家庭的希望开动了……

第一节　起步（1987-1994）：求变少年　闯荡之路

又是午后熟悉的吆喝声，货郎骑着车顺坡而下，石头路上颠出一串铃声叮叮作响，"酱干、茶叶、山桂花蜜喽……"伴随他远去的淙淙溪水，欢腾翻涌，汇入河中却徐徐缓缓，最终融入桥头侧畔的绵延青山之中。

平江，这个出过64位共和国将军的县城早已归于宁静，如同道边村口的那条小河平缓舒徐。小城的人们在这青山绿水的哺育下，过着平静朴素的生活。而有这样一位少年，或许正如他的名字所彰显得那样，他注定与这平缓的河水不同，将踏出一条求变的闯荡之路，他就是周劲松。

一、求变少年

劲松临绝壁,独鹤在青天。苍松,矗立在绝壁青天之间,身处险境仍旧刚劲挺拔。或许这正是家人对他的希冀与祝愿。1972 年,周劲松出生于一个普通的农民家庭,虽有几个姐妹,但作为家中独子的他被视为这个家未来的顶梁柱。

小时候家里条件艰苦,一家人挤在瓦片遮顶的泥巴房子中。每逢下雨,几个孩子就得找各种容器接瓦缝中漏进的雨水,滴落下来砸得脸盆啪嗒作响。但他们最担心的还是刮风天气,每逢刮风,土屋无疑成了"危房",生怕大风一个哆嗦土房就轰然倒下了。而这时候几个孩子就被送到邻居家里避避。1979 年周劲松开始上小学,2 块 7 毛钱的学费难倒了一家人。父亲身体不好,母亲独立支撑,到了学期末才把学费凑够交到老师手里。那是深深印刻在周劲松童年里的记忆。

1987 年,周劲松 15 岁,正上初中,这是他头一次那么强烈地感受到人与人之间的差距。周劲松记得很清楚:

"那时候我们班上也有 60 多个同学,有 30 部自行车,人家的条件好嘛。他们的爸妈当国家工作人员的也有,当老师的也有,条件好一点也是存在的。说实话我们这些条件差的,那就得逼着自己去赚钱。"

(2019 年 2 月 26 日,周二,上午,访谈董事长周劲松,朱宏强、刘颖记录)

但周劲松并不埋怨,而是深知父母的不易,也不因此自卑,反而成就了他敢闯敢拼的坚韧品格。

转眼初中毕业,那时改革开放已将近十个年头,改革的春风也拂遍了这内陆小城。小个体户遍地开花,小作坊、物流、小卖铺……随着小个体户的萌芽,还有另一个词进入人们的视野——"万元户"。顾名思义,"万元户"就是存款或家产过万的家庭。在那个农民人均月收入 30 多块,① 肉价 3.5 元/公斤的年代,② "万元户"仍然是人们心中遥不可及的梦想。差距有多远,羡慕就有多大。周劲松憧憬着自己将来是不是也能成为"万元户",于是心理萌发了出去闯荡做生意的念头。但他遇到的第一个问题来自家庭。

周劲松的曾祖父是当时条件比较宽裕的,有几头耕牛,有些土地,手上还能有点余钱。在父辈那里,金钱或财富未必能换来安稳的生活。周劲松回忆道:

---

① 国家统计局 . 1987 年国民经济和社会发展统计公报［R］. 1988
② 国家统计局 . 中国贸易物价统计资料（1952-1983）［M］. 中国统计出版社,1984

"六几年的时候我们家还评了一个富农，当时也是还好了，没有受到批斗，比那些地主还是好一点的。当时我们旁边有个地主，带有一些剥削性质，在地方上的名声也不是太好。当时也是把他批斗得死去活来的。所以爷爷奶奶他们见得多了，想赚了钱也就那么回事，不如说是安稳过日子，有饱饭吃就可以了，没有必要去说赚多少钱。"

（2019年2月26日，周二，上午，访谈董事长周劲松，朱宏强、刘颖记录）

而且周劲松又是家里的幼子独苗，日子虽不宽裕但从小也被宠着，桌上唯一一碗白米饭肯定是他的，其他都是红薯饭。老人们舍不得他出去闯荡吃苦，总是希望他老老实实种地，不为吃喝发愁就足够了。但像周劲松这样生于70年代长于80年代的年轻人，什么富农、地主早已在他们头脑中抹去，充斥着的只有努力赚钱，出去闯一闯，让家里过上好日子的念头。最终这场观念上的冲突，以相互的让步妥协收尾。周劲松既没有远走他乡，也没有在家种地，他在家乡干起了推销。

二、创业初试

平江的传统美食种类繁多，酱干、火焙鱼、霉豆腐、蜜饯等等，这是每个平江人记忆里家乡的味道。80年代商贸流通还不是很发达，周劲松认准了这个商机，开始了他买卖生涯的第一步。他的第一辆交通工具是从舅舅那儿要来的破自行车，一天的工作就是先去乡镇上的小食品加工厂进货，杨梅、果脯、蜜饯装满口袋，然后走街串巷，到平江各个乡镇的商店推销。周劲松清楚地记得第一天他一共进了30块钱的零食，经过一天的辗转推销全部卖掉了，挣了20块钱，这是他人生的第一桶金。此后他每天的行程都在100公里左右，大部分时间都在自行车上度过，就像车头的铃铛一样，叮叮作响不知疲倦。不觉间自行车已经换了5辆，他做这生意也做了两年，慢慢地摸清了厂家的质量和价格，比如蜜饯，他知道浏阳那边做蜜饯的厂家比较多，价格也更低一些。同时他也结识了很多商店厂家的老板和朋友，打通了自己的销售渠道和路线。

有了渠道和路线，周劲松想着老干推销也不是办法，不如自产自销能多赚一些。那做什么呢？周劲松选择了豆干——他人生中至关重要的第一种食物。周劲松所在的村里有些制作豆干的老作坊，这里的豆干在当地也小有名气，周劲松心想要是学会了再顺着以前的渠道去卖，一定能赚一笔。于是他就到叔叔家的作坊里做学徒。制作豆干的手艺并不复杂，他花了几天的时间就学会了整个制作流程，经过几番实践精通了其中的诀窍。学成之后就开始筹办作坊，但光买做豆腐的石磨、纱布等设备就让周劲松犯了难。跟家里商量之后，父母决定卖掉家里的猪仔支持他。设备有了，原料从哪里来？周劲松从自家田埂里收了 36 斤黄豆，最后总算支起了这个小作坊。浸泡、磨浆、煮浆、点脑、压型、烘烤、卤制……豆干慢慢形成了，周劲松也慢慢有了信心了。果不其然，周劲松拿着自己生产的豆干向之前的商店老板推销，一下就卖光了。这一笔周劲松赚了 60 块钱。靠着这笔钱，周劲松开启了自己的豆干产销之路。到了年底，周劲松就实现了回本开始盈利，他把卖猪仔的钱还给了父母。看着攥在手里的钱，周劲松一家人又看到生活的希望了。就此，在父母的帮助下，周劲松的豆干作坊慢慢发展起来，凭借之前积累的人脉和渠道优势，他做的豆干卖到了平江的各个大小商店，收入除了支撑起整个家还有些富余。

三、盖房成家

1991 年对周家来说是难忘的一年。周劲松靠着这些年攒下的钱，东拼西凑之下在村里盖起了小洋房，当时盖新房的很少，盖洋房的更是少之又少，毕竟一两万对于光靠种田谋生的人家来说是一笔很大的数目。看着土屋中比较显眼的二层洋房，周劲松回想起小时候在"危房"中度过的日子，他很高兴这些年的努力有了回报，也更加坚定了他的豆干之路。

二十多岁的年纪，人生大事总是接踵而来，房子有了，该娶媳妇了。1992 年，周劲松结婚了。看着漂亮的洋房和身边的妻子，周劲松的内心是安定的，是幸福的。因为他有了自己的家，而家给予人的慰藉和温暖是无可替代的。同时，家也意味着责任和担当。之前靠着豆干作坊还不用为生计发愁，现在特别是第二个孩子出生以后，却只够勉强保障家人不挨饿。作为家里的独苗，上有老人需要赡养，如今有了自己的家，还有两个孩子需要抚养，每天几十块钱的收入确实有些入不敷出。周劲松至今记忆犹新：

"那时候小孩买奶粉的钱都很紧张。别说什么品牌不品牌的，一包奶粉就要 10 块钱还是 11 块钱，这都也还凑不齐，孩子吃奶粉都成问题。"

（2019 年 2 月 26 日，周二，上午，访谈董事长周劲松，朱宏强、刘颖记录）

让周劲松担忧的还有作坊的生意。在他的作坊做起来之前，平江就已经有几家规模比较大的豆干工厂和作坊，几乎占据了整个长沙、岳阳和平江县城的豆干市场，因此，起步较晚的周劲松只能在小商店跑跑。周劲松掂量了一下，他此时想要抢占湖南的豆干市场几乎是不可能的，自己一没资金本钱，二没手艺优势，生产出来的豆干并没有什么家传秘方，没法去拼去抢。于是，周劲松萌发了另一个想法——出去开辟新的天地。

　　周劲松父母看着儿子做了几年生意小有成就，想法慢慢发生了改变。但一听到儿子要去外省打拼闯荡，父母开始还是不同意。可现实的生计摆在眼前，再加上儿子坚定的决心，老两口还是收起了自己的不忍与心疼。

　　1994 年 12 月 24 日，西方的平安夜，周劲松告别父母妻儿，踏上了北上闯荡之路。

第二节　转战（1995–1999）：怀揣梦想　北上创业

　　最是劲松绝壁立。1994 年，周劲松 22 岁，距初中毕业独立谋生已经 7 年了。此时他也已经成为家里的顶梁柱。带着全家人的希望，周劲松踏上了北上闯荡之路。他并不确定这一行的终点将是哪里，他只想找个还没人做豆干的地方，重新扎根挣钱养家。这是他最坚定的目标，这目标帮助他战胜艰难、疲惫以及对未知的迷茫与担忧。

　　90 年代确实是靠"本事"吃饭的时代，坐火车都要各凭本事，没两下子真上不了车。不说排长队买票，就算买到票了，也不代表能坐上车。"站台如战场"，"狭路相逢勇者胜"。每个经历过那个年代的人提到挤火车依旧热血沸腾，景象历历在目。车还没有停稳，等在站台上的人群就一拥而上。每个人都将行李举在头顶，摩肩接踵向前涌动。"文明礼让，排队上车"在当时根本不可能实现。那时的绿皮火车车窗还是能够提起来的，只要人能够钻进去的地方都是人们上车的通道。周劲松回想起当时挤火车的场景：

　　"那个时候哪里管你什么乘客，根本管不了这么多。只要是车停了，谁踩着谁肩膀上就跳过去了，就有那么恐怖。一路站十多个小时，哪里来的什么座位。"

　　（2019 年 2 月 26 日，周二，上午，访谈董事长周劲松，朱宏强、刘颖记录）

　　周劲松从长沙出发，沿着铁路线一路北上。每到一个城市都会下车找到当地的批发市场，看看有没有人已经在这里做豆干生意了。辗转了宜昌、襄阳几个城市后，周劲松走到了洛阳，这个让他的梦想再次生根的地方。

　　洛阳，九朝古都，因悠久的历史文化而闻名天下。同时，洛阳也具有现代城市的新面貌。1995 年洛阳城镇人口达 297.6 万人①，重工业发达，有第一拖拉机厂、轴承厂、玻璃厂等大型工厂。周劲松感觉"那里像个城市的样子"，像长沙一样繁华，要是豆干在这里还是一片空白市场，他肯定能闯出一番天地。他操着并不标准的普通话，一路打听找到了当地的批发市场。周劲松一头扎进去转了两圈，发现还没有人在这里做豆干。他终于找到了心目中最理想的地方——一个人口众多、没人竞争、还离家不算太远的城市。他甚至想好了下一站的目的地，要是洛阳还不行，他打算往西走去西安。回想这一路走来，周劲松实际上并没有明确的路线要往哪里走，甚至他连一张地图都没有，只是凭借记忆中学过的地理知识，一个城市一个城市地去碰。好在坚持也给他带来了好运气，在离家十二三个小时车程的洛阳，他安定下来了。

一、苦心经营

周劲松盘点了一下自己手里剩下的积蓄，现在自己要开个作坊办个厂是不可能了。他既没钱也没人，只能从别的地方想办法。要做豆干，先要做豆腐，以往都是从豆腐做起。如果现在直接加工豆腐，那他一个人还能应付，还省了购买做豆腐的设备。周劲松辗转来到一家豆腐厂，在一栋楼的底层，位于洛阳的城乡接合部。周劲松向经营豆腐厂的夫妻表明了来意，交谈之后才知道这栋楼都是他们家的。周劲松回想起当时做的这笔买卖：

"北方人都喜欢盖房子。他们用做豆腐赚的钱在家里盖了大房子，自己在下面做豆腐，其他都是空的。我当时就在那里租了一套房子，当时也只有 200 多块钱租了一层，应该也有 100 多平。我就想着他做豆腐，我就买他的豆腐做豆干。我就省了前端的加工，在后端直接做成豆干就行，再买点包装。基本上我就不要怎么投入了。"

（2019 年 2 月 26 日，周二，上午，访谈董事长周劲松，朱宏强、刘颖记录）

这笔买卖让豆腐厂老板租出去了闲置的房子，还扩大了豆腐的销量，也让周劲松实现了预期的设想，省去了前端的加工和设备的投入，两人一拍即合。就这样，周劲松在洛阳的豆干作坊开始生产了。

相比南方，90 年代北方的零食花样很少，像豆干这样开袋即食的小吃基本没有几样。所以当周劲松推着三轮车送到商店试销时，商店老板都愿意尝试一

---

① 现行标准下洛阳市辖县撤县设市可行性探讨［EB/OL］. http://www.lytjj.gov.cn/site-sources/lystjj/page_ pc/tjfw/tjfx/sjfx/articleb6815d3525a4445299d6eb4a523cfe31.html.

下。当时采取的是代销的模式，即双方商量好价格之后，货先放在商店卖，卖出去之后再把钱给厂家，卖不出去就把货退回去。刚开始一个月周劲松都是自己垫钱在洛阳几个商店试销，从家带来的钱很快就所剩无几了。那会儿正是春节，到大年初三的时候，别人家都是开开心心过春节，而周劲松已经到了断油断肉的地步了。迫于无奈，周劲松登门去找几个商店老板先结了点钱，这才算过了这个年。

过了几个月，洛阳豆干的市场慢慢打开了。被送到店里的货很快就卖光了，之后老板自然很愿意要货，代销的状况很快由被动转为主动。只要周劲松愿意送，他送到哪里就卖到哪里。他意识到洛阳整个零食行业市场基本上都是空白的。慢慢地周劲松的销售渠道打开了，销售点逐步发展到学校商店。当时生产的豆干一共有两种包装，大袋包装售价为一两元，小袋包装售价为两毛钱。摸索几个月之后，周劲松发现小包装在学校商店非常畅销。慢慢地量越来越大，周劲松就开始把货送到批发市场，发展了第一批经销商。

随着销量的增长，周劲松一个人运作豆干作坊显得有点吃力。1995年妻子就带着不满一岁的老二来到洛阳，老大留在家里由父母照顾，两人开始并肩作战。从豆腐干进货、切片、卤制、烘烤、配料到包装、销售，夫妻俩分工明确。到1995年下半年，周劲松的豆干销量非常火爆，根本供不应求，都是经销商直接跑到工厂拿货，厂里没有存货，总是刚生产出来就被抢购一空，更甚，曾经有经销商为了抢着拿货还起了争执。

干了一年以后，周劲松直接把楼下的豆腐厂给买下来了，还租了他整栋楼。

"那时候其实也没花多少钱。为什么他当时愿意卖给我，一个是他做了几年豆腐，自己有了一些积蓄，生活是没有问题了。他们两口子自己也能吃苦，他自己做豆腐，他媳妇就拿到菜市场去卖。这样子他们也干了十年八年，他自己也累了。开始他也不信任我，后来我们这东西火了，生意也好。看见我们也是实实在在做事的人，能吃苦。那时候我二十二三岁，没日没夜地干活。他就干脆把这个厂结给我，当时也就几百块钱把房子也租给我了，设备也转让给我了……

从豆腐到豆干几个小时就风干了，用烤棚。豆腐先切好，卤制以后烤干，再加点配料，就包装。就是那种豆腐皮，实际上豆干是豆腐皮，干的那种。进的货是豆腐皮，但是比豆腐皮厚一点，水分比较干的，比豆腐要干一点，比豆腐皮要软一点，就是平时在菜市场买的那种厚一点的豆干，就是那种长条形的，菜市场都有。全部都靠人工来做，人数也不断增加，市场供不应求，后来就把当地的附近的老百姓、妇女都请过来帮忙。那时候要求也不高，一天也就是10-20块钱。对他们的劳动技能也没有太多要求，切片、卤制、包装都是手上活，都是很简单的，熟悉一两天就会了。当时包装用的简单的包装机，简单地密封一下，那个时候也不写生产日期，那时候没人要求，没人去管这些，生产日期、卫生标准都没人去管。那时候标准好像是有，但是没人管。"

（2019年2月26日，周二，上午，访谈董事长周劲松，朱宏强、刘颖记录）

就这样周劲松没花多少钱就把豆腐厂给承接下来了，他还从附近请了几个工人来帮忙。制作过程充分体现了劳动密集型特点和当时食品生产管理水平。随着销售渠道的打通和空白市场的填补，周劲松豆干厂的产品根本供不应求，两口子经常通宵做到天亮。虽然有了自己的豆腐厂，但是豆腐的产量跟不上豆干的需求。周劲松决定从市场上购买成品豆腐，他发现市场上有一种豆腐比普通豆腐更干，表皮更厚、更软，更适合做豆干。于是他找了几家作坊，专门给他供货，总算把原料问题解决了。但原材料长期靠购买成本太高而且量也不大。周劲松想起之前在老家见过的一种豆干原料——豆粕。豆粕是大豆经过榨油之后留下的材料，油提取出来后，蛋白质并没有流失。通过引进山东的机械设备，把豆粕粉碎成面，然后挤压成片，将其制成豆干所需原料——豆皮。这种豆皮与日常使用的豆腐原料相比水分更低，保存时间更长，能存放3到6个月，而且更有嚼劲。更重要的是这种豆皮能实现机械生产，满足豆干量产对原料的需求。再加上周劲松对洛阳的市场很有信心，经过两年的摸索他发现洛阳甚至整个河南的豆干市场潜力都很大。1997年周劲松买了几台机器弄了一个车间，原料供应一下就充足了，产值也从原来的几百元猛增到几万元。

二、初试品牌

这一年，周劲松的生意彻底火爆起来了。但人怕出名猪怕壮，平江老乡知道周劲松在洛阳生意很好，也都往河南跑。当时周劲松的豆干包装上写着"劲松"两个字，劲松豆干在洛阳以至河南都有一定的知名度。结果老乡来了以后也用劲松这个名称，一时间叫劲松的各种豆干在市场上涌现，质量有好有坏。周劲松意识到这样不行，一方面别人用自己的品牌肯定是不对，另一方面周劲松也怕质量不好的豆干影响他的口碑。在朋友的建议下，周劲松在北京注册了商标，他把"劲松""周劲松"以及自己的头像都进行了注册。回到洛阳之后，周劲松把自己产品的包装改了，上面印有自己的头像和名字。然后他通知那些老乡们，不能使用以及模仿他的品牌，否则就构成侵权需要支付赔偿。从那之后，品牌风波总算平息。

第一条生产线成功之后，周劲松慢慢在洛阳开设了几个分厂，豆干产量也大幅提升，印有周劲松品牌的豆干逐渐在北方市场铺开，辐射到太原、西安、沈阳等多个城市。整个市场当时仍然处于供不应求的状态，经销商抢货的现象也时常发生。这里还有个故事，当时周劲松的一个同乡来洛阳帮忙，据他回忆：

"那天早上不到六点我带着几个工人刚往山西发货的车上装了一车货。这时一个福建来的小伙子非要货，让把刚装上山西车上的货装到他们车上。我当时正要去吃饭，就说吃完饭装。小伙就是不同意，怕等会儿就没了货。我就去洗脸吃饭，结果他冲上来要打我。当时现场的工人冲上来一块儿把他制住，后来就放他走了。没想到，他过了一会儿又回来了，还带了两个年纪差不多的帮手，手上拿着很粗的铁棍子。我看这情势要打起来了，就抄起手边的脸盆，结果周总老婆和我老婆怕出事把我拉住。我赶紧冲她们喊：'你们放开我！这样我会吃亏的！'好在，那两个拿着棍子的小伙也被他妈拖回去了，不然还不知道会发生什么。"

（2019 年 8 月 15 日，周四，下午，访谈华文老员工，刘谦记录）

这个故事后来在同行的老乡间流传开了，老乡们见这些地方也有市场，就全国各地到处跑寻找机会。生意是有，但知名度不高，产量做不了太大，市场局面没有打开。老乡们想到了周劲松和他的豆干，要是他能先把市场打开，带动整个豆干的需求量，那自己生产的产品也好卖了。

三、全国布点

90 年代，移动电话日渐风靡，成为成功人士的标配。走在街上拿着手机，一路上能引来多少艳羡的目光。1997 年，周劲松买了人生第一部手机，他清楚地记得手机号是 139 开头。有了电话之后，越来越多老乡联系他，希望请他过去把市场打开，把豆干需求炒起来。1999 年，周劲松考虑到洛阳市场渐渐稳定，自己也有精力和资本去开拓其他市场，他便踏上了全国扩张之路。

周劲松第一站来到了沈阳，他沿用在洛阳的生产和销售模式，引进自动化生产线，结果一投入市场就立马火爆起来，产品供不应求，总是生产好之后直接就被买走，根本不需要租用仓库。沈阳的试验成功以后，周劲松立马有了信心，他发现这套模式在全国其他地方也行得通。沈阳的生产逐渐稳定，周劲松把沈阳的业务交给了自己的一个堂弟后，就去了成都开辟新市场。这一去又把成都的豆干市场炒火了，这套模式又在成都生了根，他让一个老乡也是之前的同学守着成都。就这样，周劲松将商业版图扩展到西安、义乌等全国各大城市，四处开疆拓土，但是打江山容易，守江山难。

周劲松当时在其他地方的几个工厂都是和朋友合作经营的，周劲松负责投入生产线，朋友负责生产和日常管理。如果盈利则销售额对半分红，如果亏损那就是周劲松一个人承担。这几个工厂刚开始还是盈利的，没过多久，只见产品一卡车一卡车地往外拉，但就是不赚钱。后来周劲松回想起这段经历，他觉得失败最大的原因在于缺乏管理。周劲松感慨道：

"那时候就想打江山一样，打一个地方搞个人守在那里，制度什么都没有建立起来。那时候光在前面打仗，后面就没守住。"

（2019年2月26日，周二，上午，访谈董事长周劲松，朱宏强、刘颖记录）

首先是缺乏对产品品质的管理。当时订单量大，市场供不应求，俗话说"萝卜快了不洗泥"，对生产过程的把关也不严格，当时生产上没有那么多标准，但凡做了就卖，因此对质量的管控不足，出现部分退货的现象，导致豆干的出品率低。其次是缺乏对财务的管理。当时对于普通的小工厂企业来说，基本没有财务管理的概念，最多有个人负责管账算账。在成本核算上，刚开始市场火爆需求量大，原材料大量采购，而当市场稳定需求量有所回落时，没有提前进行预估，导致成本没控制住。此外，缺乏长远发展的工厂企业管理制度，也是当时不赚钱的重要原因。每开辟一个市场，就派一个人守着，带着几个工人进货、生产、发货，基本的工厂管理制度都没建立起来，始终停留在粗放式的管理层面，注定不会长久。周劲松看再坚持下去就要亏损，于是第二年就把这几个厂撤了。

1995年到1999年，是周劲松人生转折的五年，凭借自己的闯劲、拼劲和韧劲，一举从为全家吃饭而发愁的打工仔逆袭成为坐拥全国几个工厂的大老板，产值从原来的几万飙升到上千万。十多年前那个刚初中毕业步入社会的小伙子，想象着是否有一天他也能成为"万元户"，如今周劲松做到了。

第三节　回归（2000-2009）：口碑形成　开拓品牌

伴随着2000年钟声的响起，人类历史进入新的纪元。人们沉浸在迎接新世纪的喜悦之中，眼前一切仿佛换上了新面貌，所有烦恼都抛在了旧世纪，改变和希望充盈在人们心头。

一、心系故乡

周劲松抓住 20 世纪的最后五年实现了逆转、改变了命运。处在世纪之交的周劲松是充满希望的，也尝试着寻求一些突破和改变。1999 年，周劲松先后在沈阳、成都、西安、义乌等城市投资办厂，相继点燃了当地的市场。经过这些尝试和探索，周劲松对自己的豆干是很有信心的，而且与同行业相比在华中甚至全国都更有知名度。周劲松想着是时候带着自己的豆干回到湖南、回到岳阳、回到平江了。

新世纪仿佛给了每个人创新的勇气，也把一切安排得自然合理。当初跟着去洛阳的孩子转眼到了上学的年龄，周劲松想让孩子回岳阳上学。这几年正是周劲松夫妇最为艰苦的打拼期，通宵工作也是家常便饭，对孩子的陪伴也难免有所缺失。孩子经常就在豆腐作坊里自己玩，有时候到处摸到处蹭，成了一个大花脸。周劲松夫妇最忙的那段时间无暇顾及孩子，房东两口子还会帮忙照看，周劲松内心对孩子一直有些愧疚，这些年孩子跟着自己在外飘荡，要是送回家上学，家人还能帮着照顾。而且第一个孩子一直跟着爷爷奶奶，这几年自己也很少有机会回家。对于周劲松来说，他从小是感受家庭温暖长大的，身为家中的独苗，倍受爷爷奶奶、父母和姐姐的关爱，他也知道这样的温暖与陪伴对孩子的成长有多么重要，所以对两个孩子的责任和牵挂，更加坚定了他回岳阳的信念。

2000 年周劲松把家搬到了岳阳，那时候平江的交通还不发达，道路基础设施不完善，岳阳对周劲松这样经常要往外跑的人来说比较方便。他把爷爷奶奶、父母都接到岳阳，两个孩子也在岳阳上学。这一走一回周劲松的心境可谓大不相同。回想 1994 年临近年关，这是一个在外的游子将要归家的时节，周劲松却背上行囊外出谋生，带着父母妻儿的期望。他不知何处是终点，凭借初中学过的地理知识一路北上，一个城市一个城市地过，宜昌、襄阳、洛阳……比冬天的寒风更刺痛的还有旅人面对陌生城市的孤独与无助，何况这还是一个家庭重担下的谋生者。总算功夫不负有心人，周劲松在离家不算太远的洛阳找到了自己设想的那片广阔市场。时过境迁，周劲松已是身家过千万的大老板，在五六个城市有自己的工厂，印有自己商标的产品运往全国各地，"周劲松"品牌的豆干渐渐为大众所熟知和喜爱。周劲松回到岳阳有衣锦还乡的喜悦，有回首过去的感慨，有产品资金的自信。此时周劲松的目标是坚定的，家的方向是任何一个游子不会忘却的，同时还抱有对美好未来的设想和展望。

二、业态样貌

世纪伊始，万象更新。休闲食品行业的日新月异也给周劲松带来了巨大变化。随着人们生活水平的进一步提升，休闲食品在中国人民食品消费结构中日益突出。以上海为例，2000年前后，"休闲食品在上海主要超市公司、重点商场主要食品经营比重已占到10%以上，名列第一；销售额已占到5%以上，名列第三（仅次于冷冻食品和保健滋补品）"。① 这主要得益于百姓温饱问题的解决，人民生活水平的提高，人们对食品的选择有了更多的余地和新的需求。休闲食品起步于70年代，其快速发展和普及则与居民生活改善进程同步。居民的消费结构"从原来以温饱型为主体的格局逐渐向风味型、营养型、享受型甚至功能型的方向转化。休闲食品新一轮的发展机遇也应运而生"。② 这期间，休闲食品吸引了更多的社会消费群体，从儿童、青年人到老年人，再到中年人，特别是年轻的"上班族"。随着1995年五天工作制的确立实施，休闲时间相对增多，这些年轻人除了在工作间歇，特别是在周末休息时会选择消费，以满足缓解压力、排遣心情之需。休闲食品受到不同年龄阶段、各社会群体的追捧。有学者指出："休闲食品被认为是21世纪的市场热点产品。作为儿童零食的需要、成年人休闲时的要求，以及老年人闲趣的必需品都将会使休闲食品消费量有所增加。因此在今后食品市场上，休闲食品将占据重要之地。"③

经过多年的发展，应对消费者需求的变化，休闲食品行业自身也做出调整。从品种上看，到2000年，休闲食品的种类日益丰富，基本形成了现代休闲食品分类的雏形。"休闲食品由传统的花生、瓜子、糖果、果脯，发展到现在的畜禽类、水产类、果蔬类、糖果类、粮食类、种子壳果类、豆制品类、饮料类九大类上千个品种，有近几年开发的薯条、薯片、火腿肠、果冻、海苔、玉米花等等。"④ 从质量上看，苏州市食品商场蜜饯柜组销售额的一组数据明显反映出休闲食品行业的变化。"同样是话梅，30元500克的只要货好味佳，反而比15元500克的普通话梅好销。这说明消费者不在乎钱，在乎津津有味。"⑤ 应对顾客

---

① 休闲食品：一个诱人的市场 [J]. 江西食品工业，2000, (03)：52.
② 李培圩. 中国休闲食品的发展前景 [J]. 中国食物与营养，1998, (1)：14.
③ 赵刚. 中国休闲食品的现状与发展 [J]. 中外食品工业信息，2000, (01)：10.
④ 方尚玲. 跨世纪休闲食品开发方向与发展策略 [J]. 适用技术市场，2000, (06)：10.
⑤ 休闲食品新趋势 [J]. 休闲食品新趋势 [J]. 企业销售，1995, (05)：42.

消费心理变化，提升质量成为休闲食品发展的重要导向。从包装上看，除了自动包装、真空包装等技术创新带来的包装质量提升，包装方式在原有零售散装的基础上开发出各种礼盒装，休闲食品逐渐成为人们走亲访友的送礼佳品。

整个休闲食品行业的蓬勃发展给周劲松带来了机遇，也带来了挑战。好的发展势头给休闲食品企业带来了红利，拓展了市场空间，周劲松也是其中的受益者。此外，受欧美国家和日本的影响，当时的休闲食品市场上产品类型多为谷物膨化类，有数据显示，"1996 年初，休闲食品销售额已过 6 亿元，产品以谷物膨化类食品为主，年产量约 2 万吨。"① 豆干作为中国传统的休闲食品，还有很大的市场有待开发。同时，周劲松也面临着更大的挑战。发展潜力巨大势必吸引更多的资源投入，休闲食品企业数量快速增长，竞争日益激烈。数量增长而质量堪忧，休闲食品行业良莠不齐，因劣质而遭社会谴责的企业影响了整个行业的声誉。对周劲松来说，更多的挑战来源于同类产品，辣条就是其中有力的竞争者。

辣条从何而来？辣条与酱干同根同源，辣条也起源于湖南省岳阳市平江县。1998 年，受异常气候影响，我国湖南、江西、湖北等多处地区遭受大范围、长时间、高强度的降雨，多地发生特大洪涝灾害，对人员、财产、土地等造成极大损失。从湖南来说，"全省受灾人口 2878.98 万人，倒塌房屋 68.86 万间，农作物受灾面积 194.28 万公顷，农作物成灾面积 124.89 万公顷，耕地损坏 15.56 万公顷。"② 受洪水影响，农产品损失严重，其中作为酱干主要原料的大豆出现了大幅度的产能下降，直接对酱干产业造成了毁灭性打击，以酱干为生的农民没了生计。为了养家糊口，他们迫切需要找到新的出路，在这样的情况下，平江县三市镇富有创新精神的平江人邱平江、李猛能、钟庆元在探索中用面粉代替豆粉，改进生产工艺，采用单螺杆挤压机械加工，加入辣椒、花椒、孜然、糖、盐、植物油等佐料，创新发明了这种非油炸的休闲食品，行业称之为面筋，平江人叫麻辣。③ 因其从发明之初只有麻辣口味，并且成品多呈条状，因此得名"辣条"。

平江作为辣条的发源地，有其天然的局限之处。平江地处长江中下游，山

---

① 赵刚. 中国休闲食品的现状与发展［J］. 中外食品工业信息，2000，（01）：9.

② 彭际作，毛德华，刘明. 1998 年湖南省特大洪涝灾害分析与思考［J］. 湖南师范大学自然科学学报，2001，24（1）：86-89.

③ "麻辣王子"走出网红辣条"晋升路"［EB/OL］. http：//hn. people. com. cn/n2/2019/0222/c356883-32673068. html.

地丘陵为主，雨水充沛，水网密布，并不适合种植小麦。因此辣条生产的面粉原料都需要从外地运输过来，增添了物流成本，而且经过长时间运输小麦和面粉质量必然受影响。因此在 2001 年部分平江人把辣条带到北方，尤其是小麦出产大省的河南。辣条来到北方，为适应北方人喜甜的口味特点和对辣味的接受能力，在原有麻辣口味的基础上进行改良，加入甜味元素形成甜辣味的辣条。由此辣条因口味和地域差异逐渐分为南北两派，形成了湖南平江和河南郑州两大辣条中心。

当时的辣条行业还处于起步阶段，辣条真正超过平江人的传统美食——酱干，还是在几年以后。2003 年令人闻风丧胆的除了"非典"还有禽流感。受禽流感影响，禽类行业大量减产，与此同时其上游行业也波及严重，作为禽类饲料的主要原料——大豆价格大跌。以此为开端，2004-2005 年，禽流感的反复导致国内外大豆市场的不断变化，"大豆价位经历了从大涨到大跌的跌宕起伏的过程。其中全球大豆产量、需求、库存的不断变化，影响了市场对价格的预期"①，造成了大豆价格的剧烈波动。到 2006 年，"我国大豆加工行业陷入了加工利润低迷、产能闲置时间增加、市场竞争日趋激烈的局面。"② 对整个休闲食品行业来说，原辅料的产量、价格、供应质量对休闲食品行业的生产销售有着重要的影响，上游行业的稳定是休闲食品行业健康发展的基础。大豆作为豆干的主要原料，在成本投入中占比较大，大豆价格的波动对豆干行业也带来巨大影响。

很多规模小、知名度不高的豆干企业因为成本过高、利润缩减消失在这场危机之中。部分商人转身投入到豆干的替代品——辣条当中，而此时周劲松凭借产品的良好口碑和美誉度，在这场原料价格危机中挺了过来。

到 2006 年，辣条行业已经发展得如火如荼。一些大型的辣条企业经过大豆价格危机几年的发展，到 2006 年已经达到好几个亿的产值，并保持每年上亿的速度增长。周劲松的豆干被辣条挤压得非常厉害，只能维持现有的规模提升不上去。豆干和辣条相比，味道其实差别不大，口感上体验不同，而口感的差异则来源于原材料的区别——豆粉和面粉。正常情况下，面粉价格比豆粉便宜，况且此时大豆价格大幅上涨，辣条的原料价格优势更加突出。而周劲松看到的远远不止价格，豆粉的营养价值要比面粉高，从健康等各方面考虑豆粉也比面

---

① 贺庆 . 2004~2005 年我国大豆价格走势分析［J］. 农业科技通讯，2005，（12）：12.
② 曹智 . 2006 年上半年中国大豆市场回顾［J］. 农业展望，2006，（06）：28-30.

粉好，所以周劲松认为豆干是很有发展前景的，并且一直坚持做豆干。至于辣条，目前辣条虽然迎合了人们有滋味、口味香的需求，但随着国家和老百姓对食品安全重视程度的不断提升，媒体调查、市场检查、群众监督等监管渠道也越来越畅通，越来越严格，辣条行业面临的压力还是非常大的。特别是辣条生产企业良莠不齐，一些小型作坊工厂食品安全不过关，过度使用色素、香精、防腐剂等添加剂。这些负面消息影响了社会对整个辣条行业的评价。未来相关的行业标准也会陆续出台推行，辣条行业必然面临着沉痛转型。此外，随着居民收入和消费水平的持续增长，人们的消费结构也不断调整升级，居民日常饮食消费逐渐由"吃得饱""吃得好"向"吃得绿色健康"开始转变。因此，绿色化、健康化也将是传统风味休闲食品未来发展的必然趋势。总的来说，豆干更符合未来人们对食品安全、健康、美味的标准要求，更加适应人们绿色健康的生活理念，这也是周劲松一直看好并始终坚持做豆干的原因。

三、"劲仔"豆干

周劲松看到了休闲食品行业的前景，看到了市场环境下豆干发展的可能性，他想把小小的豆干继续做大，终有一天推向全国、推向全世界。而面对被辣条挤压的市场形势，周劲松认识到价格不能成为摆脱目前困境的有效手段，而品牌才是吸引消费者、占据市场的关键法宝。什么是品牌？品牌本质上是一种具有经济价值的无形财产，"是关于传递与顾客需要相一致的特征、利益、服务和体验的特定组合的企业承诺"①。品牌既需要企业提供的产品，更与消费者的认可程度直接挂钩，与企业口碑、评价相关。对于公司企业来说，品牌是在企业发展过程中逐步积累形成的，是产品口碑和服务质量的长期积淀，其形成过程需要经历比较长的时间，需要企业在产品质量管控、企业文化、营销网络、专业服务等多方面长期不懈的努力。对于传统风味的休闲食品行业来说，品牌是在经过长期的同类产品市场竞争，逐渐被消费者选择、认可和推广形成的。品牌具有传递性，即品牌效应，好的品牌即内含着优质的企业产品质量、服务和口味。在消费者观念中更加倾向于购买品牌知名度高且信誉好的产品。那么这种品牌观念在消费者中传播，不断积累多次消费者并且开拓新消费者。好的效应立足于好的质量，要形成助力企业长久发展的品牌必须要有高质量的产品做

---

① 加里·阿姆斯特朗，菲利普·科特勒，吕一林等译. 市场营销学（第9版）[M]. 中国人民大学出版社，2010：191.

支撑。

　　而前期的积累为周劲松打造品牌奠定了良好的基础。1997年在河南洛阳周劲松为防止同行冒充自己的产品而注册了商标，"劲松""周劲松"及其头像。当时在异地他乡的华中地区，印有"周劲松"品牌的豆干享有较高的口碑和知名度。这是因为在那个市场监管不严格、产品标准不规范的年代，周劲松出于手艺人的自尊和厚道的品质，对自己豆干生产的每个环节都严格要求，把好"质量关"，从而保证了产品的较高品质。正是基于此，"周劲松"豆干的口碑和品牌才在细分行业和市场中慢慢积累起来，也一直帮助周劲松守住休闲食品豆干品类龙头企业的位置。

　　如今回到湖南岳阳，回到自己的家乡，这里有很多的父老乡亲，有之前打过交道的同行、老板和客户，继续用自己的名字作为品牌，"总觉得有点别扭"。而且公司已经有了一定的规模，将来还会往更高的平台上迈进，直接以自己名字为品牌的公司少之又少，总归有点不太合适。于是，周劲松想着还是应该换个品牌名称，以什么命名呢？从以往的经验和销售业绩来看，作为休闲食品大类的小包装豆干更受学生等年轻人群体的喜爱，为适应消费主体的特点和兴趣，产品品牌也应当年轻化、趣味化。经过设计，取原先名称中的"劲"字，搭配"仔"字，形成新的品牌名称。"劲仔"既与原来的品牌名称有相似之处，这样方便在产品过渡过程中消费者的辨识，最大限度地保留原有口碑收获的客流资源，避免流失。同时，"劲仔"比原来的名称更加透露出活力与朝气，符合年轻人的审美与气质，更容易为年轻人所接受和喜爱，便于在年轻人群体中传播。实现品牌更替之后，"劲仔"一直延续着"周劲松"品牌的优势和传统，积攒着声誉和口碑。2000年，周劲松成立了劲仔食品有限公司，在岳阳郭镇办了一个厂，投入设备，招聘工人。与此同时，河南洛阳的工厂也在同步生产。在口碑奠基和新品牌吸引的作用之下，周劲松"劲仔"豆干的销量一直在行业领先，从2000年到2006年，据周劲松回忆，当时公司的年产值上升到过千万元，而同行业的其他公司均处于年产值几百万的水平。自从2006年辣条崛起，周劲松公司的产值就一直停留在这一规模，没有出现大的增长。

　　面对愈发激烈的市场竞争，如何进一步提升品牌，成为周劲松思考的关键问题。首先，保持产品质量稳定。安全卫生是整个食品行业的生命线，是消费者对于休闲食品的基本标准。随着产量的扩大，生产需要配备的原料、工人、场地、机器等要素不断增加，其中食品污染的风险也随之上升，使得保持豆干质量稳定的难度加大。经过多年生产经验的积累，周劲松将豆干批量生产的步骤划分明确，从大豆采购挑选到成品包装。每个步骤实现规范化，并由专门人员统一监督管理，追责到人，以规避产品污染风险。周劲松通过逐渐细化完善制度化、规范化的管理，来保持产品质量的稳定，让安全卫生成为消费者对于劲仔的第一印象。其次，持续改善和开发豆干口味。口味是休闲食品吸引消费者的关键之处，也是同类产品之间区别与竞争的立足点。随着自己的豆干产品向全国范围推广，客户群体也不局限于湖南周边省市，那么本地人喜好的、单一的口味不能满足其他地区的需要。因此根据各地区消费者的偏好和特点，周劲松相继研发出香辣、酱香等新口味供消费者选择，打通了全国各区域的口味壁垒，更大范围内争取新的市场和消费者人群。同时顺应现代人健康饮食的理念，提倡少油少盐，已有的口味也不断进行调整。这样在口味上与消费者需求的密切跟进，提升了客户对豆干的满意度，为"劲仔"品牌添分加值。再次，构建覆盖更广的营销团队和网络。当时网上购物尚未融入人们的日常生活，休闲食品终端消费行为的发生还停留在钱货当面结清的情境下，线下经销还是占绝对份额的销售渠道。那么消费行为发生的前提在于消费者和产品的接触，才创造了后续的可能。因此产品在多大范围内出现在商店的货架上，即所谓的铺货率，显得至关重要，这就需要组织遍布全国的销售团队从而构建覆盖范围更广的销售网络。周劲松经过自己多年的经营和积累，本着诚信厚道的经营理念，逐渐发展形成了自己的销售团队和销售网络，以豆干推广的知名度为"劲仔"品牌奠基。

从1987年到2009年，从岳阳到洛阳再回到岳阳，从怀揣梦想的小城少年到历经风雨的有为老板，周劲松以自己的拼劲和闯劲、韧劲开辟了一片广阔天地，将豆干这一湖湘美食带往全国各地。

从夫妻同甘共苦、共同打拼的个体户，到雇佣工人、分工协作的生产作坊，再到组织管理、系统运行的食品公司，周劲松的创业历程，是一代民营企业起步发展的缩影。以家庭为基础奋斗打拼、相互支持往往是事业发展的起点。或是夫妻，或是兄弟姐妹，他们承担着家庭的责任，也怀揣着对未来生活的美好设想。对于周劲松夫妇而言，他们也是这万千家庭中的一个，不怕吃苦，敢想敢拼，踏出实现梦想的第一步。产品推广产生的需求不断催生产能的扩大，家庭基础上的生产能力已经达到极限，规模扩大、人员招收是发展的必然，个体户也在这一过程中实现向生产作坊的过渡。而此时关系仍然是维系作坊的重要纽带，只是这种关系形式从亲属到朋友再到同乡不断向外扩展。人员的扩张同时也带来分工协作，管理的雏形开始出现。分配好、凝聚好整体的力量，开始考验老板的经验与智慧。而周劲松征服大家的是厚道的品质，这种真诚精神的给予收获的是信任。以信任为基础则为作坊的发展添加了关键动力。到了第三阶段，从作坊到公司的跨越是需要勇气和能力的关键一步，是老板、产品、资金以及外部的时机等多种因素交织影响的突破性结果。这种突破体现在规模上，公司的建构开启了未来发展的无限可能。这种突破体现在管理上，人员关系的复杂化和分工细化带来管理的多层化，制度规则在管理中的作用发挥逐渐上升。同时，企业文化逐渐从管理中抽离出来，踏上系统化、规范化发展的阶段。这种突破体现在产品上，品牌成为支撑产品走得更好更远的关键力量。以劲仔为依托，周劲松走上了公司与品牌相互促进的发展道路。

周劲松为什么能够实现一次次的突破，把事业一步步做大做强，首先与周劲松自身是分不开的。敢于冒险是周劲松不断将理想化为现实的关键。种田糊口，娶妻生子，日子平静而安稳，也是让不少人羡慕、向往的生活。而周劲松想要走出去，想去闯一闯外面的世界，想要享受冒险带来的乐趣和收获，也要能够承担起冒险的风险和后果。而正是梦想带给周劲松的勇气，激励他踏上冒险的旅程。这条道路是艰辛的，充满了未知与挑战。吃苦耐劳是周劲松实现梦想的关键。人贵在坚持，创业的过程中最不缺的就是问题与困难，从开始的生产劳作、养家糊口的辛苦，到面对人员管理、扩大规模应对的挑战，都在考验着周劲松的意志。但周劲松凭借对梦想的执着和坚持，经受住了这些挑战，没有在中途止步、半途而废。真诚厚道是周劲松能够凝聚起团队力量的关键。企业是由人构成并且由人推动运行的，这就需要一个团队去实现。如何凝聚整个团队的力量，做到劲往一处使，领头人至关重要。周劲松的真诚厚道赢得了员工的信任。信任是合作的基础，有信任才愿意跟着你的方向，为你干事。同时，在这种信任中周劲松也将他的冒险精神、吃苦精神传递给更多的员工，使他们成为推动发展的中坚力量。

每个人都身处时代潮流之中，周劲松的成功同样与时代的契机密不可分。周劲松说：

"其实我们也是生逢其时，正好赶上了这个时机。早几十年也不可能，现在来说这种机会也不多了。"

（2019年2月26日，周二，上午，访谈董事长周劲松，朱宏强、刘颖记录）

周劲松说的这个时机正是90年代民营企业发展的良好条件。90年代经济体制改革逐步推行，社会主义市场经济体制在发展中逐渐完善，经济市场充满活力，民营企业迎来了发展的良好环境。公有制为主体、多种所有制经济共同发

展的基本经济制度的确立为民营企业发展提供了政策支持。人民生活水平的逐
步提升创造出更多的物质文化需求亟待满足，这为民营企业发展提供了现实动
力。周劲松凭借敢想敢拼的魄力和勤恳务实的坚持抓住时机并用好时机，在这
股经济大潮中实现了从无到有，从起步到扩张，完成了从工厂作坊到公司企业
的突破，建立了自己的一番事业。这也是企业家个人精神气质和时代机遇的高
度融合。

第二章

纵横捭阖　奠基岳州

　　谈起2012年欧博企管进入华文，进行企业管理流程改革。华文的元老级员工回忆道："那不是一般的痛苦，是脱胎换骨的痛！那是洗心革面！……那时候，我们这些老员工就想着是周总请外人来打压我们这些老员工，他自己不好说，让外人来。连上班的时间他们都要管。心里不服啊。我们搞了那么多年生产，还要他们来教?!……半年以后，看到这样管，确实有成效，以前我管生产的时候，都是前一天看订单，第二天生产。现在PMC建立，原料跟着生产走，省心了很多。我们这些老人得跟着改啊，不改，优胜劣汰，就被淘汰了。

　　（2019年8月14日，周三下午，平江华文老员工，刘谦记录）

　　一些民营企业在企业发展到一定规模，具有一定资本积累后会迷失方向．有的不再用心经营，躺在已有的成绩上以为可以高枕无忧；有的盲目扩张，遭遇失败，却不善于总结经验，一蹶不振。然而，市场的洪流却是无情的，它容不得丝毫怠慢和呆滞。对于周劲松而言，年少离家在洛阳创业积累了一定的资本，虽然经历了扩张失败，但有心的他，也以默默地方式收获了难得的经验与反思。在政策、时机等多方条件成熟的情况下，周劲松回到了自己的家乡岳阳。在家乡的实践，让他有机会将第一次扩张失败的经验与教训在新的蓝图中修正、改进，继续探寻企业在发展扩张过程中的正确路径。

　　2010年8月，湖南省华文有限公司（以下简称"华文有限"）成立，注册资本和实收资本200万元。① 不久，华文有限将发展的重心从豆干转向了小鱼。核心产品的转型，这是华文食品发展史上不可抹去的浓墨重彩的一笔，这也是

---

　　① 华文食品股份有限公司首次公开发行股票招股说明书（申报稿），2019年12月，1-1-47

其向成功迈进的一次惊险跳跃。所幸华文抓住了政策机遇，以敏锐的商业头脑，及时选准新的产品。同时，周劲松以宽广的胸怀吸纳两位干将，分别负责销售与生产。他们和周总一起，人称华文有限的"三驾战车"。从河南创业时就一起打拼的老员工依然忠心耿耿，功不可没。不断吸纳的新员工，如今也成为华文食品的资深老员工。那时，随着产能和销量的激增，华文有限的员工规模数以千计，也达到了前所未有的规模。与此同时，公司管理必然要经历从曾经的小作坊到现代企业的转变。在周劲松的坚持下，公司专门聘请欧博企业管理顾问团队，对公司上下进行流程与制度的梳理与改革。全体员工经受住改革的剧痛与挑战，也迎来了脱胎换骨、面貌一新的华文有限。2016年华文有限再次增资，注册资本和实收资本增至15840万元。① 在故乡岳阳，华文有限得到了迅速而长足的发展，为后续融资、上市、领军风味小鱼行业，奠定了坚实基础。

第一节　再寻商机　扩大产能

豆干产业发展到一定的程度之后，其他企业纷纷效仿，而面对同质产品，市场容量是有限的。更激烈的竞争，带来周劲松豆干产业销量的下降，此时寻找新的发展机遇势在必行。从洛阳回到岳阳，华文食品乘上了国家支持民营企业发展的快车。在岳阳政府的大力支持下，凭借着周劲松等人高瞻远瞩的眼光、奋发拼搏的精神，华文食品迅速在岳阳站稳脚跟并寻到合适的商机，逐步实现高质量发展。对于企业而言，每一次选择都是至关重要的一步，如果失败则会破坏原有的根基，而成功无疑会将企业推向一个新的发展阶段。企业纵身一跃需要企业家的独特眼光，在锁定发展方向后离不开团队的协作，不断拓展销售渠道、扩大生产产能。扎根岳阳的华文有限便以这样的步伐，一步步拉开了其在湘宏图，步入发展的快车道。

一、政策之利　巧借东风

2004年《宪法》修正案指出："国家保护个体经济、私营经济等非公有制经济的合法权利和利益。国家鼓励、支持和引导非公有制经济的发展，并对非

---

① 同上，58页。

公有制经济依法实行监督和管理。"① 从而确立了非公有制经济的宪法地位及其与公有制经济的宪法关系。

2005 年 2 月 25 日，新华社发布国务院《关于鼓励支持和引导个体私营等非公有制经济发展的若干意见》②，这是新中国成立以来首部以促进非公有制经济发展为主题的中央政府文件，因文件内容共 36 条，这份文件通常被简称为"非公 36 条"。其中提及要"加大对非公有制经济的财税金融支持"从财税、信贷、融资渠道、信用担保体系等多个方面促进非公有制经济的发展。

2010 年 5 月 13 日，国务院发布了《关于鼓励和引导民间投资健康发展的若干意见》③（简称"新 36 条"）。"新 36 条"将政策重心放在解决民间投资面临的市场准入障碍这一"老大难"问题上，旨在为民间企业的发展营造更广阔的市场空间。其中提到："鼓励民营企业加大新产品开发力度，实现产品更新换代。开发新产品发生的研究开发费用可按规定享受加计扣除优惠政策。鼓励民营企业实施品牌发展战略，争创名牌产品，提高产品质量和服务水平。通过加速固定资产折旧等方式鼓励民营企业进行技术改造，淘汰落后产能，加快技术升级。"

在当时国家政策号召与扶持下，民营企业发展迎来了一个新的春天。周劲松的家乡——湖南岳阳也采取了一系列鼓励民营企业发展的措施，市委、市政府出台了"民本岳阳——为民办实事主题行动"九项工程，实施了以"民营岳阳"为主题的加快非公有制经济发展工程，建立了一个由"市委领导、政府调控、部门承办、社会参与、企业自主自律发展"的工作格局，同时成立了民营岳阳工程领导小组，主要负责指导、监督、检查考核等工作，协调解决非公有制经济发展中的重大问题等等一系列措施，为民营经济发展创造了良好的环境。④

截至 2009 年，周劲松的生产基地已精简到 2 个，均位于河南。事业取得一定的成就的周劲松始终眷恋着家乡，他在心底一直有一个愿望：在异乡拼搏，完成资本原始积累后，一定要返乡发展。他多次考察岳阳的投资环境与市场，梦想着能够回家乡再次创业，寻求新的突破。2009 年，周劲松回到岳阳开始二次创业。2010 年 8 月，湖南省华文食品有限公司成立（以下简称"华文有

---

① 国务院.《宪法》修正案［Z］.2004
② 国务院.关于鼓励支持和引导个体私营等非公有制经济发展的若干意见［Z］.2005
③ 国务院.关于鼓励和引导民间投资健康发展的若干意见［Z］.2010.
④ 周义勇.岳阳市民营经济税收现状及对策研究［D］.中南大学，2007.

限"），他的商业"版图"终于添上了家乡的名字。

食品加工产业是岳阳的一大支柱产业，市委、市政府高度重视湖南省华文食品有限公司的成立，从土地、税收、人才引进等方面予以政策支持。华文有限公司得到了快速的发展。2010年，华文有限整合资源优势，重组商业模式，转型成为覆盖贸易、加工、制造、物流于一体的现代集团企业。在产业政策方面，国家积极推进传统食品工业化、规模化生产，大力发展休闲食品、健康食品等产品，出台了多项重要文件，对农副食品加工业和食品制造业的积极发展提供了强有力的支撑，起到了良好的促进作用。政府深入发掘地方特色食品和中华传统食品，支持大型企业做优做强，引导中小型企业做优做精；增强"走出去"能力，提高"引进来"水平。在国家产业政策的支持下，传统风味休闲食品行业的产业结构将持续调整，资源配置将持续优化，相关企业技术水平将持续升级。国家产业政策的支持，有助于行业内细分龙头企业不断发展壮大。[①]

从公司落户岳阳到2012年，仅两年时间，华文有限营业业绩突飞猛进，市场形势一片大好。面对紧俏的市场需求，公司却因为生产用地受限、融资渠道不畅等原因导致供货无法紧跟，市场对货物的需求量无法满足。这种情况下公司决定扩展生产规模、增加生产量。市政府在了解到公司面临的问题之后，便出面牵线，让公司与经济技术开发区康王工业园的一家公司进行资源整合，扩张建厂用地问题迎刃而解；面对资金短缺问题，市政府牵头召开银企对接会，公司与银行深入探讨信贷融资模式，及时获得了首笔信贷资金，有效解决了融资问题。市场机遇稍纵即逝，公司在市政府的大力支持下及时扩大了生产，占领了有利市场，赢得了发展契机，为后期的高速发展奠定了基础。

在岳阳市委、市政府的大力支持下，华文有限成立5年来，旗下的公司已发展至6家，公司营销网络覆盖全国32个省、自治区和直辖市，合作经销商已超过1000家。营业收入从当初的不到1亿，增长到2018年的8个亿。可以说，华文有限是岳阳市委、市政府鼓励回乡投资创业、优化环境、产业帮扶等一系列举措的直接受益者。

市场和政府在经济发展中发挥着不同的作用。市场是无形的手，推动经济发展，而政府是有形的手，对市场进行宏观调控。对企业而言，把握住市场就抓住了机遇，而跟着政府的方向，有形的手就会为其发展推波助澜。华文有限

---

① 仇玉娇．立足岳阳，发扬湖湘美食文化——访湖南省华文食品有限公司董事长周劲松［N］．洞庭之声．2015-3-23

回乡抓住了市场又借着政策的东风，一路扶摇直上。

二、瞄准小鱼 转变产品

回到岳阳后，2000-2010 年，周劲松、李冰玉夫妇主要经营在岳阳郭镇和河南洛阳的两个厂子，主要生产、销售"劲仔"牌豆干，也做一些辣条。每年上千万的产值，在豆干领域，也算数得上的企业。但是，豆干市场的竞争越来越激烈，加上以卫龙为代表的辣条冲击，这些年生意发展相对缓慢，无法得到突破，需要寻找新的商机。2010 年，周劲松成立华文食品有限公司（以下简称华文有限）。2011 年在全国糖酒会上，周劲松发现了新的商机——风味小鱼。

"我觉得辣条产品，当时负面消息还是蛮多的。我总觉得这个东西没有前途，对这个东西也不是很看好，也没有坚持去做。因为家在岳阳嘛，河南那边也是发展不起来了，想着自己钱还是赚了一点点，觉得自己还是想找一些突破口。后来岳阳这边我搬家的时候也搞了个厂在这边，也是做豆制品。

我记得 2011 年的时候，就是要死不活的，卖不起来，就是停留在千万级。后来我想着去糖酒会上去看一下，带着我的产品去糖酒会上也去招商。在糖酒会上能发现市场，在那边遇见我们岳阳做鱼的老乡，但是做辣条的时候，没有遇见过。做辣条当时他们基本也不愁卖，所以他们没人去参加。那次 2011 年全国的糖酒会在成都，我就发现风味小鱼在那里。当时做辣条的有稳定的客户，做鱼的就靠在糖酒会上招点商，搞点订单，这样的模式。我就看到他们客户是认可这些东西的，就是量都不大。他们客户的结构和我们是差不多的，批发商看到这个产品之后，跟你下点订单，然后拿去卖，都是这样的。当时岳阳这边做鱼的，就靠这样一种模式。但是岳阳的这些企业没有走出去，没有像我在全国批发市场去铺货。本身我在河南那边包括全国其他市场还是有这个渠道，就发现没有这个货源。岳阳这些做鱼的都是小作坊，还是我们九几年那个时候自己家人做小作坊的形式。他们的产品是真空的那种小包装。再说我跟他们还是有一些交道的，到他们那里看过。那时候鱼的产值，一年也有个 2000 万。我就发现有市场，他们不愿意扩大，这些人就想着赚点钱，打打牌，喝喝酒，他们就很满足。我就发现这里面有商机。因为当时我们还是有一点名气了……他们想着自己赚点钱，我们做我们的，他们做他们的，相互之间也没有太多的交流，都是井水不犯河水。但是渠道基本上都是差不多的……说实在的当时我也是遇到了瓶颈，我感觉原来的产品被辣条挤得没有发展空间了。所以还是留心找一些发展机会，他们有市场又不做，他们做辣条的也不来做，我就想着自己在岳阳有个工厂，那我就试试看吧。因为我在全国有这个经销商渠道嘛，我就按原来的这样卖试试。我就觉得这个机会来了，所以我就全身心投入这一块。原来在岳阳的厂是做豆干的，现在转产做鱼。当时我觉得我豆制品这块要死不活的，反正可卖可不卖，人家积极性也不高嘛。但是鱼这个，他们跑到我厂里住在那里，一天到晚地要货。那我就赶紧转产，把老产品一刀切掉了。那时候在洛阳还有厂，那里还在做豆干，把岳阳这边全部切掉了，当时转厂投入了几百万块钱。生产线这块，因为那时候本身岳阳这块做鱼已经很成熟了，做设备的、做原材料的等等，都形成了气候了。刚开始就上了一条生产线，当时包括流动资金也是几百万块钱。市场当时很火爆，那时候就是有多少卖多少，一般都是一个月两个月地定啊，我就看到商机来了。那时候岳阳这些老乡，说实在的他们生意也很好，一天赚点一天赚点，但是没有大规模地扩展……我后来还是做了一下调整，我增加了几个口味，因为我是往全国各地去卖的，麻的、香的、辣的，我就做成各个地方的口味，一下子就火爆起来了，把全国市场引爆了。口味这个是我的创新，原来只有辣的。当时就是用的"劲仔"的牌子，"劲仔"这个品牌是 2000 年注册的。我做鱼的也用的这个"劲仔"。

（2019 年 2 月 26 日，周二，上午，访谈董事长周劲松，朱宏强、刘颖记录）

在这次糖酒会上，周劲松了解到鱼仔在国内休闲食品行业非常受欢迎，客户都很认可，认为它有营养价值，和辣条不一样。当时鱼的销售是订单式的，生产商在糖酒会上获得订单后再进行生产，产品很受欢迎，客户认可度高，但是量非常少，除湖南湖北以外的鱼仔市场几乎空白。周劲松发现鱼仔所面向的客户群体和豆干是差不多的，生于鱼米之乡，长在洞庭湖畔，周劲松决定，依靠自己多年的调味研发经验，进军鱼仔市场——依靠丰富的鱼仔资源，同时，公司在岳阳有一个厂，比起其他小作坊式的小鱼厂更具生产力。周劲松认识到了鱼仔生产的发展空间极大。同时，小鱼本身又是家乡的传统食物。关于小鱼的做法在湖湘有着悠久的传统。综合各方面的考虑，周劲松越发肯定生产鱼仔值得一试，鱼仔生产线的引进使华文有限找到了突破口，而这对华文有限而言是一个极其重要的决定，豆干和鱼仔成为华文最主要的产品，此后，鱼仔的市场占比逐步增加，远超豆干。

"我对小鱼还是有些情怀的。我小时候奶奶是为了改善家里的生活，经常带着我去池塘，拿着这个兜子啊去抓小鱼小虾，一天也能抓个几斤。那时候没肉吃，小鱼小虾还是不错啦。那些小鱼小虾其实我们平江叫火焙鱼。把他捞起来以后放在锅上焙干，焙干以后保存好，什么时候吃就拿点出来。这个小鱼下饭还是蛮好的，再说小鱼小虾营养还是比肉也不差吧。包括长沙这边也知道平江的火焙鱼，还是很出名的，现在还有一道菜呢，叫火焙鱼。后来人们生活慢慢富裕了，就把火焙鱼做成下酒的了。火焙鱼你搞点什么剁辣椒啊，把他一蒸以后就很香的，也相当于做的这个凉菜嘛。后来慢慢那做成包装，包在小袋子里面去卖。毕竟这个火焙鱼原材料是有限的，刚好市场上也有这种小鱼，是一种海鱼。后来就慢慢演变成拿这个海鱼代替了火焙鱼。"

（2019年2月26日，周二，上午，访谈董事长周劲松，朱宏强、刘颖记录）

周劲松汲取了平江火焙鱼的制作灵感，经过多年的摸索和市场检验，在保留了特色传统风味的基础上，不断研发、改良生产工艺，推出了风味小鱼系列产品，做到了中华传统美食和现代食品工艺的良好结合。事实又一次证明周劲松的决定是正确的。他再一次带领企业实现了根本性转变。鱼仔的投产迅速给企业带来了明显的效益增长。当时每天都有络绎不绝的订货商上门预定小鱼，很快就供不应求，市场需求的快速扩大使周劲松需要再一次进行生产扩张。

随着市场需求的扩大，池塘小溪的鱼已无法满足鱼仔的生产，周劲松需要尽快拓展原料地。他发现市场上刚好有和池塘的小鱼一样的公干鱼，公干鱼是海生鱼类，一般大小是3-7厘米，有尖头和圆头两种，尖头的身体瘦小一点，身上银色的线条比较亮，肉的颜色很白；圆头的身体比较圆，身上银色的线条颜色比较浅，肉颜色也很白。公干鱼的产量非常大，数量最大的季节是每年的10月底到下一年4月。原料问题迎刃而解。

三、陆续转产 蓄力前行

周劲松基于对工厂规模、管理理念、老板口碑等方面的综合考察，先后与郭镇、洛王、味冠天下、康王、洛阳、平江鑫元等六个厂建立了合作关系。前期的生产合作，主要是工厂为华文有限提供代加工，产品仍使用华文有限的品牌与包装。

在销售方面，2012年时任销售总监带领销售团队，当时华文有限内部只有五个人兼职卖产品，后期均转为全职的销售人员。那时销售主要采取"72小时工作法"来拓展客户，即销售人员出去找客户的往返车票时间在72小时以内的，公司予以报销，超过这个期限就需要自行承担费用。

产品的转变是时代发展带来的契机，华文有限敏锐的嗅觉感知到了它的发展前景。在高速发展的经济时代，商业敏感是企业发展的瞭望台，激励企业不断前进，为其选择正确的方向。其次就需要企业员工能够携手共进，这是企业发展的内核，是企业能够长远发展的保障。华文的发展有商业敏锐嗅觉，更主要的是华文决策者、管理人员及成百上千的华文员工能够和公司一条心搞生产谋发展。

当时除了华文有限，也有别的企业在生产鱼仔，业内日均产量最高是 2000 箱，在当时那个环境下 2000 箱已经是非常了不起的一个数字。而华文作为后起之秀，在短短半年时间内，产能就超过了同行业其他公司，这正是华文人团结协作，为了一个共同目标努力奋斗的结果。当时的生产还没有实现自动化，只能依靠手工劳动。为了实现中国鱼制品行业最高标准的产量目标，公司上上下下不论是普通员工，还是管理者都进入生产车间全身心投入生产。华文人万众一心促发展的拼劲一直延续到现在。

三千年湖湘美味，二十年经典传承，华文始终站在中国休闲食品安全、便捷、美味领域的前沿，以不断满足消费者需求为己任，本着"诚信为本，市场为先；立足长远，稳健经营"的理念，正以厚积薄发之势引领休闲食品潮流风向。

第二节　集结精英　共谋发展

1999 年周劲松经历了扩张失败。扩张失败的原因，一方面是没有人帮他开拓市场；另一方面则是开拓之后守不住，没有人协助管理。既要保障品质又要控制成本，市场需求量大，还需要扩大产能。周劲松深知市场的际遇稍纵即逝，现如今已不是当初他单枪匹马闯荡的时代了。要抓住机会闯荡出新的天地，必须引才聚智，不断引入营销、生产及管理人才，共同创业，共谋发展。

"之前 1999 年的时候我也是扩张失败过，因为没有人帮我开拓市场，没有人给你守住的话，也是做不起来的，这也是一个教训。你扩张之后守不住，没人给你管理，你做到了你不一定能够做强。品质没保障好，成本没控制好，也是问题。所以当时市场上要货我这边供不上来，要扩大产能。你说一下子上来的话，自己也顾不过来。我当时我一天做个 1000 箱，那时候做 10000 箱也能卖，就是两三个月的订单。到了这个地步，人家把钱塞给你，不敢接。我想着一下子火爆起来的话，之前也有这个教训。所以我觉得一个是品质这块管理要跟上来，必须要有一种现代企业的制度要有。毕竟我们自己也搞了十几年，但是我自己也没到什么国企啊去经历过，企业都是自己一手做的，也没有什么管理经验啊……后来我就跟马总说（反正你那边也搞不成了），干脆过来我这边，我这边供不应求，你就给我负责市场这块。那马总觉得也好，渠道这些都是现成的，产品也是供不应求。但生产这块儿我生产不出来，那我就把刘总也拉进来了。后来马总也看到市场这么火爆的话，他跟我商量把刘总也拉过来。"

（2019年2月26日，周二，上午，访谈周劲松，朱宏强、刘颖记录）

于是，周劲松招兵买马，引进了诸多在华文食品发展历程中不可忽视的人才，他们的加入对于华文有限的发展至关重要。而这样的实践经验，也正符合了企业成长的规律。

一、销售人才　拓宽渠道

2010年周劲松采用的还是代销模式，经销商先赊账进货，待销售出后，再向华文有限结算。这种模式严重限制了生产，也使销售和现金回流在一定程度上受制于人，具有更大的不确定性。周劲松意识到需要一个专业的销售人才，来帮自己改变现有的境况，打开销售渠道，疏通企业的发展通道。于是，他敞开心胸，向当时的一位销售能人伸出了橄榄枝。当时注册资本200万元的公司，在周劲松的主持下，将所持有华文有限70万出资额转让给这位销售能人。[1] 可以说，周劲松按照商业的规则，用真金白银表达了自己的诚意。同时，也以宽厚的胸襟，容纳合作伙伴的个性。如何在一个企业中相处、共荣，在相当程度上考验着周劲松的智慧与胸怀。事实证明，周劲松这一关考验是合格的。销售能人的加入，不仅为公司的销售拓宽了渠道，更重要的是扭转了以往经销商先赊账进货再结款的销售模式。他凭借强悍的个性和执行力，扭转了这样的经销格局。他要求所有经销商一律先打款再给货。这样一来，能够将收到的货款快速投入再生产，既能加速资金流转、又促进扩大产能，形成良性循环。周劲松至今对这一转变赞赏有加，深谙其对华文有限发展的关键性促进作用。

二、生产骨干　扩大产能

源源不断的订单对产量提出了更高的要求，而适合的生产人才是保证产品高品质、高产量不可或缺的一环。有精干的销售团队，加上强悍的生产团队，二者完美配合，才能推动企业从产能到销量上到新阶段。不久后，周劲松又适

---

① 华文食品股份有限公司首次公开发行股票招股说明书，2019年12月版，1-1-46

时地引进了生产人才，担任华文有限的副总经理。刘特元，这位出生于1976年的生产能人，2003年至2009年任漯河市平平食品有限责任公司副总经理，2009年至2012年任湖南省俏嘴巴食品有限责任公司总经理，2012年4月至2014年4月任华文有限生产总监。2014年4月担任发行人董事，2017年1月至今，担任发行人董事、副总经理。①

刘总自小很调皮，但成绩还不错。他家境不富裕，每次和家里要钱就像要命一样。年纪小小，他对挣钱有着极大的敏感和兴趣。他初中时喜欢打牌，可以在游戏中赢点小钱。单调的初中生活，居然也能被他发现商机。

1995年他上完高一就辍学开始做生意。最初他和妈妈、姨夫、舅舅分别借了2000元，凑了6000元买了一台农用拖拉机。它用拖拉机转运粮食、贩卖猪肉、贩卖砖头、拖沙子……各种各样的生意都做过，一年左右就赚了3万多，这笔钱在当时对于一个乡村家庭来说无疑是一笔巨款。一年的时间他不仅赚回了成本还有盈余。可是生活并非一直顺风顺水，1996年他在镇上投资开餐馆，这一年就亏损了3万，前一年的辛苦血本无归，于是他开始南下谋生活。

1997年他在东莞一家生产鞋的台资企业工作，当时被安排在维修部，但其实他不懂技术。于是，他开始了白天在工厂上班，晚上在技校上课的生活，当时技校的学费每个月200-300元，他不惧艰难、不吝支出，坚持学习了一年半，掌握了电子软件相关知识，还获得了电工证。他表现出了很强的做事能力和学习能力，最终升职为后勤部经理。经理当时是大陆人在台资企业里能够做到的最高职位。

2000年他从台资企业离职，跟着一个日本老板在厦门做电子设备，取名为"东门子"。那时候电子产品市场非常好，他便利用信息不对等从而赚取差价。哈尔滨的一些商家在厦门和深圳将手表论斤买入后，再拿回哈尔滨等地论个卖。这段经历，不仅给他带来职业价值感，更重要的是，让他在亲身实践中领略了大机器生产、规范管理的精髓。

事实证明，他以强大的学习能力和对规模生产的深刻理解，为后来他所服务的企业带来了丰厚的利润。2003年，他跳槽去了卫龙，那时候的卫龙还叫平平食品厂，生产辣条为主，共有员工28名，大概有1000-2000平方米的厂房，一年的销售额在200万-300万元左右。2003年以后，休闲食品行业迅速发展，

---

① 华文食品股份有限公司，《华文食品股份有限公司首次公开发行股票说明书》，2019年12月，240页

市场需求量大。当时食品安全管理制度相对不够完善，安全意识也不够强。平平食品厂完全可以选用市场普遍使用的廉价防腐剂，但他刚上任就选用了当时价格高的生物防腐剂。

当时食品安全问题还没有完全走入大众的视线，一个企业能够注意规避这些可能的风险，自然能取得消费者信任，获得长远利益。因此，建立高效的食品企业监管和激励机制，不仅是保障食品供应链安全、维护消费者健康的关键所在，也是协调社会经济稳定发展的重要保证。① 对食品安全的重视使平平食品得到飞速的发展。刘总不断钻研生产工艺和流程，亲自参与改进机器设备，以提高生产效率。一台机器原先每天只能处理 3 袋面粉原料，提升到每天处理 28 袋原料。再如改变以前的手工切割工艺，引进自动切料机，将刻度尺变得高效且精确。

后来，他离开卫龙后，也尝试自己办厂，但是并未成功。在那段时间他的工作、生活似乎陷入低谷。这时，他收到了周劲松的召唤。刘总依然记得，到岳阳的时候已是夜里三点，周劲松亲自开着一辆奔驰车来接他们。当时他非常感动，他心想：作为一个企业老板能够这么礼贤下士，一般能够安排下面的人来接自己就很不错了，这趟岳阳之行一定不会选择错，应该能够达成共识。不仅如此，周劲松和销售总监也通过股权转让方式表示了诚意。2012 年 6 月，周劲松将其持有的华文有限 14 万出资额转让给他；时任销售总监马总将其持有华文有限 10 万元出资额转让给他。② 老板的仁厚和大度让他充满了动力。来华文之后他就拼命扩产为华文增长产能。回想当初，周劲松给他买第一辆车的时候，自己也并不宽裕。他没有辜负周劲松的厚爱，第一年车的里程数就超过了 8 万公里，这 8 万多公里是在三个工厂间来回奔波的里程累积。里程是数字，过程是付出，是他为华文有限无数个日日夜夜奔走的见证。还有和周总一起引入企业管理咨询，和企业一起见证改革的痛苦。这里之所以用"见证"，而不是"经历"，是因为谈到这场改革时，他算是除了周劲松以外，唯一一个没有叫苦的人。用他的话讲："咨询公司进来，那是在帮我做事，让他们来就是要让华文改变过去的工作习惯，我为什么要痛苦？"

2014 年到 2015 年，他还亲自去世界各地寻找小鱼原材料。两年时间里跑完

---

① 白丽，唐海亨，汤晋. 食品企业食品安全行为决策机理研究［J］. 消费经济，2011，27（04）：73-76.

② 华文食品股份有限公司，《华文食品股份有限公司首次公开发行股票说明书》，2019 年12 月，1-1-47

了两本护照，最夸张的时候，他半个月就跑了八个国家。他走遍了整个非洲，肯尼亚、坦桑尼亚、埃塞俄比亚还有很多国家连名字都不认识，也围绕着太平洋周边的国家如：印度、缅甸、泰国、越南、菲律宾、马来西亚、新加坡、日本、韩国这些国家去寻找了原料。他不会说英语，但是坚持亲自去找原材料，去到一个地方就找翻译带他去四处转，寻找合适的原材料。在缅甸、泰国这些国家，都是他自己亲自去找的材料。2015 年，他硬是带领华文人，用 100 天的时间在平江伍市工业园新建高标准、现代化、规范化的休闲食品生产基地，即今日的平江县劲仔食品有限公司，劲仔食品集团股份有限公司的全资子公司。至今，平江劲仔依然是风味小鱼和风味豆干生产的标杆企业。

周劲松在谋划定好企业的战略方向之后，他作为将才就要不顾一切地向前冲。生产和销售是企业发展的重中之重，周劲松在多方考虑之后，选择了可以分别承担起生产与销售环节的人才，华文有限的发展就是从那时候奠定了坚实的基础。

三、公司元老　群力群策

企业的发展不仅需要有头脑、有干劲的将才，同时也需要更多踏实、敬业的员工。在华文的发展长卷中有太多这样的人。他们在不同级别的岗位上发光发热。每一个人，都有着自己的人生故事与智慧，用勤劳、忠诚共同谱写着华文食品发展的宏图。这里不乏跟着周总一起创业的乡亲、也有陆续加入华文有限的专业人才，他们共同的特点是爱岗敬业，而且充分信任周总的人品与能力。伴随着公司的成长，他们中的很多人如今已成为劲仔食品的元老级人物。没有他们当初和现在的付出，劲仔食品也同样走不到今天。

比如如今平江华文稽核部主管，算是德高望重的元老级员工。她曾经在平江乡镇学校当老师。2006 年跟着周总和李总到河南，做财务和后勤工作。班师回到岳阳后，她也是较早转产风味小鱼的先锋员工。

"我是劲仔二部的第一个员工，那个时候也是我们从零基础开始，因为那时候都没有搞这种自动包装机，都是靠人工，当时有 300 多工人……2012 年我自己摸索出了一套高效快捷的手工分装小鱼的方法，并录制成视频，让新员工根据视频进行操作手法的培训。这样一来，新员工很快能达到要求产量。以前有员工做事喜欢起哄闹事，比如手工分装时，有些鱼会比较大，员工觉得大鱼做得太慢了，就不愿意做，结果大鱼就一直在操作台上转来转去，大家都不愿意包；有时候来料会有时差，有些员工想多做一些，就起哄抢料。我就想出一个办法，让工人们每2-3个月换一次座位，这样不会让工人之间太熟，避免出现一群人一起起哄，不服从管理的情况。

在2015年的时候把基地发展到平江的时候，我也是首批过来的工作人员之一。那年11月底到平江来的时候，厂房只有框架，进来还需要戴安全帽，当时是全员抢开工，我带队做卫生，做到晚上就像个疯婆子。刘总当时也下来亲自带队做卫生。当时全公司上下一条心，抢在12月29日必须开工，还拉上了五部的人一起来帮忙，12月25日基本成型，12月28日投入生产，当时各部人员都来帮忙，车间坐得满满的。因为之前在岳阳做生产主管，做得比较好，然后到平江这边做品质主管。做了半年之后就调到了稽核部，到目前为止一直都是。"

（2019年8月15日，周二，下午，访谈平江华文稽核部主管，申林灵记录）

目前华文食品总经理办公室主任2009年进入公司时，才25岁。她回忆起早年自己负责收购鱼胚时的经历讲道：

"在收购鱼胚的时候，我有三个电话，每天总是睡到半夜要爬起来接电话，接完电话又倒头继续睡。鱼胚到了仓库之后需要抽检，我就脱了高跟鞋爬上车顶抽检。那时候没有专业的仪器，只能用手来测湿度，用钥匙扣上迷你小卷尺测量鱼胚的长度。抽检都是目测，也没有什么固定的方法。有时候是在车头、车中、车位的下面各搬一箱出来检测，有时候又是另外的方法，反正让供货方琢磨不透。"

（2019年8月12日，周一上午，访谈总经理办公室主任，申林灵整理）

现任平江华文生产总监，也在2010年加入华文有限，2011-2013年曾经离职将近两年的时间，后来回归平江华文，从此一直在平江华文主抓生产工作。他回忆道，他加入团队之初，公司连发工资都艰难，周总就借钱给员工发工资。借给周总钱的老板，拎着一箱子现金，两百万送到周总手上。周总对借钱的老板表示歉意，说现在手里没有钱给他，那个老总也很豪气地说了一句："先发，以后再讲。"老板的诚信与他人对他的信任给了所有人一颗定心丸。人们知道自己这个老板跟对了，不景气只是暂时的，华文一定能够得到飞速的发展

当然，华文有限的元老级员工绝不仅仅限于以上几位，比如现任初加工总经理、采购部经理、生产后段经理、审计委员会主任、工会主席、营销总监、平江华文总经理、一车间生产中段、人力资源部经理、平江华文人事主管等等，很多员工都在华文有限成立初期，甚至在周总河南创业阶段，就一直和华文食品一起打拼天下，共同成长。他们至今仍是劲仔食品的宝藏：对企业有着深入

生命轨迹的忠诚，凭借坚忍的意志，忍痛修正自身，和企业一同成长，方能走到今天。他们的资历、才智和经验，得到企业的尊重与认可。唯有与这些忠心耿耿又肯于不断学习和提升的员工相伴，企业也才有可能走得更稳健。

伴随着企业的不同发展阶段，华文有限引进了各种各样的人才，很多合作者本身就是企业家。周劲松以自己独特的魅力吸引着他们。是企业家的梦想与激情的感召、是企业家博大胸襟的感染、是企业家任人唯才的智慧，将人才吸引到华文。企业家精神被认为是超越了企业家个人能力，蕴含在企业家身上又渗透到企业中的深刻价值观，是推动企业创新、创业行为的重要影响因素。企业的创新离不开员工的创新行为，当前企业家精神的理论研究正逐渐由企业家个体向企业管理团队和员工推进。[1]

随着企业不断地发展，人才需求也随之发生变化。在洛阳时期的周劲松依靠机遇与个人才干获得了飞速的发展，得到了资本的原始积累。进一步的发展就不能只依靠外部的环境，需要提升产业自身，从生产的扩大、销售渠道的拓宽等方面着手促进企业的发展。企业需要抓住市场扩大产能占据市场，通过生产销售提高企业的盈利。这不仅仅需要企业家个人的力量，还需要引进销售生产的人才来为企业发展助力。在完成这一阶段之后就需要在维持现有的生产销售的状况下规范资本的运行、规范公司的治理，这就又需要引进对规范资本运行起推进作用的人才。在不同时期企业的人才需求是不一样的，企业家需要根据不同时期的战略目标吸收不同的人才。一批批有志之士的加入让华文有限如虎添翼，短短几年时间里，公司的销售额从几百万元迅速增长到数亿元，整整翻了上百倍。

第三节　推行改革　引入欧博

面对这种产品长期供不应求的情况，周劲松意识到这是一次难得的机遇与挑战，如何实现产能的快速提升以满足市场需求成为公司亟待解决的问题。公司当时员工的水平与公司快速发展的需求之间存在一定的差距，大家的能力、水平、素质、职业素养等各个方面没有跟上公司的发展节奏，在这种情况下推

---

[1]　张琦．员工感知的企业家精神对员工行为的影响研究［D］．西北大学，2015.

行改革迫在眉睫。2012 年，周劲松决定引进欧博企管咨询管理公司帮助企业进行规范化管理。

　　"我们在 2012 年的时候，那时候也是很粗放式的管理，要量嘛搞不赢，怎么快怎么搞。后来 2012 年我们也是请了管理团队，进行管理变革。当时开始的时候，那个叫唤啊，这也不方便，那也碍手碍脚的。当时我就说再怎么样，你是必须要坚持的。我们下了这个决心，下面他也看你的，他也是察言观色，你老板一动摇，你让一寸他就要一尺。当时我就毫不动摇地坚持下去，必须要搞，再难再不方便也要按制度来。后来我们就从那里已经扭转过来了，要不然的话像之前那样的粗放式管理，那你做到现在这个样子，不可能啊！所以你认同了你必须要坚持，不能动摇。就像我们历史上的一些改革，为什么中间会失败，那当然你当皇上一动摇，下面那些反对的马上就起来了，改革就流产了。如果你真的坚持下去，做什么事情你只要说是坚持，认真坚持下去，就算错的也能做对，真的是有这个道理。坚持也没有说什么难不难的，人就是看这个得失。我也是看了一些理论，我觉得还是对的。之前的 80%，你的成果可能只有 20%。最后 20% 能换到你 80% 的成果。这个理论我觉得是有道理的。前面你付出了 80%，可能你得到的只有 20%，但是你再坚持下去，你就能成功。你不坚持，就差那一步。比如我们在管理变革这块，当时人家都看着我们搞，都模仿起来了。当时他们下面的员工跟老板也反映，你这个东西好像在制造障碍一样。老板觉得你这个东西的确是啊，本身很方便了，为什么要设个障碍呢？老板的思想开始动摇，就没搞成功。当时我记得他们来搞管理变革的团队，不只我们一家企业，这个岳阳都跟风了，最后只有我们一家企业成功了。现代管理制度，我们从作坊式的管理转换到 5s 管理，现在是 7s 了。你看日本的管理，哪怕就是你一步能达到的，他就得从这儿上去。他必须按这个规矩来，必须按我这个轨道来，不能走你的捷径。所以我们在生产管理方面就要按规章制度来，按照标准来。公司管理改革的推行，一开始不懂，觉得很难，但是逐步逐步这么做过来的话，好像不知不觉地也都做过来了。你干了就必须坚持。"

　　（2019 年 2 月 26 日，周二，上午，访谈董事长周劲松，朱宏强、刘颖记录）

　　周劲松的这一段回忆与陈述，释放了两个强烈的信号。一是 2012 年邀请专业企管团队进驻，升级企业管理的需求来自很多考虑：前期扩张失败的教训、现实生产能力和市场需求之间的矛盾、自身在规范管理上的经验不足等等方面。这些考量显示出周劲松作为企业掌门人对当时那个阶段，企业面临主要问题和风险的准确判断。二是，在以上谈话中反复出现的两个字："坚持"。从信念上，他坚信"二八"定律，相信坚持到最后就会有丰硕的回报；从行动上，他很明白"老板"在坚持中不可替代的职业角色——"你老板一动摇，你让一寸他就要一尺"。可以看出，引入欧博企管专家，一开始就是周劲松基于形势判断，深思熟虑的举措。在实施的过程中，贯穿着周劲松作为企业负责人的坚韧态度和职业精神。这样一种悄无声息却坚定的谋略与战略，转化为企业运行改革中的阵痛与摩擦，之后果然迎来了丰硕的成果。

一、引入欧博　升级管理

2012 年，欧博企管专家管理团队受欧博企业管理研究所的委派，正式进驻华文公司，开启了为期 18 个月的管理变革。欧博企管企业管理研究所（以下简称欧博企管）是一家知名的咨询管理公司，以制造业咨询见长，覆盖电子、皮具、五金等行业，已成功处理过 400 余起管理咨询案例。欧博企管于 2002 年在广州创立，业务范围辐射珠三角、华中及华南等地,① 其运行基本模式主要分为以下几种：

1. 驻厂项目组：每个项目派专职咨询师 2-3 人进驻企业，6 个月全方位变革，与企业人同吃同住同劳动，用"敏捷生产模式"帮助企业量身定做一套完整的企业控制系统及运作模式。

2. "敏捷生产模式"训练营（每月两天）：

所有与欧博企管签约的咨询项目每月必须派出 6-8 人参加三九控制法训练营，直接面对曾伟教授，由曾伟教授亲自帮企业带出一支"敏捷生产模式"的运作团队。

3. 每周一内部咨询师会议：所有与欧博企管签约项目每周一必派 3 人参加欧博企管周一例会（为企业培养内部咨询师），与欧博企管老师平行接受曾伟教授的"敏捷生产模式"培训及专家委员会项目运作指导，同时与老师形成横向监督与制约，确保项目长期效果。

华文有限选择了第一种驻场项目组，时间长达 18 个月。首先欧博企管团队经过近 20 天的调研，采取调查问卷和现场诊断相结合的办法，找出了华文公司存在的主要问题并制定了解决这些问题的方法和举措。平江华文老员工回忆道：

---

① 广东欧博企管企业管理研究所 _ 360 百科 https：//baike. so. com/doc/6633155 - 6846959. html

2012 年 8 月 1 号华文收购了早先是其代加工厂的鑫源，最初 7 人组建团队，从招聘到厂区规划、设备定位等，实现 15 天开工。8 月 15 号凌晨 2 点还在调试设备，设备都是按照生产小鱼的标准购置的新设备，把旧厂原有的设备全部拆走了，当时一共招了 100 多人，最多的时候有 400 多人，刚开始产量也不高，每天大概在 200-300 箱左右，而且由于对鱼制品的不熟悉，也走过了很多弯路，对整个工艺把握得也没有那么好，没做多久，设备组的人走了。前期的产品生产出来也有很多瑕疵，就全部进行管制，进行再筛查。在这样背景下，在 2012 年左右引进了欧博企业咨询管理。欧博进来之前华文更多的还是属于作坊性质，对生产流程梳理存在欠缺，欧博辅导过很多公司，在华文组建了稽核部，帮助企业计划与管理，帮助企业实现数据化和存档。

（2018 年 8 月 14 日，周三，上午，访谈平江华文生产中段经理，申林灵记录）

华文曾经在品牌、设计及生产方面都与其他第三方公司有过合作，但欧博企管是最令人痛苦的咨询公司。这是其近年来最大的一次变革动作。尽管这个变革是痛苦的、压力是最大的，但效果也是最好的。

为期 18 个月的变革过程，可想而知是非常痛苦，且阻力巨大的，但能够坚持完成三个周期和高层领导的支持是离不开的。比如开一些案例分析会的时候，当天出现的产能、工伤、质量、计划方面的问题，就会把典型的案例拿出来分析，这个分析类似于自我批评，把所有的案例拿出来，从前因后果进行分析，然后每一个相关责任人上台反思自己，上到董事长，下到员工，只要和事情相关的都挨个上去说。那个场面下大家的压力不言而喻。欧博企管的核心观点就是，所有问题都要去从自身找问题，从别人身上找问题很舒服，从自己身上找问题很难受，而欧博推行改革就是要帮助企业走出这种舒适圈。

公司高层领导聘请第三方咨询管理公司推行变革时，领导对他们的支持是成功的关键，与欧博企管的合作，公司之所以能够取得很大的成效，花了很大的代价、下了很大的决心。聘请咨询公司入驻企业推行变革，如果专家组的声音和老板的声音不一致，那么改革将无从下手。对于员工而言，工作方面肯定是要听老板的安排，但欧博企管又是老板请过来的。如果两种声音不一样，企业内部的变革将无法推行。在这一点上，周劲松非常有战略眼光，他下定决心推行改革之后，就选择相信欧博企管并全力配合。同时，公司内部也会出现不同的意见，员工会和周劲松反映自己的意见和看法，周劲松总是耐心地解释公司做出某项决定的原因，在这个过程中促进与员工的相互信任与理解。

二、改革阵痛 不断前行

欧博企管的进入主要是帮助公司进行规范化管理，很多亲近的老员工都在此次变革中被辞退或者至少需要认真、彻底地调整工作风格。作为成年人，特别是那些曾经在公司初创期立下汗马功劳的老员工，要经受这样的调整，实属不易。现任平江华文生产后段老员工，也是周总的发小。他回忆道：

周总小时候是那么名不见经传，放在人堆里，根本找不到。但是他的性格是一贯的，善财、低调，实诚……我清楚地记得，周总大年在 2004 年大年初二找我，让我帮他管郭镇的生产，我那个时候，也在外面想自己搞，没搞成嘛，周总找我，我就去了。当时，周总管销售，跑外面，李总管财务，我管生产，我老婆在我手下，带着那些女工干。那时女工黑压压一片，200 多人，劳动密集型嘛。2004-2014，我在郭镇，2014 年上半年在康王，2014 下半年-2017 下半年在洛王，2017 年下半年到现在，在这边做后段经理。

谈起 2012 年欧博企管进入华文，他说，那不是一般的痛苦，是脱胎换骨的痛！那是洗心革面！……那时候，我们这些老员工就想着是周总请外人来打压我们这些老员工，他自己不好说，让外人来。连上班的时间他们都要管。心里不服啊。我们搞了那么多年生产，还要他们来教？！

后来，一个是周总的个人魅力，一个是个人的经济需求。周总个人魅力，我给你举个例子，2004 年，洛阳工厂开工的时候，本来要招 100 人，居然来了400 人。我问他们，当时也有周总家亲戚在周边开的厂子，有的甚至开的工资还稍微多一点点，为啥你们非要到这边来呢？他们说，周总从来没拖欠过工人工资，我们信他。周总就是这样一个给人安全感的人。后来，那次招工搞得好像还要托点关系才能进来似的，招工比例几乎到了 1∶5.

还有一个就是当时的大形势，欧博进来后，改变了结构，明确了股东，要求我老婆离职。当时周总的老婆、刘总的老婆都不做了。周总为这事也主动找到我们，和我俩说，你知道周总这个人，他也话不多。我记得他当时表情也很沉重："说这也是没办法的事。"说实话，当时他也是给了我们一定补偿。那，我们还能怎么样？也就只有这样了。再后来，我看不惯欧博，以其他方式表示，我也不找他，他也不作声。我们互相太了解了，都知道也就只能这样了。半年以后，看到这样管，确实有成效，以前我管生产的时候，都是前一天看订单，第二天生产。现在 PMC 建立，原料跟着生产走，省心了很多。我们这些老人得跟着改啊，不改，优胜劣汰就被淘汰了。

（2019 年 8 月 14 日，周三下午，访谈平江华文生产后段经理，刘谦记录）

这段叙述是当时华文老员工心态的一个缩影，欧博企管的进入给他们带来了阵痛。但这种疼痛是不可避免的，周劲松也认为是必须的。出于种种因素考虑，他们最终只能选择妥协，但仍以一种无声的形式抗议着，半年之后改革初现成效时，这群元老们才开始心服口服，都跟着欧博的脚步进行改变，生怕被淘汰。

变革往往会直接关系到员工的经济利益、社会地位、个人权威，这些都是与员工切实相关的利益，员工也会持反对意见，如果没有相应的解决措施，员工将成为变革的阻碍者。有的人在口头上拥护变革，生怕被人扣上一顶守旧派的帽子，当变革不仅不触及他们的切身利益，甚至有可能增加他们的利益时，他们会由衷地支持变革。一旦变革将有可能损害他们的既得利益时，他们就会极力反对变革。比如变革之后，有可能会导致一个人的权力缩小，在组织中的地位降低，或劳动强度加大，工作自由度减弱，或要求重新学习新技术和新知识，甚至有可能导致他们失业时，他们就不愿变革。这是变革阻力中主要的因素。①

在此之中，周劲松作为企业老板的视角与普通员工自然不同。公司普通员工普遍反映这次变革是痛苦的。周劲松觉得这个过程中遇到的阻力对他来说这不是什么问题，他认为：

"因为变革本身肯定是遇到了问题、遇到瓶颈，才想办法要去度过，让员工成长，改变过去的毛病习惯。不管设备还是人员都是不断改变的，改掉旧毛病然后吸纳一些好的东西，这是应该去做的一件事情。不管人还是企业都应该不断改变，好的地方去学习，不好的地方去借鉴总结改变，这才是发展之道。"

（2019 年 8 月 16 日，周五，上午，访谈董事长周劲松，朱宏强记录）

历史上的每一次变革都会带来阵痛，也会触碰到部分人的既得利益。因此历来的变革者都会承受着来自各方的压力，这既是对变革者能力的考量，也是对其变革决心的试探。欧博企管的进入是华文历史上最大的一次变革，周劲松的坚持是华文能够在这次阵痛后收获满满的重要原因之一。企业家是企业的灵魂，只有当企业家真正愿意变革，能够在面对各方压力的情况下继续推进，消除路途中的不和谐音符时，企业变革才能显现成效。欧博企管曾在为华文留下

---

① 李庆胜. 直击企业变革中的员工抵制［J］. 人力资源管理. 2008（10）：36–37.

项目总结资料的封面中这样表述：①

　　欧博企管管理变革不只是简单建设标准化体系的过程，更多的是改变行为习惯和增强内部凝聚力的过程，这是一场没有硝烟的革命。管理变革对所有参与者来说都是一场革命，其过程是痛苦的，而痛苦的程度往往也决定了变革的成效。

——欧博华文项目组

　　事实证明，这样的痛苦是值得的。经过改革，华文有限生产能力得到大幅提升，销售渠道日益深入。有了高品质的产品和销售渠道的挖掘与铺设，在消费者那里，最直接的感受便是可以更加频繁地接触到"劲仔"豆干和小鱼，并在一次次购买中，增加对"劲仔"品牌的信赖。日久天长，甚至成为一份抹不去的青春记忆……

　　那时还是 2014 年，每当下课后我最喜欢和几个同学一起去学校的小卖部买零食吃。虽然几乎每天都去，但每次都要把一层层货架浏览一遍，今天又出了什么新零食，哪种又换了新包装，成为我们紧张学习之余的闲趣。第一次在货架上看到劲仔豆干，我是被它的包装吸引。包装整体由白色和蓝色拼接，这种颜色对比更吸引我的注意。同时白色为主体在货架上显得格外突出，因为当时的零食大都是香辣的、类似于肉的口味的产品，厂家更愿意采用红色的包装，这让零食显得更好吃。但是电视上时常会爆出一些不正规厂家生产的零食存在食品安全卫生问题。受这些信息影响，这时我会觉得白色的包装比红色以及其他颜色的看起来更干净、卫生。此外，这种视觉上的干净、卫生还体现在其他方面。当时很多同类零食都采取半透明的包装袋，而且大多不是真空包装，可以直接看到里面的食品。油渍粘在里层的袋面上，有的质量不好的产品甚至会渗出来。通常我们会拿起来捏一下看有没有漏气，有的拿在手上就有明显的油腻之感。而劲仔豆干用的是真空包装，密封性很好。包装袋看起来比一般的要厚，从密封接口处看里层光滑的一面，像是专门用来隔绝油料渗出，也防止有害物质进入的，因此袋面摸起来干净、整洁。老板见我拿着看了一会儿，还专门向我推荐："这是最近上的新货，汪涵代言的。不错的，买的人不少。"这时我才注意到包装上的代言人，因为货架上的这类小零食一般都是小厂家生产的，基本上没有代言的。能够请得起代言人，至少说明这个厂家财力雄厚，有一定规模，那么质量也应该相对来说更有保证。而且汪涵是湖南卫视的优秀主持人，

---

① 欧博企业管理研究所，湖南省华文食品有限公司文件汇编，2013 年 12 月 26 日

知名度高，毕竟我们好多人是看着湖南卫视长大的。有名人的加持，就更令人信赖。我决定买几包尝尝，它还有多种口味，也很难得。当时这类小零食基本上都是只有麻辣或者香辣一种口味，对于东部地区吃得相对清淡的人来说有些不适应。劲仔豆干除了辣味，还有酱香味，这是当时为数不多的新选择。我和同学选了几包，开始享受零食的美味时光。我打开一包酱香味的尝了尝，这种咸鲜的口味确实很香，同时还保留了一点辣味，凸显了湖南风味的特色，又能为大众所接受。口感上豆干很劲道，嚼起来有弹性又非常入味。在感受调味品带来的刺激的同时，还能品尝出豆干原有的香味。有些零食吃起来根本尝不出是什么做的，全是各种调味品的综合味道。能够吃出来原材料的本味，这也让我更放心。总之，第一次与劲仔豆干的相遇，无论是口味还是质量都是非常满意的。

后来慢慢接触和了解到更多劲仔的产品，劲仔小鱼的知名度也很高。"劲仔小鱼，辣确实！"汪涵操着湖南口音说这句广告词的画面还记忆犹新。而一直以来劲仔的产品也没走出我的视线，每次去超市，我都会找一圈看有没有劲仔卖。搜寻无果还会跟老板专门确认一下，而找到劲仔的感觉总是很开心。

零食带给每个人的感受都是美好的，无论是大人还是小孩。因为他们能够不用投入太多的准备，就能暂时放下手里的任务和书本，从繁重的工作或学业中偷得一丝清闲，去享受这诱人的美味。劲仔豆干之于我，总能令我回忆起往昔的快乐时光。

朱宏强

2020 年 2 月 26 日

第四节　推行改革　效果显著

欧博企管于 2012 年 6 月-2013 年 12 月，介入华文有限的六个代加工厂，为那里的生产和管理流程带来了翻天覆地的变化，改革的成效从整合资源、推进自动化等硬件设施方面，到企业管理、员工状态等文化建设方面都带来了很大的改变。尤其重要的是，这次改革留下的企业部门设置、职业规则，在欧博企管撤出后，依然保持至今。在新的环境下，不仅得到继承而且得以不断创新和发展。当然，产能和效率的提升同样是最直接的指标。在欧博给华文有限留下的文件汇编中，清晰地描述了当时经过改革和梳理后的组织框架。①

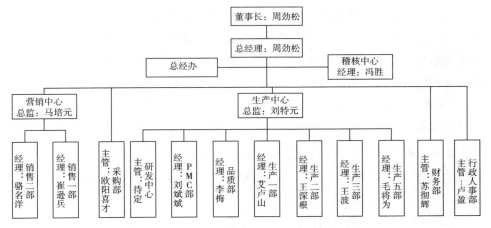

湖南华文食品有限公司组织架构及岗位分布图

一、部门齐全 通力合作

欧博企管计划管理引进之后主要推行做周/日/流动计划管理，同时也建立起了例会制度，主要是召开生产和产能协调会。2012年到2013年华文开始进入规范化管理，在管理、排单等所有环节都开始规范，包括建立了乐捐制度、在公司内部实行奖励与罚款制度，连董事长也不例外。欧博企管在华文设立了几个关键部门，这些部门保留至今。从欧博企管的后期文件编可以看出，当时欧博企管对华文有限的各项制度、活动进行了框架性的规范和诸多细节的规范，比如不同岗位、级别绩效考核方案、指标、权重等管理手段，公司文件编码制度，比如会议制度中的主持、记录分工、要求会前5分钟到场、手机调静音档等细节，甚至拔河活动方案中要明确活动目的、裁判、现场秩序人员等。② 由此可以看出欧博企管对华文企业活动事无巨细地梳理，各部门和各项规章制度从无到有、逐渐在企业扎根的过程。以下记述几个代表性职能部门建立、健全的过程。

---

① 欧博企业管理研究所，湖南省华文食品有限公司文件汇编，2013年12月26日，10页

② 欧博企业管理研究所，湖南省华文食品有限公司文件汇编，2013年12月26日，20，43，74，126

（一）稽核部

欧博企管进入之后设立了PMC部和稽核部，其中稽核部是稽查和复核的简称，稽核是企业控制的重要组成部分，因此建立健全稽核管理制度对于现代企业来说非常重要，通过稽核来促进任务、目标的完成，促进流程、制度的落实，提高各部门执行力。平江华文总经理回忆自己刚到平江华文时的场景：

"我有一次离开办公室忘记关灯了，稽核部主管说：按照规定，这种情况要乐捐5块钱。鉴于您刚来，先提醒第一次。我说：不，该处罚就要处罚，你要拿我开刀，而且我要在生产协调会上做检讨。有些人罚钱不在乎，但是要公布，做检讨，他觉得丢面子，不乐意。我跟吴主管说，有制度就要执行，从我做起。"

（2019年8月15日，周四，下午，访谈平江华文总经理，刘谦记录）

但在实际操作中稽核运作经常遇到问题，主要是表现出被稽核人员的不配合、发现不了问题点、发现问题不曝光、有畏惧心理；华文有限对于这种情况分别制定了不同的要求：

1. 被稽核人员不配合

这类情况出现的比较多，不接受乐捐、整改甚至发脾气。首先：工作人员应掌握足够的证据证明被稽核人工作犯错，拍照、收集数据等，让其无话可说，在这种情况下还不配合地找其直接上司，要求做出处理或双倍乐捐。大多数稽核与被稽核人产生冲突的地方也在这里，所以稽核工作人员需要在检查前做好充分的准备工作和检查时做好记录。

2. 发现不了问题点

在稽核的过程中发现不了现场的异常或动作是否做到位，一周下来，控制卡或方案的执行率为百分之百。充分准备稽核资料，按照控制卡方案、会议决议一条一条地查，不能只看一下就算做到位了，还要了解其中的动作、结果，对不符合要求的项目坚决做出处理，而不是小事化了。

3. 发现问题不曝光

此类事情也时有发生，看面子、靠关系，对明显的错误不处理，只是做口头提醒甚至当做什么都没发生，导致同一问题屡次发生。作为稽核员，讲究的是公平、公正、公开，关系再好也不能不处理，这样才能树立权威，才能防止问题再次发生。

4. 有畏惧心理

碰到脾气比较大或难处理的对象时出现退缩的情况，从而导致未坚持原则处理或直接将问题抛给上级处理。这种情况下可以要求其直接上司与稽核员一同处理。面对问题不能怕，这样才能在下次占据主动权，提升自身解决问题的能力，如果一点小困难就抛给上级处理，那永远都没有提升的机会。

（引自湖南省华文食品有限公司稽核中心变革总结报告，2013）

看似简单的四点，尽管带给长期缺乏专业训练的员工以阵痛，但推行果断、坚决的稽核制度，也加快了华文前进的步伐。

同时推行"三定卡"——定人、定点、定时；定人即每件具体事情的具体动作都要有明确的责任人或执行人；定点即对每个人每个时间节点需要做的事情、动作进行明确；定时即每件事情、每个动作推行的时间进行确定。"三定卡"的推行，针对公司管理人员及各部门职员每天都能清楚自己具体要做什么事情，就能解决上班时间到了才来，下班时候到了立马走，却不完成上级安排的工作任务的问题。

（二）PMC 部

PMC（Product Material Control）是欧博企管进驻华文有限后力推的一个重要部门。它是生产企业为了适应企业外部环境的变动，在企业内部实施专业分工的产物，是强化企业运作的整体统筹和监控能力，增强企业运作稳定性、降低不确定性的重要手段。它的主要工作职责就是在企业中负责生产、物料计划的制定和进度的控制，通常分为两个部分：PC：生产控制或生产管制（生管）；MC：物料控制（物控）。目前，平江华文 PMC 部共有 38 人，1 名经理，2 名主管，计划组 7 人、仓储组 19 人、电商仓储组 9 人。其主要分工职责如下：

内部分组	主要职能	人数
计划组	生产计划的安排、物料的调配、发货计划的安排	7
仓储组	原辅料、包材和成品的出入库管理	19
电商仓储组	线上产品的出入库管理	9

按照 PMC 部经理介绍平江华文每个月会都有分析会。库存周转率目标 10 天以下，也就是 10 天整个物料会周转一圈。这个取的是平均值，包括原辅料、包

装、成品一起。PMC 部门有着四个不同的角色：一是生产调度，即生产系统的指挥者和企业运营系统的参谋角色；二是生产控制，即生产系统的监督员，充当营运系统的督察角色；三是物料控制，即是生产系统的管家，充当营运系统的后勤角色；四是协调职能，是生产系统的协调员，充当着营运系统的通信角色。

（三）品质部

质量管理是指在质量方面指挥和控制组织的协调活动。在质量方面的组织和控制活动，通常包括制定质量方针和质量目标及质量策划、质量控制、质量保证和质量改进。欧博企管坚持在品质上引领时尚，精心制作，持续改进，关注顾客需求，提供安全、健康、美味、营养的食品。

品质部的质量目标主要分为四个部分，其中产品出厂合格率和顾客投诉处理率应为百分之百；成品一次交检合格率应高于 98%；顾客满意率应高于 90%，三年后需要达到 95% 以上。严格、有效的食品质量管理体系对工厂生产和产品、员工等诸多方面提出了严格的要求。欧博企管公司一进来，副总经理刘总就首先成为欧博企管公司的"靶子"，为其他的老员工做了一个好的表率，他明白这一举措的示范效应，内心丝毫不起波澜。白天上班，晚上培训开会的模式已经成为日常。当时要把品质做好，就去检查产品质量，按照标准来看的话，谁批准的出了纰漏谁就应该去负责品质部理念认为：质量不是检测出来的而是设计出来的。从生产开始，应该先有比较系统规范的设计。当产品生产之后，到了量产阶段，主要的两个系统就是生产系统和质量管理系统。

华文食品已渐渐建立起从采购，到生产质量，到贮存质量，到产品交付管理的一套质控流程，实行产品的全流程追溯管理。自华文食品成立以来，未发生因食品安全、产品质量、卫生等问题的重大投诉、纠纷或因损害消费者健康而受到顾客重大投诉或索赔的情形，也未因食品安全事故及食品安全违法违规行为受到行政处罚。①

（四）行政人事部

同样，在欧博企管的帮助下，华文有限建立了行政人事部。人事业务版块主要包括人力资源（人力资源规划、招聘与配置、培训与开发、薪金福利管理、绩效管理、劳动关系管理）；行政业务版块主要包括后勤工作（饭堂、宿舍、清洁、安全）。在迅速扩大产能的需求下，当时所有的职能部门都必须无条件全力

---

① 华文食品股份有限公司首次公开发行股票招股说明书（申报稿），2019 年 12 月，1-1-200

配合生产。搞生产需要人力的配合，大量的招聘工作对于人事部而言压力也很大。有一次一个月需要招聘100多个员工，但人资团队只有三个人，当时想了好久才找到解决办法，与其他部门共同协作使招聘工作顺利进行。在和欧博企管合作的这段时间，也是人事行政主管从基层员工到管理层快速成长的一段时期。压力造就了成长。

（五）采购部

一般情况下，企业产品的成本中外购部分占了较大的比例。因此，零部件及原材料采购的成功在一定程度上影响着企业的竞争力大小，采购与采购管理已经成为企业竞争优势的来源之一。有资料表明，在企业的产品成本构成中，采购的原材料及零部件成本占总成本的比重随行业的不同而不同，大约在30%-90%之间，平均水平在60%以上。从这个比例我们可以看出，采购成本控制是企业成本控制中最核心部分之一。

平江华文采购部设有采购主管一名、包材采购员一名、原辅材料采购员一名、劳保用品采购员一名、冷库仓管员一名，负责公司的整体采购运作，保证企业生产所需物料正常供应，不断改进采购流程制度及供应商管理，以提高原材料品质，控制、减少所有与采购相关的成本。采购部后改为计划采购部，除去原本的物料、市场价格调查外，新增了物流运输、生产计划这两大业务。

采购部负责物料清单及采购合同的制定，并对市场价格进行对比，及时掌握供应商的原材料的涨幅情况。根据PMC部提供的《物料需求计划表》，由采购员做成原材料采购单，按《采购下单审批流程》审核签字后以传真形式发给各供应商，并要求供应商签字回传存档，采购主管每天在8：30之前将采购任务下达到采购员。原辅材料与包材下单后，由采购员负责跟进物料准交情况，及时处理来料品质异常情况，并且按时间顺序录入《采购管制表》。采购员协助采购主管开发新的供应商，由采购主管与供应商比价、议价，并现场调查供应商的生产能力。采购员负责将所有信息汇总成电子档形式交给采购主管初审，再交由周劲松等复审、评定是否采纳。采购主管负责经采纳物料电子版、样品交到供应商进行样品生产。生产的样品必须经品质部主管签样确认后，才能按采购员下达的计划生产。

在满足一定的客户服务水平的条件下，为了使整个供应链系统成本达到最小而把供应商、制造商、仓库、配送中心和渠道商等有效地组织在一起来进行的产品制造、转运、分销及销售的管理方法。供应链管理包括计划、采购、制造、配送、退货五大基本内容。因此，健全的采购管理制度亟须建立，通过采购部来控制公司的采购成本，加强采购业务工作管理，做到有章可循，降低采购成本，提高采购业务的质量和经济效益，为公司谋求更大的利润空间。

二、整合厂区　推行自动化

2014年到2015年，华文的生产车间迅速扩张到六个代加工工厂，公司各项成本支出增加，急待整合厂区，推行自动化。2015年4月，周劲松开始和平江县有关部门商洽回乡事宜，6月签订合同后，为了保证工作进度，园区的负责人总是亲自到工地监工，平江的工厂在100天的时间内实现了从泥泞地到第一条流水线（15台分装机器）投入生产，11月建成四条生产线，开始试生产，短短半年时间，园区就搞定了规划、报批、建设、资产处置等诸多工作，平江基地建成投产比计划周期足足缩短了4个月。

岳阳基地的员工从3800多人慢慢整合为1700多人。六个厂整合为两个基地之后需要保持原有六个工厂的生产能力，但面对用工难、用工荒等问题，推动生产的自动化迫在眉睫。2013年欧博企管进入之后就开始规划自动化，相关制度和设备是2015年底到平江之后才开始强调的，周劲松建平江这个基地就是为了生产和管理的规范化。现任平江华文总经理，在六个代加工厂合并成两个生产基地前，曾在"味冠天下"负责生产。他对华文有限，以及后来华文食品的产能变化有着清晰的记忆。当时味冠天下每天产量最多大约2000件，到2014年，自动包装机也是从味冠天下开始推行，从5台到30台，日产量达到6000件，而集中到平江华文后产值从4000件/天，到现在淡季时，1.1万-1.2万件日产量，最多时达到日生产1.6万件。工厂合并前，六个厂加起来共有3000多人，平江基地建成后仅有800多人，而产量却远高于以前3000多人的时代。在安全方面，华文领导更是毫不吝啬，尤其是人员和食品安全，只要有员工提出建议来都会支持，哪怕是效果不理想，周总也从来没有责怪过。华文有限的机械化水平在业界处于较高水平，机器规模、产量等都优于其他企业。

现阶段华文基地的车间里共有8代设备，4种大机型，分别来自4个厂家，机器运作的大原理是一样的，但也存在一些具体的差异，招募4个厂家一方面是厂内需求量大，一个厂家难以应付，另一方面也有助于机器厂家之间形成竞争。一般来讲，厂家的设备是分批次来的，一次来五台设备，投入生产使用之后平江设备会进行反馈，反馈之后厂家再不断进行优化、改进。现阶段，一车间生产中段一共有97台机器，尽管经过了无数次的调试，现在仍然在改进过程中。无疑，推行自动化，大大提高了生产效率，并且其自动化水平成为行业标杆。以前2-3个人开一台机器，现在2个人可以开3台机器，改变下料方式是机器改良一个最大的突破点。做休闲食品最难的就是下料和灌装方式，以前机器是一分钟50包，现在是每分钟达到88-90包，极大地提高产能的同时，节省了人工。华文平江现在一车间有800-900人，除去职能部门，一车间所有一线员工加起来有500人左右，譬如说，中段每天最低的工作量是12000箱，只需要120-130个主机手，放在以前手工灌装时期，一个人每天能灌装5000-5300袋，包装完之后抽真空，抽真空一人一天能大概抽30000袋左右，而现在中段平均下来，单出设备每两个人可以完成62000袋，双出设备能达到100800袋左右。

华文有限在整合资源的基础上不断推进自动化，大幅提高劳动生产率。每个劳动力的投入能够创造更高的产值，而且可以将劳动者从常规的手工劳动中解脱出来，转而从事更加有创造性的工作；保障产品质量具有高度重复性、一致性，能够大幅降低不合格率；大幅降低制造成本。机器自动化装配生产的节拍很短，可以达到较高的生产率，同时机器可以连续运行，因而在大批量生产的条件下能大幅降低制造成本；产品精度高。缩短制造周期，减少次品数量。机器自动化使产品的制造周期缩短，能够使企业实现快速交货，提高企业在市场上的竞争力，同时还可以降低原材料及制品的数量，降低流动资金成本。

三、环节精细　品质提升

和各职能部门的陆续设立与运转和机械化规模生产的推行，带来了生产标准化、员工工作作风的变革，由此提升企业运行的精细化与效率。对华文有限来说，企业生产品质的提升需要从多方面来落实。

第一是全员参与，公司高层对产品品质具有明确、硬性要求，同时非常重视对新员工的岗前培训，在上岗培训中会着重讲解卫生操作标准、进出车间的消毒等，使坚守产品质量的观念深入人心。

第二是风险预防，在宏观方面，产品生产出来之后，需要对其进行危害分析，分析出哪些元素是关键控制点。比如在原辅料方面，首先是感官的体验，需要观察其是否完好以及是否出现霉变等；其次是微生物指标，微生物指标需要严格按照国家的标准进行检测，最后是重金属检测，这需要特别关注小鱼的养殖环境与养殖过程。公司专门成立检测小组，深入一线分析排除影响产品品质的关键控制点。在工艺方面，必须严格遵守国家的标准，设置灭菌环节，并由现场的记录员定期督查。

第三是全程监控，从原料入库一直到产品产出，从原材料的选择、产品的生产、物流的选择、储存条件到消费者的反馈等整个过程都需要进行关注，华文公司每年都会将产品送到第三方检验指标。在公司内部，也设有专门的监管部门，其中生产系统负责质量管理及人员管理，品质部负责监督生产过程中的产品质量。

第四是持续改进，这也是食品质量管理体系的内在要求，即 PDCA 循环。计划、执行、检查、再计划、再执行、再检查，形成螺旋式的上升。华文公司的鱼制品虽然已生产很多年，但是周劲松仍然在提出新的目标与新的要求，特别是在品质方面不断要求精进。品质部利用公差分析，对整个工艺过程进行调控，在配料及时间控制方面制定相应标准，标准的制定需要结合现场的情况进行评估，通过审批后，形成一整套完整的制度。品质部是质量管控的主导部门，需要与其他部门协同合作共把产品品质关。

公司还建立了技术手段较为齐全的质量监控中心，提高并强化了原辅料及产成品的自检、自测能力，为确保食品安全健康，公司将进一步加大食品安全检测能力建设投入，新建安全检测中心，通过自主研发、与专业高校联合研发提高技术水平；购置检测仪器设备，完善公司食品安全信息系统建设。这样一套有序、严谨、富于风险防控意识的生产制度与流程，在如今的平江华文体现得尤为明显，也是华文食品能够提供过硬产品的重要保障。

本章小结

市场经济具有自发性，在周劲松创业初期，面对较小的市场及诸多不确定因素，他以夫妻二人为主进行家族制生产经营。① 这样的工商实践起点，对于周劲松、李冰玉夫妇来讲，最开始可能是养家糊口的生计，提高经济收入的手段。而且，它的主营领域——豆干，是一个劳动密集型行业，并直接依赖大豆、面粉等农产品的供给。这和创业者出身农家，勤劳、质朴的本性非常匹配。难的是，周劲松、李冰玉夫妇经过初期稳定的积累，不满足于固守以往成绩，而是敏锐地预

---

① 许敏兰. 中国民营企业管理模式的制度变迁——从家族制管理向现代企业制度管理过渡[J]. 贵州财经学院学报，2003（06）：38-40.

见到市场的危机。因此，他时刻留心着新产品可能带来的根本性转型。终于，经过多方考察和凭借多年在商海打拼的敏感性，他选准了风味小鱼。

面对风味小鱼生产能力和市场需求之间的巨大差异，周劲松以实际行动认真汲取和修正以往企业扩张和管理中的失败教训。从人才引进和管理升级上入手，他对自己和企业提出了更高的要求。这是一次惊险的跳跃，需要企业随着市场和环境的变化不断调整，否则很容易被淘汰。企业的经济管理模式是否健全、组织结构是否完善等诸多方面，影响着企业的长远发展，只有完善企业管理模式与组织结构，才能够从根本上提升企业竞争力，使其在新的环境、机遇与挑战中站稳脚跟。

不可否认的是，21世纪初，中国政府对促进民营企业给予了极大的支持，比如2005年2月25日，国务院发布《关于鼓励支持和引导个体私营等非公有制经济发展的若干意见》（简称为"非公36条"），明确表达了政府从财税、信贷、融资渠道等多个方面对促进非公有制经济的支持与保障。而各地，包括岳阳市、平江县也出台各项优惠政策，诚邀企业家在当地落户。就休闲食品行业发展而言，21世纪初也经历了从以蓬勃需求为导向的市场，到日益规范的行业发展。华文有限积极主动的转型，恰恰与当时的宏观政策、休闲食品业态发展节奏及时吻合。可以说，周劲松既是幕后导演，也是重要演员。他带领全体劲仔人，经历身与心的考验，乘时乘势地完成了这场转型。虽然充满痛苦，但也斗志昂扬，满载而归。其收获在于：锁定风味小鱼作为主营产品，意味着明确了企业未来几年将要精耕细作的专业领域；公司团队核心成员的加入，彰显了周劲松的胸襟和企业在人才吸纳方面，根据市场需求，所具备的开放性智慧与尺度；从曾经家庭式管理中以"人"为管理核心，转向以效率和秩序为导向的"制度"管理，这种管理不是忽视人性化，而是将制度化与人性化相结合。

正如专家指出，企业家能够从传统的管理中挣脱出来、对企业发展有更长远的思考。这种品质被称之为企业家特质。企业家特质的提高有利于促进中小企业健康成长，从而推动中小企业可持续健康发展。一个企业经济管理模式的完善、创新与改革要通过及时创新企业经济管理理念、构建科学有效的管理制度、建立完善合理的组织结构等方面来进行，与此同时还需要企业自身在思想观念上进行创新研究。①

---

① 卢楠. 市场经济下企业经济管理模式研究 [J]. 现代营销（信息版），2020（02）：137.

第三章

资本联手　成功上市

　　说到上市，当时我们好多股东也是动摇的，想着先别上市了，想着赚点儿钱再说。我跟杨总我们两个人还是很坚定的，这个东西既然要搞，那我就不能犹豫不决，立马就搞起来。好多东西你错过这个时间点，可能就过去了。这个机会不会是别人让给你的，只要抓住这个点就胜利了，错过这个点，那要付出更大的代价……说我们在搞上市，我们有几个股东相信？没有几个人相信的。但是没想到你真正坚持下去，真的被你做成了。最大的问题就是坚持不坚持……我们也能上市。这是一种直觉，这种事情是事在人为的。任何事情都是人做出来的，关键你要敢想，然后你要坚持，慢慢去一步一步往前面走。

　　（2019 年 8 月 16 日，周五上午，访谈董事长周劲松，朱宏强、刘颖记录）

第一节　优势明显　吸引资本

　　发展到 2015 年，华文有限进入机械化规模生产，在销售与生产上取得了稳步、协调的发展，公司内部管理制度与部门设立初步完善，整体朝着良好方向运转。一切刚刚进入新的平衡与秩序，深埋在周劲松内心的另一梦想，此时开始以强劲的态势悄然生长，并再一次以有勇有谋的策略切实给以实践。那就是——上市！

　　为了上市，需要公司整体提升经营能力，并按照上市规则，进一步提升公司治理水平、行业信任度。此时，寻找懂得上市规则的专业力量支持，成为明显的战略需求。按照上市规则，进一步规范公司行为，将是另一场阵痛。这一次，华文有限虽然放弃了许多既得利益，但也迎来了佳沃集团 3 亿资本的注入，和 IPO 筹备有序的状态。这将华文有限推向了一个更高的发展平台。

一、关注上市 引入博士

其实周劲松的心里一直有一个上市梦。他的老乡，陈克明也是一位出身乡村的企业家。克明面业主营业务是面条。1984 年陈克明面条厂成立，历经将近 30 年的发展，2012 年克明面业在深交所中小板块成功挂牌上市，成为"中国挂面第一股"①。陈克明的案例之所以对周劲松有着直接激励作用，恐怕是因为二者有着很多相似性和可比性。比如来自非常接近的地理区域，克明的业绩就在眼前，有着直观的可视性；周劲松和陈克明都出身农村基层社会，并一路在商海打拼，企业成长虽遇到挑战，但也算一关一关都成功闯关；二者主营的行业，面条和休闲食品，都属于消费领域，贴近百姓生活，又和农业生产有着天然的联系，并同属劳动密集型产业。尽管如此，梦想需要一个孕育和生发的过程。它需要逐梦者执着的追求，更需要当事人审时度势、理性判断。当然，现实诸多条件凑成天时地利人和的局面，方有可能将梦想化为指导行动的现实动力。如果说，上市的梦想曾经在周劲松心里埋下了种子，那么，到 2015 年华文有限进入大规模有序生产和销售后，这颗种子逐渐开始生根并发芽。

在 2010 年、2011 年的时候，我们提出口号，要朝着上市的目标去努力。当时在公司总部门口挂了一个横幅，"五年就上市，人人当股东"。当时的目标是五年做上市。真正开始准备上市是 2014 年开始的，公司生产能力大幅度提升。当时遇到的阻力就是大家对上市没什么信心，觉得做休闲食品的企业要做成上市，这个目标太大了，还是觉得能够赚钱就可以了。但是要实现这个想法的，包括人才这块还是比较欠缺。后来引进了杨总，他有上市的经验，后来经过沟通觉得他能够解决这些问题。

（2019 年 8 月 16 日，周五上午，访谈董事长周劲松，朱宏强记录）

我记得当时零几年的时候，就听克明他们说要搞上市。那时候上市对我们来说比登天还难。我去克明那里看过，那时候也是将信将疑……他说他们在搞上市。我想这个上市这么容易吗？结果等到 2012 年一看，人家真的上市了。后来我觉得我们现在不比他们当时差，我们也能上市。这是一种直觉，这种事情是事在人为的……

后来，我这边生意一下子增长非常快，我们还是有机会的。我也是提出我

① http://www.kemen.cn/html/gykm/fzlc/#fzlc1984，克明发展历程

们也要上市。觉得上市好是因为这个品牌的形象摆在这里，同样两个产品摆在那里，肯定会买上市公司的产品，上市对品牌、知名度还是有帮助的，对企业的规范啊，企业的形象啊，这都是你想要的。但是上市谁来搞，马总也不懂，刘总也不懂，我也不懂。

（2019 年 2 月 26 日，周二上午，访谈董事长周劲松，朱宏强、刘颖整理）

当周劲松关于上市的梦想，在 2015 年进一步生长落地之时，面临的第一道难题，是要找"懂的"人。这时，前董事杨总出现了。其实二人早在 2012 年便相识，但是真正邀请杨总加盟华文有限，也经历了一番双方相互了解的过程。当时在当地做风味小鱼的企业主要有三家，盈利能力和规模都不错。但其中一家是老板独资，不适合进行股份划分，另一家对于股改和上市没有太多兴趣。而华文有限对股改和上市则有着明确兴趣。形势一旦明朗，周劲松作为老板，当机立断，通过明确股份等方式，毫不迟疑地将杨总吸纳进华文有限。他，也是华文有限吸引的第一位，至今仍是唯一一位博士。

杨总 1990 年毕业于北京大学哲学系，后在湖南大学获得法学博士学位，主要研究方向：商法和企业法等。现在湖南理工学院政治与法学学院任教。他曾在克明面业股份有限公司兼职任董事、副总经理、董事会秘书，主要职责是辅佐克明上市。周劲松与杨总最早见面是在 2012 年夏天，那年正值克明面业挂牌上市。杨总帮助克明完成上市，接着便开始考虑寻找机会再参与其他公司的上市。他做此考虑主要有以下几方面的原因：1. 帮助克明面业完成上市之后，自己积累了一些经验、教训，希望将其运用到其他公司的上市进程中；2. 在克明面业期间带的一些学生，现在还继续留在克明面业工作，如果能再参与一家公司的上市，就相当于给自己的团队提供一个新的锻炼平台；3. 作为一名经济法研究学者，他善于将理论和实际相结合，并适时将自己的知识应用到实践中，特别是帮助公司从制度层面完善治理结构，更好地实现企业责任。他认为，这是一名知识分子的重要社会价值。

我想的是既然三家都是一定的规模，我要么就是我跳出来，我冲到前面去，要不就是被吃掉。所以当时我就想着，我还是要发展啊！

（2019 年 2 月 26 日，周二上午，访谈董事长周劲松，朱宏强、刘颖整理）

周劲松在具有预见性的市场危机判断面前，怀揣着上市梦，等待着华文有限发展到一定规模之时。2015 年，周劲松与杨总的上市梦与辅佐公司上市的经验及培育新上市公司的期待终于合拍。这样的合作不是没有迟疑，但双方基于大方向上的判断，形成了互为支持的局面。

"刘：在刚进华文时候，就像培养小苗一样，不保证百分之百钻出土，但是又很有可能，您是怎么看出华文当时发展的潜力呢？

杨：这里面其实是有风险的，当时我是投了七百万，几乎是把从扶持克明上市所得股份收入全部投进去了。心里是有一点没谱的，但判断华文它是有基本盈利能力的。而且在签那个协议时候，请了会计师来看华文是不是适合投资的，评估显示是能够投的。

我有时候还在想，就是说遇上好的企业可能不那么重要，但是遇上好的老板，可能真的是蛮重要的。当然遇不上好的老板，或者说走到一定程度跟不下去的时候，我有时候想自己来干行不行，我有时候想过。但是问题是我们身上不同样有很多的弱点嘛，并且做到这样的难度也挺大的。

刘：就是找到好的老板，然后去一起合作？

杨：对，这期间也确定了我在跟企业合作过程中这么一个定位的问题。

刘：那像周总，你觉得他那个强项和弱项都是什么呢？

杨：周总最大的强项就是，其实我认为所有的老板首先第一条，我认为他应该是有责任感和道德心的。我觉得这点还是蛮重要的。所有的行业的选择，所有的判断我觉得都应该建立在这样的基础上面。所以这点，包括克明董事长，包括我们现在的这些老板，他能做到今天这样子，像那种很心狠手辣的我目前好像还没有遇到过。这是一个基本的前提。再第二个前提，在这个基础上，我们就希望他还有点梦想，这个梦想我们就希望他是由责任心和荣誉感支撑起来的梦想。我觉得这个是第二个特别重要的。周总身上这两点都是具备的。再第三一个，他还有和别的企业家可能不同的一个优点，比别的企业家表现得更突出的优点，就是他的包容心，他的宽厚。他还是比较能够汇聚人才嘛，我就觉得，在这点上他比很多精明的老板更有智慧。比方说他股权的让渡上面，他就比别人更加愿意分享。至少原来是体现出这样的特点，就是马总、刘总他们进来都体现了这样一种心态，大家一起来干点事儿。

（2019年2月21日，周四上午，访谈前董事，刘颖记录）

杨总加入华文有限之后对规范资本运作起到了至关重要的作用。在这个过程中自然不可避免会触及既得利益格局，但周劲松的支持让他一直坚持按照上市公司的规范要求，推行公司治理改革。而后期他也是吸引佳沃集团资本注入的关键人员。

二、吸引融资　佳沃进驻

佳沃集团是联想控股旗下的现代农业和食品产业投资平台，致力于投资构建农业食品领域的领先企业，整合全球优质资源，为消费者提供安全高品质的农产品和食品，引领和推动中国现代农业的发展，实现产业报国。目前，佳沃集团参与投资的项目，有饮品类的"酒便利"、水果类的"果蔬好"。2016年，在介绍人的穿梭引介、相互不断了解的基础上，佳沃集团将3亿资金投入华文食品。华文食品，也成为其投资的包装食品类项目的代表。① 佳沃集团致力于打造消费者信赖的安全高品质的农产品和食品品牌，追求成为受人尊重、在现代农业多个细分领域有影响力的国际化企业。② 因此，佳沃集团对于投资项目十分谨慎、严苛。一方面要求投资业务领域具有巨大发展潜力和盈利能力；另一方面，要求投资对象本身具有品牌价值和成为有影响力的国际化企业的前景。因此，在一定程度上讲，华文食品能够吸引佳沃投资，也起到了资本的背书作用。③ 通过资本追求利润的属性，来说明华文食品能够吸引融资，体现了资本对华文食品持续盈利能力和可观前景的信心。

从融资角度，当时除了联想，还有其他机构也提出合作的意向。当时选择联想，是因为联想是进行战略投资，不是财务投资，这是华文和联想达成共识的。财务投资是短期投资行为，可能钱投入一段时间是要回报的，不是长期看好你的，是需要你赚钱的，而不是与你一路成长。联想也充分得到华文的信任，在经营方面基本不干涉华文的经营。联想投资对华文发展的意义，从长远来看，华文有联想的背书、品牌、大企业的背景，而且这么大的资金肯定对华文有很多好处，在各个方面带来的帮助还是很大的。

（2019年8月16日，周五上午，访谈董事长周劲松，朱宏强记录）

融资的过程，有些像联姻：就像合适的时机遇到合适的人，二人携手共创一份同风雨、共担当的生活。资本，似乎在市场经济中有着天然的光环，但是它如何注入某一特定企业体内，并相互融合，共同发展，则需要在天时地利人

---

① 佳沃集团官网简介 . https：//zdb. pedaily. cn/enterprise/show50592/
② https：//baike. baidu. com/item/%E4%BD%B3%E6%B2%83%E9%9B%86%E5%9B%A2/8063461？fr=aladdin.
③ "背书"一词用来表示为某人或某事允诺保证，借此提高事物的可信度。资本在考虑投入到一个企业之前会做详细的调查，全面评估后才会考虑进入，这是确保企业具有足够可信力的必要之举。

和的机遇下，和企业之间产生更深刻的契合。到 2015 年，华文有限以其傲人的业绩和平稳的发展吸引着各方投资者的目光。当时华文有限的发展状况较好，自有资金足以满足生产。但如果有外部资本的注入，则可以凭借注入资本在原料供给、厂房设备更新、购置场地等方面具有更大自由度和主动性，同时企业盈利更多可以用于分红、提高员工待遇，让股东和员工以更直接的方式享受到企业利润，将自身发展与企业发展进一步联系在一起，还可以在生产之外购置土地、房屋等。更重要的是，华文有限在寻找资本的过程中不仅局限于资金本身，更希望能找到契合其发展需求的合作伙伴，推动公司更长远的发展。

而在佳沃集团一方，也是全方位、慎重地考察华文有限，从企业家沟通质量、管理水平、产品前景、生产规范性、市场预期、法律环境等方面进行评测，并且邀请第三方对华文有限进行估值。当时，在 2016 年华文有限的估值达到了15 亿。佳沃集团投资进入华文，虽然稀释了股份，但也在诸多方面带来了好处。在佳沃集团进入之前，华文有限的股权结构如下：[①]

单位：万元

序号	股东姓名	认缴出资额	实缴出资额	出资比例
1	周劲松	6 912.58	6 912.58	43.64%
2	马培元	2 082.96	2 082.96	13.15%
3	刘特元	1 363.82	1 363.82	8.61%
4	李冰玉	1 314.72	1 314.72	8.30%
5	杨林	1 314.72	1 314.72	8.30%
6	杨忠明	1 108.80	1 108.80	7.00%
7	蔡元华	1 108.80	1 108.80	7.00%
8	程金华	475.20	475.20	3.00%
9	李双颜	158.40	158.40	1.00%
合计		15 840.00	15 840.00	100.00%

2016 年 9 月 28 日，华文有限全体股东——周劲松、杨忠明、马培元、刘特元、李冰玉、杨林、蔡元华、程金华、李双颜与佳沃集团、华文有限签订《增

---

① 华文食品股份有限公司，《华文食品股份有限公司首次公开发行股票说明书》，2019 年12 月，53 页.

资认购协议》，协议约定由佳沃集团以货币方式认购华文有限新增注册资本3 960.00 万元，认购价格为 30 000.00 万元，其中 3 960.00 万元计入注册资本，其余 26 040.00 万元计入资本公积；佳沃集团分三期出资，第一期出资期限为2016 年 10 月 25 日之前，第二期为交割日本次增资的营业执照颁发日后 10 个工作日内，第三次为 2017 年 7 月 1 日之前，各期出资金额均为 10 000.00 万元。本次增资参考在华文有限本次增资时的经营状况，并考虑未来业绩成长性的基础上，经各方协商确定为 7.58 元/1.00 元出资额。

2016 年 11 月 19 日，华文有限本次增资完成后，华文有限的股权结构如下：①

单位：万元

序号	股东姓名	认缴出资额	实缴出资额	出资比例
1	周劲松	6 912.58	6 912.58	34.91%
2	佳沃集团	3 960.00	3 960.00	20.00%
3	马培元	2 082.96	2 082.96	10.52%
4	刘特元	1 363.82	1 363.82	6.89%
5	李冰玉	1 314.72	1 314.72	6.64%
6	杨林	1 314.72	1 314.72	6.64%
7	杨忠明	1 108.80	1 108.80	5.60%
8	蔡元华	1 108.80	1 108.80	5.60%
9	程金华	475.20	475.20	2.40%
10	李双颜	158.40	158.40	0.80%
	合计	19 800.00	19 800.00	100.00%

佳沃集团的资本注入稀释了华文有限以前股东的各自股份比例。周劲松持股 34.91%，成为最大的自然人股东，佳沃农业持股 20.00%，成为最大的法人股东。2018 年 6 月 30 日，华文有限通过股东会决议，同意公司整体变更设立股份有限公司。7 月，华文有限变更为华文食品股份有限公司，注册资本和实收资

① 华文食品股份有限公司，《华文食品股份有限公司首次公开发行股票说明书》，2019 年12 月，55 页.

本 36000 万元。①

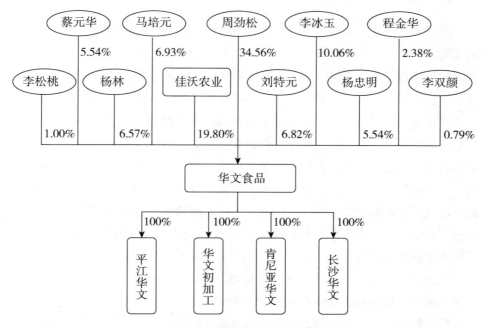

华文食品股权结构示意图②

融资举措增强了华文有限的资金流动性和企业抗风险能力。佳沃集团资金进入到华文没有签订对赌协议。对赌协议就是收购方（包括投资方）与出让方（包括融资方）在达成并购（或者融资）协议时，对于未来不确定的情况进行一种约定。如果约定的条件出现，融资方可以行使一种权利；如果约定的条件不出现，投资方则行使一种权利。所以，对赌协议实际上就是期权的一种形式。这对华文的前进表示出了充分的信任，或者也可以看作是佳沃集团的一次博弈，可能赢，亦可能输。但佳沃集团的进入对公司提出了规范治理的要求，加速了公司各方面的规范治理，这也为上市奠定了基础。佳沃集团投资是一个重要的转折点。它不仅是资本的投入，更在推动规范公司治理和加快公司转型方面具有深远影响。在这个意义上讲，佳沃集团果然担当起了华文有限战略合作伙伴的职责。

---

① 同上，48 页．
② 同上，67 页

三、融资要求　深化治理

时任董事杨总进入华文有限主要是为了推动上市，但其间遇到种种阻力，既是因为进一步规范治理影响到了一些人的短期利益；又是因为，人们对他所描述的长期利益表示不信任，于是不舍得放弃眼前利益。他刚进入华文有限时，办公室挂的牌子是"证券法务部"，一些人看到"证券法务"都感到刺眼，要求摘掉这牌子。可见，当时人们对于公司治理的抵触心态。虽有周总坚决支持他的治理改革，但是，推行起来，阻力相当明显。而佳沃集团资金的注入，一方面将他一直向大家描绘的长远前景，以资金背书的方式呈现在眼前；另一方面，也明确提出进一步规范公司治理的要求。这无疑，为他推行的深化公司治理，起到了旗帜鲜明的保驾护航作用。当然，周劲松作为董事长，对上市梦的坚持，让杨总看到企业家魄力的同时，也对这场治理改革越来越有信心，而且，坚持本身也终见成效。

说我们在搞上市，没有几个人相信的。但是没想到你真正坚持下去，真的被你做成了。最大的问题就是坚持不坚持的问题。

（2019年2月26日，周二上午，访谈董事长周劲松，朱宏强、刘颖整理）

杨：我最初接触企业家的时候，都是非常有激情的，就是很有梦想……周总这个人很平和，因为我们来谈这件事（合作）的时候，他也没有表现去把未来描述得天花乱坠一样的，但是很朴实。我当时还有点担心，因为其实做企业的话，他是需要有梦想的。就是我们开始说的，我不是拿你过去的那些东西，也不是你的……我需要你有激情把未来做大的，我们能参与进来的……我就问他还有没有想干事的想法。我就怕他没激情。他后来还是跟我讲了，他说：他因为1972年生人嘛，我怎么不想干点事儿呢？我感觉到他内心里的想法，这个其实非常重要的，对企业家来说非常重要。他想干一个事儿这个东西，要有激情这个东西非常重要……他虽然不吭声不出气，但他真的是在这样做。

刘：那能不能说刚开始和周总合作的时候你对他的激情这方面是有一点点怀疑的？

杨：对！但他总体上还是比较坚定的……我们之所以这个企业最后往这个方向走到今天，我觉得周总是一个说话算数的人，并且他也还有梦想。就是这个梦想有的说出来的，有的不说出来的。他不说出来，或者说他跟你，你说了他认了，他也往前面在做，这个也才是叫真的梦想，说了半天不做，那到时候就后来就心里就有点打鼓嘛，是嘛？这个我是特别得佩服他的一个。这需要一种自我否定的能力。我觉得这很重要……比方说他不愿意停留在原来那样的基础上，他对未来的方向和企业的发展前景有着清晰的规划，这是一个不断改变和进步的过程。所以我们当时，我后来才发现他真的还是有梦想的，有理想的。

……我觉得所有企业家的内生动力，他要有激情，这是很重要的。这种激情也就是他的内生动力。它实际上是要激发内心的责任感，那种荣誉感、责任感，特别是责任感。很多老板，有些积累就进入吃喝玩乐阶段。他如果是还停留在那个阶段的老板，你就别跟他去谈了，做不起来的。所以我觉得我为什么还是喜欢有激情的老板？有的他不一定那么清晰，但是他一定愿意往那个方向去努力，那你聊他就有了。这是这些人的内生动力。

（2019年2月21日，周四晚上，访谈董事杨总，朱宏强、刘颖整理）

这里，再一次展现了周劲松对事业的深层追求和自我否定，以及不断更新的奋发向上。这既是周劲松作为企业家，能够吸引杨总的精神魅力，也是推进公司深化改革的内在力量。在这场治理改革中，周劲松和以往引入欧博企管时一样，用坚定的态度给以坚持。再加上佳沃集团资金加持和对公司上市的要求，一系列治理改革措施在悄然而迅速地推进。

根据上市公司要求，股东本人及所控制的企业和拥有权益的企业均未生产、开发任何与华文食品产品构成竞争或可能竞争的产品，未直接或间接经营任何与华文食品经营的业务构成竞争或可能竞争的业务，也未参与投资任何与华文食品生产的产品或经营的业务构成竞争或可能竞争的其他企业。华文为避免同业竞争采取了以下措施：（1）停止生产或经营相竞争的产品和业务；（2）将相竞争的业务纳入华文食品经营；（3）向无关联关系的第三方转让该业务。①

岳阳劲仔及其子公司味冠天下、洛阳华文主营业务为风味小鱼的生产与销售，与公司存在同业竞争。为了解决同业竞争问题，实际控制人周劲松、李冰玉决定注销岳阳劲仔及其子公司。岳阳劲仔及其子公司已于2016年年底前全部停止生产经营并启动注销程序。岳阳劲仔于2016年底停产并成立清算组，因其拥有的土地及房屋位于岳阳市棚户改造范围，资产处置进度缓慢，至2018年9月完成工商注销程序。岳阳劲仔自2016年底停产后至注销期间未开展实际经营活动。味冠天下于2016年底停产，并于2017年2月完成了工商注销程序。洛阳华文于2016年7月停产，并于2016年11月完成工商注销程序。

---

① 华文食品股份有限公司，《华文食品股份有限公司首次公开发行股票招股说明书》，2019年12月，202页.

岳阳晶须将其自身位于岳阳经济开发区康王工业园内厂房及办公楼出租给华文有限用于其生产经营。吸收合并前，华文有限股东合计持有岳阳晶须 100% 股权，且各股东持有岳阳晶须的股权比例与其持有华文有限的股权比例一致。为了消除上述关联交易和解决发行人资产完整性问题，2016 年 8 月 2 日，华文有限股东会、岳阳晶须股东会分别通过决议，同意由华文有限吸收合并岳阳晶须，岳阳晶须的资产、债权债务由合并后的华文有限承接。

在佳沃集团的影响下，华文加速了对关联交易的规范，如对岳阳晶须、岳阳劲仔、尉氏县树林食品有限公司等关联方进行了规范。股东个人控制的企业与华文食品不存在重大关联交易，对于确有必要且无法回避的关联交易，均按照公平、公允和等价有偿的原则进行，交易价格按市场公认的合理价格确定，并按相关法律、法规以及规范性文件的规定履行交易审批程序及信息披露义务，决不以委托管理、借款、代偿债务、代垫款项或者其他任何方式占用华文食品的资金或其他资产，不利用控股股东的地位谋取不当的利益，不进行有损华文食品及其他股东的关联交易。

上述只是公司规范治理的剪影。佳沃集团给予了股东们信心，也让大家对规范治理有了信心，事实证明，效果是显著的。

第二节　抓住机遇　管理创新

佳沃的入股为华文注入了新的能量。顺利完成融资的华文现阶段正在全力冲刺上市，目前正处于上市的申报阶段，即汇总提交给证监会的材料经过初审后，公司针对证监会所给的反馈意见，进行相应的答疑，并更新招股说明书，完成之后再次提交给证监会审核。面对新机遇，周劲松毅然决定移师长沙，迁址后的华文食品焕然一新，正以全新的面貌在 IPO 的大道上阔步向前。

一、怀揣梦想　移师长沙

新的机遇背后必定是新的挑战，随着公司规模的扩大，岳阳已经容纳不下展翅的华文，它需要更大、更广阔的舞台。2019 年 2 月 20 日，华文食品总部从岳阳搬迁至长沙开福区万达广场。周劲松选择进军长沙有两个主要目的：一是引进更多的研发人才，二是持续扩大品牌的影响力。

就城市而言，长沙在全国"东靠西移""南北对流"的战略布局中，发挥着承东启西、联南接北的枢纽作用，在多边的大流通中得以东西逢源、南北策应，其既得益于沿海市场的强劲辐射，又受惠于内陆市场的全面联动，长沙居中华腹地，扼南北要冲，素有"荆豫唇齿，黔粤咽喉"之称，战略位置十分重要。正如南宋学者王应麟所说：欲征南方，"不得长沙，无以成席卷之势"；就公司具体地理位置而言，公司新址位于长沙市北部的开福区，东邻西长街，西临湘江大道，南邻五一大道，北临潮宗街。该区人文荟萃、底蕴深厚、通江大海、区位优越，是湖南唯一集水运、铁路、公路、航空、管道五种物流元素于一体的开放高地，也是湖南融入"一带一路"的重要通道；同时产业聚集、活力无限，该区集金融商务区、金鹰文化区与金霞经开区于一体。其中，金融商务区汇聚了长沙市70%金融总量，湖南省36%金融总量，金鹰文化区囊括了湖南省八大文化产业集团其中之五，形成了以马栏山视频文创园为先导的"一园先导、集群先行"格局，区位经济发展优势十分突出。

根据经典空间结构理论即伯吉斯同心圆结构理论，城市空间组织是"以城市中心区为核心，自内向外作环状扩展，形成同心圆布局，从城市中心向外缘依次顺序为：中心商业区、过渡地带、工人住宅区、高收入阶层住宅区以及通勤人士住宅区等五个圈层"。华文公司居腹地之腹地，跻身城市中心，从区位条件上来说，华文公司毋庸置疑是整座城市里的最高阶层的象征之一，其行业龙头地位由此可见一斑，而这无疑能为其带来更多消费者的信任。

走出46层的电梯，"华文食品"四个大字赫然入目，这里便是华文食品的新家，也是长沙华文的办公地址。整个办公区域呈椭圆形，将电梯间包围起来。左手边的透明玻璃门是公司的前门，员工需刷卡进入，透过前台大厅的落地窗，湘江美景尽收眼底，周劲松的办公室紧靠着前台，总监们的办公室都设在临江靠窗的一侧，外面的区域是公司职员们的格子办公区。走过半圈，绕到电梯间的右门一侧，透明的玻璃门将占地近1/2的研发实验室与办公区域分隔开来，各类实验仪器和原料摆放整齐，穿着白大褂的实验员们坐在仪器前，让人忍不住暗叹"高大上"！

（2019年8月12日，周一，上午，华文食品总部办公室，申林灵记录）

事实上，部分员工和董事也曾质疑公司从岳阳搬迁到长沙是否操之过急。一方面公司在岳阳多年，员工大多在当地成家立业，所有员工共赴长沙存在一定难度，另一方面公司在岳阳已积累多年，公司组织结构及业务相关事宜都较为稳定，搬迁无疑会改变公司的既有结构，而公司组织重构的阵痛背后同样隐藏着很多风险。但是，随着迁址工作的推进，大家的疑虑也一点点被消除。首先，80%的员工随公司从岳阳来到了长沙，毋庸置疑这是领导个人魅力所散发的光芒，员工对华文有着强烈的归属感。那些留在岳阳的员工，也得到了妥善安置。时任总经办主任在谈到这一点时，也对华文在当地品牌效应感受很深：

"当时搬过来的时候有个员工因为家庭原因没有跟着一起来，她就去岳阳一个公司应聘，结果人家一听在华文做过的，就不用面试，直接做了副主管。"

（2019年8月12日，周一上午，访谈总经办经理，申林灵记录）

移师长沙成为华文食品搭乘上市列车的助推剂，也是华文上市必经的阶段性一步。首先，治理的规范化及组织框架的日趋完善是华文搬迁至长沙后较为显著的变化之一。其次，公司总部搬到长沙之后，对于人才招聘有着显著影响，这一点在法务部、研发部、市场部的人才招聘中都有直接体现。据研发部总监介绍：

"以前公司在岳阳的时候招高端人才特别困难，基本招不到硕士，搬来长沙的半年里就招到了6个。"

（2019年8月12日，周一上午，访谈研发部总监，申林灵记录）

华文办公地点迁至湖南首府长沙，正满足了公司现阶段的两个重大需要：一是完善公司治理结构；二是吸引各类专业人才。进一步完善公司治理，需要形成更科学、更严谨的治理结构。这套治理结构，由各司其职，相互配合又相互制约的部门构成。而这些运行有效的部门又要求具有专业知识和职业素养的人才给以支撑。华文食品班师长沙，恰恰依赖优越的地理位置和商圈环境，更好地吸引人才，为完善公司治理，奠定了必要的人才基础。华文食品，越来越需要依赖一套更加明确和完善的制度，将人力、财力、物力进行有效组合，推进企业进一步做强、做大。

二、规范管理　明确框架

华文食品拥有四家全资子公司，分别是平江县华文食品有限公司、平江县华文农副产品初加工有限公司、华文食品肯尼亚公司及长沙市华文食品有限公司。平江华文成立于2015年7月8日，主要从事豆制品、面制品、水产、禽、肉类制品、调味品的研发、生产与销售；劲仔初加工成立于2015年10月8日，主要从事农产品初加工服务；水产品冷冻；其他未列明农副食品的加工；肯尼亚华文成立于 2017 年 5 月 17 日，主要从事农副产品加工，国际贸易（肯尼亚华文目前尚处于筹建期间，未开展实际经营业务）；长沙华文成立于 2019 年 2 月 20 日，主要从事预包装食品、散装食品销售；食品科学技术研究服务；食品加工技术咨询；餐饮管理；餐饮配送服务、中央厨房、热食类食品制售、冷食类食品制售（含凉菜）（限分支机构）；企业管理咨询服务。

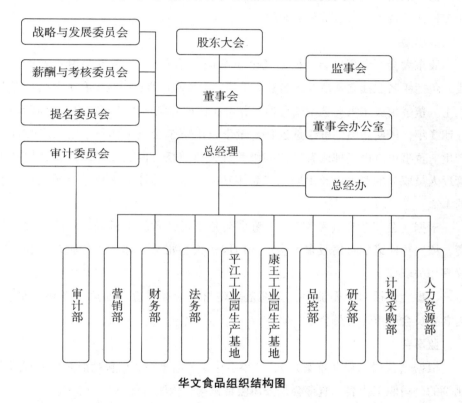

华文食品组织结构图

就华文食品内部组织结构框架而言，公司自设立以来，按照《公司法》《上市公司治理准则》等法律法规，建立了股东大会、董事会、监事会和高级管理人员的治理结构，并在董事会下设战略与发展委员会、薪酬与考核委员会、提名委员会、审计委员会等四个专门委员会，形成权力机构、决策机构、监督机构和管理层之间相互制衡、相互协调的运作机制。

股东大会

2018 年 7 月 18 日，公司召开创立大会暨第一次股东大会，审议通过了《公司章程》和《股东大会议事规则》，并于 2019 年 1 月 21 日召开 2019 年第一次临时股东大会，审议通过了《公司章程（草案）》，对上市后股东大会的职权和运作进行规范。《股东大会议事规则》的主要内容包括股东大会的职权、会议类型和形式、召集、提案与通知、召开、表决与决议等事项。

股东大会下设董事会，根据《公司章程（草案）》，股东大会是公司的权力机构，依法行使诸如决定公司的经营方针和投资计划、选举和更换非由职工代表担任的董事、监事等相关职权。

董事会

股东大会下设董事会，根据《公司章程（草案）》，董事会由 7 名董事组成，包括 4 名非独立董事及 3 名独立董事，3 名独立董事中至少有 1 名会计专业人士。董事由股东大会选举或更换，并可在任期届满前由股东大会解除其职务，任期 3 年，任期届满，可连选连任。董事长由董事会以全体董事的过半数选举产生。董事可以由经理或者其他高级管理人员兼任，但兼任经理或者其他高级管理人员职务的董事以及由职工代表担任的董事，总计不得超过公司董事总数的 1/2。

根据《公司章程（草案）》，董事会是公司经营决策机构，对股东大会负责，依法行使诸如召集股东大会，并向股东大会报告工作、执行股东大会的决议等相关职权。

董事会包括四个委员会，分别是战略与发展委员会、薪酬与考核委员会、提名委员会和审计委员会。

监事会

根据《公司章程（草案）》，监事会由 3 名监事组成，包括股东代表和适当比例的公司职工代表，监事会是公司监督机构，依法行使下列职权：

（1）对董事会编制的公司定期报告进行审核并提出书面审核意见。

（2）检查公司财务。

（3）对董事、高级管理人员执行公司职务的行为进行监督，对违反法律、行政法规、公司章程或者股东大会决议的董事、高级管理人员提出罢免的建议。

（4）当董事、高级管理人员的行为损害公司的利益时，要求董事、高级管理人员予以纠正。

（5）提议召开临时股东大会，在董事会不履行《公司法》规定的召集和主持股东大会职责时召集和主持股东大会。

（6）向股东大会提出提案。

（7）依照《公司法》的相关规定，对董事、高级管理人员提起诉讼。

（8）发现公司经营情况异常，可以进行调查；必要时，可以聘请会计师事务所、律师事务所等专业机构协助其工作，费用由公司承担。

（9）公司章程规定或股东大会授予的其他职权。

其他相关职能部门

董事会下设董事会办公室，负责筹备股东大会会议、董事会会议和监事会会议；跟踪和掌握股东大会、董事会、监事会有关决议的执行情况；负责处理信息披露、投资者关系管理等证券事务相关工作。

总经理对董事会负责，下设总经办，检查、督促各部门贯彻执行公司领导安排的工作；负责公司的机要、保密文件、档案，以及印章印鉴管理工作；定期或不定期对行政及绩效管理制度的执行情况进行检查。

审计委员会下设审计部，主要负责制定公司内部审计制度；审计公司及下属公司的财务状况、成本、费用开支情况；监督招标采购、日常经营事项、重大合同、投资立项、融资决策等重大经济事项的决策程序。

营销部现有销售人员，负责制定并实施公司品牌战略、产品开发推广策略及渠道规划维护开发策略；负责进行销售渠道开发与市场推广活动的策划执行，配合研发部门开发新品及对新品的市场调研工作，制定新品推广方案。

财务部主要负责全面统筹公司财务管理工作，建立健全财务管理体系；建立统一的会计政策、核算体系及工作规范，编制财务报表及会计报告等。

法务部主要对重要经营决策和重大经济活动提出法律意见；参与公司重大合同的谈判、审核；负责公司涉及诉讼、仲裁、复议、听证等诉讼或非诉讼事务。

品控部主要负责公司品质管理制度的制订与实施；产品质量控制体系的建立及运行；主导建立并完善公司的食品安全追溯体系；负责供应商的质量考核，组织供应商与委托加工工厂的现场评审。

研发部主要负责公司新产品和新技术的开发、改良现有产品配方等相关产品研发工作；主导制定公司生产工艺流程，负责制定公司原辅材料及产品内控标准；组织产品研发成果的鉴定与评审工作。

计划采购部负责根据生产计划实施物资采购与管理工作，确保生产物资保质保量地及时供应；负责采购成本控制；收集主要原材料的市场价格并发现采购机会；建立和健全采购部管理制度和流程。

人力资源部主要负责拟定人力资源发展规划，提供人力资源支撑；规划组织架构、岗位编制及人员配置，制定部门和岗位职责；制定和完善薪酬福利体系；制定并组织实施员工职位职级体系和培训培养体系。

三、条理分明　各司其职

各个部门的成立和运行，在一定程度上，有些像草生木长的孕育与成长。在适宜的条件下，逐步酝酿、产生，并发挥不可取代的功能。以下以法务部、研发部、审计部为例，呈现各职能部门如何在适应企业成长需求的过程中产生、定位、履职。

（一）法务部

党的十九大报告指出：全面依法治国是中国特色社会主义的本质要求和重要保障，坚持和完善中国特色社会主义法治体系是新时代对于法治认识的进一步深化。在依法治国的大背景下，依法治企成为企业实现现代化发展的根基。习近平总书记在民营企业座谈会上指出：在我国经济发展进程中，我们要不断为民营经济营造更好发展环境，帮助民营经济解决发展中的困难，努力营造公平、竞争、有序、高效的法治化发展环境。[①]

落实依法治企制度措施，确保企业规范健康运行，加快企业管理现代化进程。良好的法治环境是民营经济健康发展不可或缺的"阳光和雨露"，同样对于企业内部而言，需要加强法制建设，顺应依法治国的时代背景，深化企业法制改革，将依法治企向纵深推进。[②]

2015年，公司的法务人员还属于证券服务部，当时并没有成立专门的法务部门。伴随着公司上市进程的推进，处理如劳资纠纷等法律事务需要一个相对专门的机构来解决，因此法务团队于2016年开始组建，2017年2月份法务部正式成立。而证券部后来发展为董秘办公室。目前法务部门的员工均为法律专业科班出身，其中90%以上都通过了司法考试，部分持有职业资格证，且工作经验丰富，专业能力强，资历比较深。华文食品现任法务总监从2008年开始做法律顾问，此前曾在某上市公司法务部门带过团队，2017年开始协助组建华文食品的法务部。就法务部的价值而言，法务部总监如是说：

---

① 习近平：在民营企业座谈会上的讲话［EB/OL］．http：//www.xinhuanet.com/politics/leaders/201811/01/c_1123649488.htm

② 陈良栋．新时代须把依法治企向纵深推进［N］．企业家日报，2018-01-22（003）．

"法务部门虽然是一个服务部门，并不会直接增值，但实际上会为公司良好的经营环境创造合法性的条件。例如：若产品包装出现瑕疵、违规等情况就要下架，一旦下架涉及的可就不是小数字，下架的运行成本及费用都是上百万的，基于此，法务部门需要在这个方面做很多细致的前期工作。公司若想成功上市，在风险防控方面要以预防为主，其次是风险处置，最后的途径是风险救济……所以老话说，打仗时粮草先行，法律需要走在前面，摸清政策，比如公司需要上一个新包装，需要法务部门评估包装的风险系数是多大，如果有其他公司已经有了此类包装，那么就涉及侵犯人家的权益，产品就可能面临下架，下架就会损失制版费，一个制版费动辄就是几十万。从这个意义上讲，法务部门的工作与公司的利益也是息息相关的。"

（2019 年 8 月 12 日，周一上午，访谈法务部总监，刘嘉圣记录）

自 2016 年法务部门成立起，劲仔食品至今没有出现过涉及行政处罚的相关案件，同时单年度也没有发生过因为风险控制不当从而导致较大损失的情况，法务部的成立对于调解劳资纠纷，管控正当风险、合资风险及规范化公司治理等都起到了积极作用，从而更有效的为公司的上市之路助推。就法务部的日常工作而言，其涉及公司所有的业务单元，首先包括对外事务、对内企业治理、生产方面等，其次是对法律事务的风险处置、日常性的法律解答、法律文书的审核、对外法函、分析与法律建议等，最后，需要向上负责，对行政机关的例行检查进行合法化的说明。总之，通过法律手段维护公司合法权益。

随着公司的发展壮大，树大招风，难免会受到他人的质疑与诋毁，之前就出现过本来是一包没有问题的小鱼，有人将封口撕开后故意将头发放进小鱼包装袋里，并以产品质量问题要求赔偿的情况。对于市场上投诉产品质量问题，从法律上看，一般处理流程是：首先，确定是否是公司的产品，若是假冒产品，就会采取另外的途径处理。如确属公司产品，法务部门首先要通过品质部门在公司内部进行自查，要排除、否定对方的质疑，先怀疑自己，先检查产品的代码，代码可以追溯到包装工或操作工的信息，那么头发掉进去的话，会查询记录以了解员工在操作时是否佩戴帽子等。对于确因公司生产导致的质量问题，公司不逃避责任，会在法律责任标准内向投诉者协商处理。其次，了解产品包装是否已经开封了，包括是否超过产品保质期，法务部门会根据这些情况和消费者进行沟通处理……从法律上来讲，如果确属恶意索赔者，其拿不出有力的证据，如不能证明质量问题是开包以前出现的还是开包之后出现的，无论是走工商局复检也好还是走法律程序，法务部门会按照相关法律法规予以应对。

（2019年8月12日，周一上午，访谈法务部总监，刘嘉圣记录）

依法办事是一个企业长治久安的基础。特别是作为大型企业，内部法制建设十分重要。华文公司内部专业的法务部为公司的正常运转提供了重要的保障，不管是对内还是对外，法务部始终以专业的法律素养结合实际，依法处理企业发展路上遇到的各类问题，实现了现代企业的法制化管理。通过上述案例可以看出，在遇到法律相关问题时，劲仔食品对内以情暖人、情法结合，对外按章执行、依法办事，始终将法制思想贯穿于公司事务处理中，表现出极强的专业性，无疑是一个法制化的现代企业。

（二）审计部

审计部是公司步入上市征程的产物之一。按照上市公司结构要求，2017年，审计部在公司上市号角吹响之时正式宣布成立。审计部现有审计员5名，就部门的工作重点来讲，2017年的重心首先集中在建章规制板块，主要是各部门主导完善部门内部的规章制度，为了更有针对性地处理这项工作，公司还特意从北京聘请了一名审计专员，对各部门逐个进行一对一的，包括流程书书写等工作的辅导。建章规制完成之后，各部门更加认可制度的权威性；2018年的工作重心主要是针对上一年的工作进行全面的梳理，各部门经过一年的学习与改进，深化对公司内部控制的理解，但在制度方面还有待继续完善；2019年是重点梳理产品开发，同时审计工作也在实践中不断地改进和完善，比如在产品包装版本的审核方面：

"2018年的时候走的是线下审核，领导需要签字，如遇上领导出差就会拖很长时间，一定程度上降低了工作效率，之后就改进，采用OA办公系统，所有的环节都能在网上完成，但这样一来又会导致对线下沟通的忽视，因此，两次梳理综合来看，最终还是需要线上线下相互配合。"

（2019年8月12日，周一上午，访谈审计部经理，申林灵记录）

审计工作，对部门员工也有特定的要求，一是懂专业，比如具备工程、财会等相关专业知识，二是能够在工作中保持审计工作人员的独立性。因此，从财务部借调过来的两位员工，因为具备财务专业知识，成了审计部较早期员工。关于审计工作的独立性，审计部经理讲过这样一个具有细节的故事：

部门在成立初期主要做一些工程审计，审计工作是具有相当的独立性，也要求审计员需要具备很强的独立工作意识……之前三车间做了一个水泥地平，需要审计，新招聘的审计员去到车间，正好是夏天，车间里面特别热，工人就去买水给审计员，审计员连忙摆手道"不要不要"，这说明他们审计员的心里还是有那种独立的意识的。

……

有员工反映平江华文食堂师傅打菜很少，而且也不好吃，审计部就介入到这件事情中去协调，现在改进为就餐者自己打饭，吃多少拿多少，就是不能剩，在菜品方面也进行了调控，这样一来虽然食堂的成本高了，但是泔水也少了，以前泔水有8桶，现在这样改进之后就只有3桶。但是审计工作过程中也是经常得罪其他部门，以对电商仓库的规范化管理审计过程为例，电商以前是外包给菜鸟的，由菜鸟那边直接发货，后来为了节省成本，公司就把电商仓库这一块业务收回来了，目前设立在平江华文，隶属于总部电商部，但是收回之后发现有很多操作管理不规范的地方，财务核查发现存在较大出入，因此审计介入，电商仓库就很不理解，觉得审计部门站着说话不腰疼，之后正好遇上电商节，发货量特别大，审计部的审计员就一直待在一线帮忙，最终慢慢调和矛盾，解决问题，现电商仓库已经划分给了平江分公司的 PMC 部管理。

（2019 年 8 月 12 日，周一上午，访谈审计部经理，申林灵记录）

从本质上说，企业内部审计主要负责监督、检查本单位的财务收支及经营管理活动，通过系统化、规范化的内部审计流程，对风险管理、控制与治理程序进行评价，进而提高工作成效。

（三）研发部

联合国教科文组织（UNESCO）将"研发"定义为：为增加包括人类文化和社会知识在内的知识力量，并运用这些知识去创造新的应用而进行的系统的创造性工作。[①] 华文研发部成立于 2015 年，华文从最初的作坊式生产，到现如今吹响上市的号角，必定是需要依靠技术研发不断推陈出新，才能在激烈的市场上居不败之地。早在 2014 年公司就已开始研发工作，尽管当时还没有正式命名成立部门，但已在陆续开展研发活动，截至目前销量一直领先的糖醋口味即出自 2014 年的研发努力。公司在 2015 年正式宣布成立研发部。现代企业实现发展的重要路径之一，即在于以"高价格、高质量、重研发"逐步取代"低价格、低质量、轻创新"的经营服务模式。

---

① UNESCO Institute for Statistics. Global Education Digest ［R］. Montreal：UNESCO Institute for Statistics，2012：134.

目前研发部业务领域主要分为研发化验和研发开发。研发化验版块，该组共 10 人，学历在大专及以上，年龄在 40 岁以下。研发化验的主要工作内容包括两方面，一是进行一些技术含量较高的检测，即需要用到精密仪器的检测，如重金属、农残、药残等，重金属的检测包括新品和在线产品两个部分，每批都需要抽检，重金属含量检测主要是在进料阶段控制，与品控的工作关联很大；二是做产品开发前做好品质保障工作，如保质期实验及营养成分的检测，这主要是对开发样品的检测，在产品上市之前需要对其进行把关，同时对原料进行筛查，对产品保质期、营养成分进行检测之后，由化验室出具检测报告。

研发开发版块，主要工作职责分为三个方面，一是对现有产品升级，二是开发新产品，三是对于生产线上的现有问题提供技术支持。该组共 10 人，70%以上都是研究生。劲仔食品也采取了很多提升研发能力的策略与路径：一方面与江南大学、湖南农业大学、邵阳学院等高校合作，聘请相关领域教授做技术顾问。技术顾问主要是帮助解决劲仔日常研发过程中出现的问题或提供相关新技术的咨询，以指导为主；另一方面也会与高校进行技术项目合作，以委托研发为主，劲仔食品将某一研发任务交付给技术项目合作方，并定期跟进。例如与江南大学的合作，合作方来这边做现场调研、实验、进行定期的合作交流。从与横向部门的业务联系来说：在开发新品时需要和品控部与采购部之间密切合作。同时产品是要面向市场的，因此与市场部、销售部的联系也很密切。

以一个产品开发为例：市场、销售、研发或者领导，根据市场流行趋势、个人创意等，提出一些想法，研发部门会做一个初步的可行性的评估测试，比如问卷的方式、口味、口感的测评、对外进行包装、价格、广告语等测评，如果能够通过立项小试，这个项目基本上是确定成立。再到中试，主要目的是看在产线上能否能够实现量产。第一批中试出来的产品，就各部门需要一起讨论，是不是样品品质一致，量产过程中，技术指标问题，和市场、品控做现场品尝，看口感、包装等是否有问题。这些都解决后，开始小批量接受订单，即推向市场，研发工作告一段落。接下来上市追踪的问题，要做的就是技术改进的问题了。

（2019 年 8 月 12 日，周一上午，访谈研发经理，申林灵记录）

劲仔的研发生产流程经过了从之前较为粗放到现在较为专业、细致的转变。之前新品开发，基本是老板拍板决定，如今会有更多数据、样本去测评，这样可以有效避免研发失败带来的风险，有利于有序、稳步促进产品升级。

四、现代企业 日趋成熟

施炜和苗兆光（2019）① 提出的中国企业五阶段成长模型，将民营企业的发展分为创业阶段、机会成长阶段、系统成长阶段、分蘖成长阶段和重构成长阶段。每一个阶段，企业都在经营模式、组织架构、战略部署等方面面临不同的问题，只有顺利解决当下问题，才能实现从现有成长阶段到下一个成长阶段的跨越，否则企业发展就会陷入停滞，甚至出现倒退。

施炜和苗兆光（2019）② 对五个成长期模型进行了特征分析，而这些分析，恰恰能够体现在劲仔的不同成长阶段。创业阶段，基本采用个体制、家庭制、合伙制等企业制度形式，因此组织规模较小。这一时期企业的战略方向是依靠强烈的进取精神和开拓精神，时刻捕捉市场机会，实现初步的资本积累。从组织架构上看，一般是老板和老板信任的几个人总揽生产经营等各方面的管理，还无法建立起完整的管理体系和组织架构。对于劲仔而言，那是周劲松、李冰玉夫妇在河南初创豆干厂的阶段。机会成长阶段，是指企业积累了一定的资本，生产规模扩大。随着产品打开市场、技术日益成熟，企业的资产总量迅速扩张，雇员数量也急剧增长。此时企业成长的动因是外部机遇，通过对市场信号和竞争形势的准确把握，实现跨越。因此与之对应的战略方向是营销驱动、抓住机遇。对应劲仔的发展历程，回到岳阳后，风味小鱼作为新产品，迅速打开了市场并带动公司进入规模急剧增长的阶段。这一时期，劲仔从生产和销售两个方面及时抓住市场机遇，实现增长。整体而言，在创业阶段和机会成长阶段，由于企业成员大多来自同一初级群体，所以内部思想稳定、意见统一，老板的个性和价值观很大程度上代表了企业文化，员工受到老板人格魅力的感染和影响，企业文化基本上以"老板文化"为核心。进入系统成长期后，企业的成长动因开始从外部市场机遇转变为企业组织或整体系统本身。企业逐步建立起科学完善的现代企业管理制度，从家族制转型为现代企业，组织文化从非正式的"人治"走向规范和统一，管理趋于成熟，产品也具备了较高的市场占有率和行业地位，整体生产经营状况稳定。施炜将系统成长期的组织模式称为高能组织，随着组织能力的跃升，此时企业可以通过分析竞争形势和制定清晰的战略目标，来实现自身进一步发展。欧博进入华文

---

① 施炜，苗兆光. 企业成长导航［M］. 机械工业出版社，2019
② 施炜，苗兆光. 企业成长导航［M］. 机械工业出版社，2019

有限进行企业管理规范与改革，可以被视为企业系统成长期的发轫，如今按照上市公司进一步规范公司组织框架、发展各专业部门职能，实现纵向与横向贯通，则鲜明地体现了从家族制转向现代企业的特征。周劲松的个人风格不再成为企业显现的"老板文化"，而成为隐退到劲仔食品日常运行数字化、法制化、专业化组织行为与文化的一个有机组成部分。

（一）数字化

劲仔食品日常运行的数字化通过至少三方面得以体现。一是通过互联网等数字化手段，实现生产与管理的远程控制，降低企业运营成本。比如公司内部引进了诸多网上办公系统以帮助更高效地完成生产任务。PMC 部、办公行政系统基本实现电子化审批、跟踪。所有平江工业园区内的物流信息均可以在 ERC 系统中找到，在 ERC 操作系统中可以查找到生产计划、库存量、需进货量等信息，每个信息都会有专人负责，并且每个人负责一个部分，相互之间是互不交叉的，这样有效地保证了资源利用的合理性。

二是电商在销售环节的价值，日见彰显。2013 年底，华文电商部成立。2015 年形成电商的三大板块。第一个板块是经营在天猫等电商平台的旗舰店；第二个板块是通过把货卖给分销商，由分销商直接卖给消费者，公司负责承担一些促销费用，做一些售后服务，如残次品、异物的处理，并为分销商做好服务，提供支持。第三个板块是直营，即公司把货卖给经销商，经销商把货卖给平台，平台再进行销售，比如天猫超市和京东超市进行销售。电商加入后企业的销售额从 2013 年的 500 万，逐年增长到 2000 万、5000 万、7000 万、8000 万，预计能在 2019 年突破 1 个亿的销量。

数字化的第三个表现是，在公司管理者中，以数字为语言的叙述表达方式，充斥在企业日常管理和运营当中。笔者有幸旁听过一次劲仔公司财务月度会议，对于一个不熟悉劲仔公司、不熟悉企业管理的人来说，扑面而来的数字让人摸不到头脑，但是，也正是这样的晕眩中，可以窥探到当代企业管理中的核心要素：数字、时间、协调、风险与控制。

财务部：2019 年 1-7 月企业合并（股份公司、平江华文、分公司）净利润（扣除非经常性损益）预算完成率 97.4%；

电商部："8 月合计销售＊＊万元，月度目标达成率 25%，年度累计达成＊＊万元，年度累计达成率 32.5%。"

市场部："市场推广版块，185 次推广活动，实际销售额＊＊万元，试吃人次 99.75%，购买人次达成率 91.27%，转化率 17.99%。"

研发部：研究灯影肉丝遇到的两个主要问题：原料成本问题（40% 主料得料率）；切丝机器的问题。

初加工公司：华文冷库库存＊＊吨，精选鱼库存＊＊吨，肉制品＊＊吨，花椒 5 吨。

品控部：客诉素肉包装漏油，7 月有 4 例，8 月，截止到 9 日，有 4 例。这个情况，投诉比较常见，改进方案中，如果更改包装尺寸，则需要每件增加＊元的成本，如果改产品油含量，影响口感。

客户部：1—7 月份 ka 渠道，交易 5 次客户数占比最高，为＊＊%，交易 7 次客户占比＊＊%；交易 7 次客户的发货额占比最大，为＊%。1—7 月份电商渠道，交易 1 次客户数占比最高，为 36.84%，交易 7 次客户占比＊%；交易 7 次客户的发货额占比最大，为＊%。

流通渠道：1—7 月份东北片区，交易＊次和 4 次客户数占比最高，分别为＊%，交易 7 次客户占比＊%；交易 7 次客户的发货额占比最大，为＊%。1—7 月份华东片区，交易 5 次客户数占比最高，为＊%；交易＊次客户的发货额占比最大，为＊%。

老龄化产品的情况：＊＊克小鱼，＊＊箱；42 克小鱼＊＊箱，50 克小鱼＊＊箱。

初加工公司：2019 年 7 月鱼胚单件出库成本＊＊元每件，去年同期＊＊元每件，成本下降。

（2019 年 8 月 12 日，周一下午，旁听华文月度财务分析会，刘谦记录①）

数字导向的话语体系，直接体现了以利润为核心的引领，充斥着投入与产出的比较、今年与去年同期的比较、实际发生与计划的比较、同类占比的比较。它成为一种强有力的语言，来描述公司目前的处境。但是，数字作为语言，也通常携带着强制性与隔膜感。按照陈嘉映②的说法，数字是一组组抽象、抽离了具体情境的话语体系。1 个苹果和 1 个人，根本不是一回事，但是他们共享 1，这个抽象的状态。当我们更多强调 1 时，却忽视了是苹果还是人。这也许是数字语言，也让人感到单调、冷酷与迷茫的原因。这些数字对于描述和理解公司运营状况当然非常重要，但是抽象的数字背后，有许多道理，需要认真去探

---

① 为保护商业机密，此处把相关具体数字以＊方式代替。

② 陈嘉映，哲学·科学·常识［M］．北京：中信出版社，2018：223-231.

索。这需要更多时间，和一份相对平和的心态。

（二）法制化

随着法制化进程的推进，企业经营与发展更加离不开法律的支撑。将法律思维运用到企业管理实践的过程，是降低生产经营风险的重要途径之一。从华文法务部的设立与发展过程，可以看到劲仔已将法律的规则和规则意识渐渐融入公司管理流程和员工意识当中。首先，法制化的推行能够从企业制度、决策、重大风险事项等环节进行把关，尽可能将防范、控制经营管理风险，从源头规避，即便日后出了问题，也能应用法律思维有效应对，积极为企业挽回损失；其次，运用法制思维进行企业管理，还可以使得企业员工的法制意识整体得到提升，增强企业员工的内部团结，提升核心竞争力，从而实现企业经济效益的提升；同时，推行企业法制化管理是增强企业凝聚力的可靠保证，同时也是提升企业竞争力的有力武器。

（三）规范化

在这个阶段，劲仔食品通过更完备的内部架构，更清晰的外部交易环境，进一步规范公司的内部治理与企业行为。对标上市公司标准，公司逐步增设了各专业部门和委员会，比如法务部、审计部、战略发展委员会等。各部门招聘更多专业人才，加强在法务、研发、质控、市场、审计等方面的专业力量。一方面，将行业专业标准融入公司日常运转之中；另一方面，各个业务部门和专业力量，在横向合作中实现相互补充与制衡，从而以企业行为进行思考、决策、审核等，降低个人决策和行动一旦有失偏颇对公司形成的风险。比如，公司在更换产品代言人的工作流程中，首先需要市场设计部提出更换代言人的需求，并由品控部和研发部提供设计要素，市场部在此基础上给出各类计划，计划做出，之后首先是要在市场部进行内部的自我检查，之后还需提交给法务部、品控部、研发部审核，最终提交总经办审核并制版。通过这一系列工作流程，将多部门、多角度、多专业的视角纳入公司重要事项的提议与审核，体现了公司治理规范化的框架结构与意义。

第三节　排队 IPO　雄姿上市

　　成功上市，成为"劲仔食品"上到董事，下到一线员工，心心念的一件大事。公司总经理、股东之一刘总曾在各部门周例会上强调现在 IPO 阶段，董事会办公室需要材料，各部门，各子公司总经理要积极配合，直接对接；三位平江华文的一线员工代表在"华文之星"技能竞赛颁奖活动发言中，每一个人也都会在结尾处，振臂高呼"祝公司早日上市！"

　　企业通过上市融资。而同时，上市给企业带来的益处，也同样渗透在筹备上市的过程中。企业为准备上市进行的规范、谋划与专业性训练，也是对企业组织及其成员的重要历练。打个比方，像一个青年，健康成长，按照公众的期待，取得名牌大学毕业证书的过程。这个证书很重要，它在社会认证体系中，有着明确的级别与定位。凭借着这个证书，这位好青年，在未来的日子里，有望得到更多人的信任与支持。同时，苦苦求学，最终修成正果的过程，也是塑造年轻人成长的重要阶段。

一、摆好姿态　迎接挑战

　　企业上市的过程大致需要经过公司内部改制、证券公司辅导上市、递交省证监会初审、报证监会进行审核与补充、以及审核发行和最终上市几个步骤。每一个步骤所需要的时间并不是固定的，根据实际情况有弹性空间。华文食品于 2018 年 10 月完成湖南省证监局辅导备案，并在 2019 年 6 月向中国证监会提交《华文食品股份有限公司首次公开发行股票说明书》，在 2019 年 8 月得到中国证监会反馈。2020 年 9 月 14 日，沪深两市迎来"鱼类零食第一股"，华文食品股份有限公司（简称华文食品）登陆深交所中小板，正式逐鹿资本市场。华文食品由此成为继盐津铺子、绝味食品之后的湖南第三家休闲食品上市公司。此次公开发行股票 4001 万股，发行价 5.02 元/股，新股募集资金总额约 2.01 亿元，发行后总股本 4.0001 亿股。

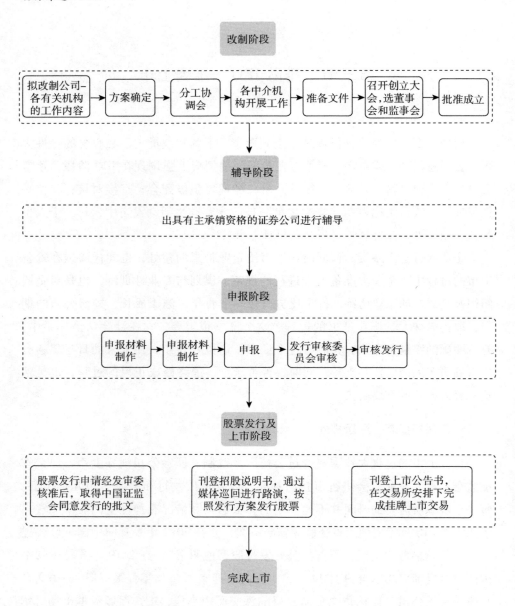

在筹备上市过程中，暗含着两条线索：一是纵向的时间线索，二是横向的合作线索。所谓时间线索，是指上市筹备工作需要有明确的时间线性指引。在《首次招股说明书》中呈现"合并财务报表"的时间段体现为 2016 年 12 月 31

日至 2019 年 6 月 30 日。① 也就是说，尽管《首次招股说明书》于 2019 年发布，但是，从 2016 年度起，当时的华文食品就在业绩表现、会计报表、股份分配等所有方面，对标上市企业要求。而这些为上市所进行的实质性动作，又是企业发展几个关键事件的延续：2012—2014 年，欧博公司对企业进行管理咨询与规范，极大提升了企业管理效率和生产能力；2014 年引入新股东杨博士。他曾经作为董秘，辅佐克明面业完成上市过程。这次以对华文食品上市提供专业指导为明确目标，加入华文食品；2016 年，华文食品引入新股东佳沃集团，佳沃集团以货币形式增资 3960 万元。佳沃集团的加入，不仅为华文食品注入了更雄厚的资金，而且，再次明确了对企业上市的期许，并推动公司相应职能调整与独立监管体系的建设。

而在横向合作线索上，为筹备上市，当时的华文食品需要和诸多专业机构进行深度合作。上市筹备必不可少的中介机构是券商、律师事务所、会计师事务所。券商，也是企业上市的保荐人（主承销商）。它作为证券公司，在深入考察企业运行情况后，认可公司表现和运营能力以及将来在股市上的潜力，负责向证监会等专业机构保举华文食品参与上市融资。为此，券商需要从报告期前后以各种方式深入了解企业的所有细节和成长历史，以确保以财经专业的话语体系，向公众全面、客观、清晰地描述企业状况，按照上市要求，对企业规划提出战略建议。而一旦券商成功辅佐企业上市，企业会回馈券商以优厚的佣金。华文食品合作的券商是民生证券股份有限公司。在《首次招股说明书》末尾，民生证券股份有限公司作为保荐人（主承销商），从项目协办人到总经理到董事长，都需要签署以下声明：

"本人已阅读华文食品股份有限公司招股说明书的全部内容，确认招股说明书不存在虚假记载、误导性陈述或者重大遗漏，并对招股说明书真实性、准确性、完整性、及时性承担相应法律责任。"②

同样道理，当时华文食品聘请湖南启元律师事务所作"发行人律师"，确保招股说明书内容和律师意见、律师工作报告没有矛盾；公司聘请中审众环会计师事务所，担任审计机构。它负责确认《招股说明书》中的"审计报告、内部控制鉴证报告及经本所核验的非经常性损益表的内容无异议"，真实、准确。从

① 华文食品股份有限公司，《华文食品股份有限公司首次公开发行股票说明书》，2019 年 12 月，270 页
② 华文食品股份有限公司，《华文食品股份有限公司首次公开发行股票说明书》，2019 年 12 月，449–451 页

以上三家专业机构的声明可以看出，公司上市有着特定的专业话语体系，并且，为保持信息公开的独立性、准确性，需要纳入专业机构参与上市筹备过程。

会计师和律师是2014年就进来了。我们2014年也请了另外一个券商，只是后面更换了。2014年至2016年之间是有券商的。至于什么时候请券商，什么时候请律师、会计师，每个企业不一样，我们比较早地邀请券商介入。早点请券商介入，相对来说规范得比较早。根据上市的要求来进行各方面的规范引导，不管是财务核算，还是公司的内部控制，组织架构，从前面进行梳理和指导，后期调整的成本就会更低。总的来说是把我们往规范发展的路上去引吧。就像培养小树苗一样，你早期就让它往上长，而不是等它长歪了以后再把它折过来。

……

（2019年8月12日，周一上午，访谈华文公司副总经理、董事会秘书，朱宏强整理）

我觉得上市过程中最大的困难就是统一思想，怎么把股东们的思想统一起来，让大家坚定上市的信念，推动上市工作的推进。这跟周总上市的决心是分不开的，而且即使遇到阻力也是不断地想办法去解决克服，让上市不断向前推进。还有我觉得上市还需要做好一个团队，什么团队呢？就是"三加一"，除了公司自己的管理团队，还有刚才提到的券商、律师和审计三方，帮助我们公司不断地规范化，形成这样一个"三加一"好的团队，才能做好上市中的各项工作。

（2019年8月11日，周日上午，访谈华文公司董事会杨总，刘颖整理）

二、力争上市 助飞梦想

商海浮沉，勇立潮头。劲仔食品从小作坊发展到现在的行业领军企业，一路走来离不开领导者的远见卓识。在市场化的浪潮下，伴随着消费升级发展，休闲食品的发展进入市场发展的快车道。具有长远的战略眼光和巨大的发展魄力的劲仔，抓住新的历史机遇，积极排队IPO，登陆资本市场，为企业谋求更高层次更高水平的发展。对于一个民营企业来说，排队IPO这一重大举措给企业带来了新的发展机遇。

首先，资金注入夯实发展之基。休闲食品行业竞争日益激烈，而且企业所需成本日益上升，特别是产品研发所需。劲仔通过上市，进入资本市场，为企业发展融入更多的资金，推动企业进一步加强产品研发和生产升级，支撑企业的发展，保障企业在激烈的市场竞争中占据主动的位置。

其次，文化建立增强发展之力。在排队 IPO 的过程中，企业上下一心，白领积极提升管理能力和水平，蓝领努力提高产品质量。企业内部形成了强有力的凝聚力，为企业发展增添了极大的动力。

最后，管理升级稳固发展之路。企业上市，对企业的管理提出了新的要求。劲仔食品从作坊式经营模式发展而来，从最开始的"一竿子插到底"，到现在的组织框架有序，部门分工明晰。通过一系列现代化企业管理改造，为企业长期稳定发展奠定了坚实的基础，提供了有效的保障。

当然，华文食品的发展是随着市场的改变相对顺利地推进，对于企业来说，新的机遇就会带来新的挑战。比如随着公司内部组织架构的不断规范，原有格局、职责被调整，各部门的职责划分得更为详细和具体，实现术业有专攻，涉及日常生产的事情很难由一个部门独立完成。相应地在不同岗位上，不同资历、经历的员工，就需要调整各自思想和站位。从思想上和公司结构调整保持和谐一致。这些都不是一蹴而就的工作，企业需要承担新的沟通与协调成本，甚至短期内会影响企业效益。资本市场风云莫测，上市之后，企业将面对更加复杂的市场环境，这就需要企业有极强的管理能力和适应能力，主动适应市场需求。同时作为上市企业，企业就会需要承担更多的社会责任，这对企业也是新的要求。

三、开放创新　成功上市

2020 年 9 月 14 日，华文食品成功登陆深交所，成为我国鱼类零食第一股，开创了岳阳美食企业上市先河。公司业绩稳健增长，2020 年度营收 9.09 亿元，净利润 1.03 亿元。拳头产品劲仔深海小鱼一年热销 13 亿包，稳居休闲鱼制品行业第一；2021 年一季度营收 2.25 亿元，同比增长 15.89%。

从上市的重要时间点来看：

华文食品 2010 年成立，是一家专注于传统风味休闲食品研发、制造与销售的现代化食品企业。根据招股书显示，线下与其合作经销商超过 1000 家，并与家乐福、沃尔玛与华润万家等多家知名连锁商超达成稳定合作关系；线上，华文食品是率先涉足电商的休闲食品企业之一，现已形成天猫、京东、拼多多、微信小程序等多位一体的电商渠道格局。

2017-2019 年，公司营业收入分别为 7.67 亿元、8.05 亿元、8.95 亿元，归母净利润分别为 7566.19 万元、1.15 亿元、1.18 亿元，均实现稳步增收。即便是在 2020 年上半年新冠疫情的冲击下，华文食品营收净利也双双正增长。当年上半年华文食品营业收入为 4.51 亿元，同比增长 2.55%；净利润为 6389.37 万元，同比增长 5.05%；扣非净利润为 4219.08 万元，同比增长 5.78%。①

2020 年 9 月 14 日，公司成功登陆深交所，成为我国鱼类零食第一股，开创了岳阳美食企业上市先河。

2020 年度公司业绩稳健增长，营收 9.09 亿元，净利润 1.03 亿元。拳头产品劲仔深海小鱼一年热销 13 亿包，稳居休闲鱼制品行业第一。

2021 年一季度营收 2.25 亿元，同比增长 15.89%。公司将坚持聚焦万亿休闲食品细分优质赛道，持续为投资者和消费者创造长期价值。

2021 年 4 月 29 日，公司发布公告，经申请，并经深圳证券交易所核准，公司证券简称由"华文食品"变更为"劲仔食品"，英文证券简称由"HWSP"变更为"JZSP"，证券代码"003000"保持不变。②③

从上市对于企业发展的重要意义来看，在企业的发展理念层面，劲仔食品自成立以来，公司坚持深耕食品行业，坚持创新发展，现已成长为一家集研发、生产、销售于一体的现代化休闲食品企业。劲仔食品的上市在其企业的发展史上无疑是一次开放创新，代表着劲仔食品发展进入一个新的阶段，也对劲仔食品的经营提出了更高要求。同时也表达了劲仔食品要继续深耕食品行业，坚持为消费者谋品质、为合作者谋共赢、为员工谋福利，保持不断创新，持续创造价值。

劲仔食品集团股份有限公司完成更名，并于 2021 年 5 月 25 日完成限制性股票上市，意味着劲仔食品经过 20 余年的努力，终于实现品牌名、企业名和证券代码的和谐统一，这无疑是劲仔食品发展史上的重要一步，不仅有利于消费者和投资者形成更加深刻的品牌印象，而且有利于投资者成为劲仔品牌的忠实消费者，还有利于消费者成为劲仔公司的亲密合伙人。未来，我们有理由相信，"做中华美食文化的传播者"的企业愿景将得到进一步践行。

---

① 华文食品挂牌上市靠一年卖 12 亿包劲仔小鱼出圈｜华文食品_ 新浪财经_ 新浪网［EB＼OB］．（sina．com．cn）
② 官宣：华文食品正式更名为劲仔食品｜经营_ 网易订阅［EB＼OB］．（163．com）
③ 华文食品挂牌上市靠一年卖 12 亿包劲仔小鱼出圈｜华文食品_ 新浪财经_ 新浪网［EB＼OB］．（sina．com．cn）

下编　发展的奥秘

第四章

产品质量把控：实体经济的生命线

我们通过了许多标准认证，ISO9001，HACCP，GMP。其中，GMP 是药品生产的卫生标准，它比食品行业生产标准还高。在 6S 中，人的素质最关键……如果给我们的团队贴三个标签，那么第一个标签就应当是吃苦耐劳……第二个标签是目标一致……第三个标签是团结和谐。我们尊重员工个性，求同存异。希望每个管理者都是圆形交叉思维，而不是条块分割思维。我们有横向控制法，在评比中，横向控制单开得多的部门有评优优势，这就鼓励各部门更多实现横向合作，团结和谐。

（2019 年 8 月 15 日，周四下午，访谈平江华文总经理，刘谦记录）

产品质量，是实体经济的生命线。与金融、信息技术、生化科技等产业相比，休闲食品行业的生产具有以下特点：第一，尽管一些企业已推行生产自动化，但仍属于劳动力密集型产业；第二，消费者对食品安全水准有不容置疑的要求，同时，国家、地方有关商品安全的法律法规不断健全；第三，部分食品加工方式、调味及包装要求特殊，为达到更好的保鲜、口感效果，既需要技术上的创新，又存在工艺保密要求。

劲仔食品历来十分重视产品质量和产品安全，在实施上述质量控制体系的基础上，结合自身特点，从采购、生产、贮存、产品交付等各个环节建立并完善质量管理制度，进一步提高内部质量管理水平，保证产品质量和服务质量。劲仔食品目前已具备严格的产品质量管理体系，实现科学有效的生产跟踪、投料跟踪、品质控制等，劲仔食品和平江华文均已取得相关生产领域质量管理体系认证、HACCP 认证、GMP 认证。其中，GPM 认证中文名为生产质量管理规范，是一套适用于制药、食品等行业的强制性标准，要求企业从原料、人员、设施设备、生产过程、包装运输、质量控制等方面按国家有关法规达到卫生质量要求，形成一套可操作的作业规范。劲仔从原辅料采购——生产——检验——销售全过程采取标识与有关联性的记录，并定期对标识的有效性进行监督检查，实现了产品质量和食品安全控制的可追溯性，不存在违反食品安全相关法律法规规定的情形，亦未发生食品安全事故，未受到过相关部门的行政处罚。[①] 劲仔食品通过全方位措施，确保原料供给健康环保、生产工艺严格质控、善待员工良心出品，为消费者提供着具有稳定品质保障的产品。

第一节　原料供给　健康环保

作为提供休闲食品的企业，原料问题显然很重要。消费者一定关心，入口的食材本身是否安全可靠，食材从哪里来？是不是精挑细选？对于企业而言，原料更是生产的资料和基础，它直接影响产品品质，也是企业生产成本的重要版块。如何从原料环节，在数量和质量上确保优秀、稳定的原料品质，又严格控制原料成本，形成利润空间，这些既考验着企业良心，又考验着企业效率。华文食品以其多年的经验积累、雄厚的资本支持和严密的管理措施，以确保优质原料的稳定供给。消费者口中那口感饱满、个头儿均匀的小鱼、香香的卤料味道，从我国及周边海域远道运来，那些经过精心筛选的小鱼，离不开计划采购部员工去到原产地一次次的寻访……

进入初加工车间，可以闻到淡淡的海腥味。我们被要求带好白色工作帽，以免毛发掉入小鱼原料。18位男工正把小鱼一筐筐，从冷库提出，倒在初筛机的滚动带上，通过机械震动，去掉鱼头鱼粉。那些从冷库里提出来的小鱼干，每条大约3厘米长，细长小巧，个头均匀。由于在被打捞起来以后，经过了煮熟和初步晾晒，已经失去一定水分，再加上在零下5左右的冷藏货车运输和冰柜里的冷藏，被提出来进行粗选时，是一根根凉凉的，有着一定湿度、韧性和硬度的小鱼。它们在初筛的传送带上被反复颠翻，鱼头被颠掉，并筛出去，只剩下饱满的鱼身。在下一个环节，则是更为壮观的精选环节，62-63个女工，对经过粗选的小鱼，进行肉眼识别，剔除里面混杂的杂质。据劲仔初加工余洗

---

① 华文食品股份有限公司，《华文食品股份有限公司首次公开发行股票说明书》，2019年
12月，198-200页，239页

清总经理介绍，正常情况下，每天的生产用料是 5 吨左右，每个女工一天要完成将近 100 公斤小鱼的筛选。目前公司冷库客容量大约在 6000 吨，可以保证储备 5 个月左右的生产用量。

（2019 年 8 月 15 日，周四下午，参观劲仔初加工车间笔记，刘谦记录）

一、原料：品质至上

《华文食品有限公司首次公开发行股票说明书》中明确披露 "发行人生产所需原料主要为鳀鱼干、大豆、油、包装材料及其他辅料等。采购的鳗鱼干主要产自越南、泰国等西南太平洋水域及中国周边海域。"[1] "劲仔" 小鱼主要选用的是鳀鱼中的青公干鱼干和白公干鱼干，说是鱼干，其实鳀鱼 "俗称海蜒、离水烂、老雁食等，主要以浮游生物为食，广泛分布于中国的渤海、黄海和东海以及朝鲜、日本和太平洋西部，肉质鲜美，营养丰富。……鳀鱼虽然个体小，但营养价值不低。其中含有丰富优质蛋白质、水分、碳水化合物，不饱和脂肪酸、胆固醇，此外，还有含量丰富的维生素，主要包括维生素 A、维生素 E、叶酸、硫胺素、烟酸等。另外，鳀鱼中还含有钙、铁、锌、钾、硒、镁、磷、锰、铜、钠等多种矿物质元素。"[2] 鳀鱼属温带海洋性中上层鱼类，洄游习性明显，是小型杂食性鱼类，主要捕食浮游生物。[3] 鳀鱼中的肌纤维较短，蛋白质组织结构较为松散，含有较多水分，口感更为软嫩，较为容易入味，并被人体消化吸收。[4] 在制成鱼干的过程中，需要将淡水煮开，按一定比例加入盐粉，搅拌均匀，即可将新鲜公干鱼放入开水中，整体浸入水中约 3～5 分钟，以鱼体煮熟为最高原则。同时也要避免时间过长，出现鱼肚爆裂的缺陷，影响品相。[5] "劲仔" 小鱼原料，在消费者看来是食材，而华文食品生产线的员工则称之为 "生鱼胚"。生鱼胚，由劲仔食品的全资子公司劲仔初加工进行采购供应，平江华文负责生产环节。劲仔初加工坐落在平江华文厂区内。

寻找优秀的供应商和严格采购、验收标准是采购环节最为重要的部分。这些鱼胚在进口过程中，必须符合海关有关质量标准。同时，华文食品还对来料

---

[1] 华文食品股份有限公司，《华文食品股份有限公司首次公开发行股票说明书》，2019 年 12 月，106 页

[2] 乐哈网．来源链接：http：//www. leha. com/health/1208660_ 2

[3] https：//baijiahao. baidu. com/s？ id=1559776187624964&wfr=spider&for=pc

[4] 同上

[5] 同上

检验有着严格规定。《湖南省华文食品有限公司品质部文件汇编》① 显示，在生鱼胚来料检验环节，除了对重量的规定外，还有很多关于品质的指标。从原料验收程序上，所有的生鱼胚进货验收都由劲仔初加工和平江华文品质部工作人员进行双重独立检验，检验合格方可进入下一步生产程序。

"长度为 3-6 厘米，超过规格的鱼比例小于等于 10%；每件鱼胚内含杂质控制在 20 个范围内（硬性杂质 10 个）；不能有异味；用水分仪器检测鱼胚水分小于等于 45%；用筛子筛检验鱼头、鱼渣每件不能超过总重量的 5%……大车按每车次抽查 8 件；每批来料鱼胚必须填写来料检验报告和建立台账。"

（2019 年 8 月 15 日，周四下午，访谈劲仔初加工总经理、参观初加工车间，刘谦记录）

如今，劲仔食品能有如此稳定的供货渠道，不是凭空等来的，而是华文人拼搏、闯荡的结果。现在平江华文采购部经理，就是当年为寻找优质供货渠道立下功勋的华文人之一。这位学历不高，却不断进取的采购部负责人，自 2006 年入职华文以来，以一个普通工人的身份拉开了在华文打拼的序幕，其间任职过车间生产组长，主管，总经办专员，华文驻泰负责人，采购部主管，采购部经理，华文工会主席。《梦与华文同在——记华文员工的先进个人事迹》一文将他当年不畏困难，不辱使命的事迹展现得淋漓尽致，这是一段关于为华文食品开辟稳定优质鱼胚供货渠道的故事。

"最值得回忆的是 2013 年，我被公司安排派往泰国，出于公司对原材料供应做出一系列的计划与目标，针对鱼胚质量差、数量不稳定、价格高的情况要进行改善。我接受这个艰难而又神圣的使命，要接受远离家人事实，面对不同国情，不同环境，不同语言，不同风俗，以及工作上困难重重等诸多因素。要完成公司交予的任务，不是一件简单容易的事情。到泰国后开始感到很茫然，因为不懂语言，对地方也不熟，活动范围也非常有限，如何来开展工作呢！可现在连最基本的生活用语沟通问题都成了我最头痛的事情。何谈开展工作呢！不，我不能这样等下去，我要学习，我要改变自己，我一定要完成公司交予的任务和使命。于是我买来书本和光盘，白天工作晚上学习。泰国是一个热带国家，年平均气温都高于 35 度。为了解决鱼胚质量的问题，从根本上改变品质状况，我每天奔波于晒场和渔场，了解他们整个制作工艺及过程。每天骑摩托来回奔波的路程不少于 80 公里，汗水不知道湿透多少次衣服，只看到每次衣服干

① 华文有限，《湖南省华文食品有限公司品质部文件汇编》，2013 年，22 页

了后薄薄的一层盐，泰国白天紫外线太强，经常被阳光晒到脸和胳膊火辣辣的痛，最后全部都被晒脱了皮，整个人黑黝黝的完全和泰国人没有多少区别了。晚上还要饱受蚊虫侵扰，皮肤上出现很多蚊虫留下的创伤。功夫不负有心人，经过一段时间的努力，我了解了整个泰国鱼胚制作过程及影响质量问题的几个关键点，同时也找到了相应解决的办法和措施，通过和泰国渔场晒场沟通交流，从泰国鱼加工工艺上进行改善，慢慢鱼胚从质量上逐步得到了改观，数量也得到了慢慢提升，价格开始稳定。同时使公司在鱼胚出品率从原来的2.7/件上升到3.1/件，大大降低了公司的生产成本。我也开始掌握了一些基本泰语，能单独处理一些事情了。所有的这些成绩得到了公司领导的高度评价与嘉奖，同年我被评为华文年度优秀员工。"

（2019年2月22日，周五下午，访谈平江华文工会主席，朱宏强记录）

二、筛选：见证精心

首先从来料粗选环节说起，劲仔初加工负责来料的筛选，通过机械震动去掉鱼头鱼粉后，对留下的小鱼继续进行筛选，即来料精选，进入精选车间，可以看到一排排女工整齐地坐在厂房里的操作台边，每人面对小山一样的小鱼，用戴着手套的双手逐条扒拉着这些小鱼，经过筛选的，被推向操作台下面接着的筐子，发现的杂质，则被推向一边。一箱精选出来的小鱼大约30公斤。每一箱都标着精选女工的名字。这是一个需要熟练度的工作，精选女工整体也是相当稳定和熟练的，去年一年大约只有3-4人的变动。

每个女工都统一身着淡蓝色工服，带着白色帽子，把自己的头发全部收纳进帽子里，她们扒拉筛选的动作都相当连贯流畅，几乎没有间断，筛选出的杂质里有个头明显更大一些的海鱼，大约4厘米长也肥大些，显然和青工鱼干和白公鱼干不是一个品种。这样的鱼要是混在生产环节，肯定是"捣乱分子"，比如油炸、卤制环节不熟、不进味，包装环节，堵塞包装机灌装口等。从精选女工踢出的杂质里，还可以看到贝壳、竹签、头发等。可以想象，如果这些混入到加工、制作环节，一路成为漏网之鱼，包入成品口袋，最后流入消费者手中，会给消费者带来多大的烦恼。公司也曾经收到过这类情况的客户投诉，都进行了迅速、及时的反应，并将这类客户投诉列为A类客诉问题，进行认真研究，力争杜绝类似严重影响消费者体验的情况出现。平江初加工为此进行了积极改进，推出很多剔除杂质的管理动作。2016年时，一筐30公斤的小鱼，经筛选后，可以容忍的杂质数上线平均数为3.5个，这个标准到目前，降低为0.09个。

劲仔初加工余总说，他们的目标是 0！但是，为了达到这个目标，得一点点儿降。

"公司要求产品质量。一旦出现客户投诉杂质问题，那就是我们公司的事情。所以必须降低杂质率"。筛选环节，是初加工质量水平的关键指标。为此，平江初加工推出了相对应的考核制度和动作要求，来最大程度降低杂质率。

（2019 年 8 月 15 日，周四下午，参观劲仔初加工车间笔记，刘谦记录）

除了手动精选小鱼的环节，劲仔初加工还在设备改进上下功夫，一线员工不断为提高初选小鱼设备的运行效率提出更好的建议。

①效益

滚筒设备进料分层，下层加装斗口及爬坡带：

由于来料规格大小及含鱼粉量不一，在筛鱼过程中也会有针对性的筛选，滚筒设备在正常运转情况下为上下两层连续性分离，在考虑到鱼胚偏小及含粉低的情况下就转用下层筛选（只进单层筛会缩短滚动周期，上下两层筛网规格大小不同），这样会降低损耗，提高出品率。

筛内螺旋叶片整改：

由于来料水分不一，为保证将鱼胚损耗降低到最小，经过长期测试比对，现将滚筒筛内螺旋叶片由单螺旋改为双螺旋（双螺旋优点：鱼胚在筛内滚动时间缩短，水分较高鱼胚折断量减少，损耗降低）

综合以上两点，同批次鱼胚进行筛选（来料为水分较高、规格偏小），出品率会提升 0.5%

②质量

滚筒设备传送装置改用阶梯式分层设置，在每段阶梯入口加装风机装置，保证由此传送的鱼胚经过风机作用，其轻杂质和鱼粉鱼头在此截留（草屑、头发、小竹签、部分烟头、小纸片等），通过截留下的杂质和鱼粉鱼头，精选鱼胚的挑选难度大大降低，提升了整体精选成品品质。

③人力成本

阶梯式分层布局将色选机挪出针对性筛鱼头，减少尾数含鱼头鱼胚流入精选现场挑选，夹带鱼头鱼胚挑选难度比正常鱼胚将近慢一半时间。（整改前：每天收尾 60 名精选女工挑选时间为 1 小时，每天 2 名质检挑选含杂鱼胚 3 小时；整改后：每天收尾 60 名精选女工挑选时间为 0.5 小时，每天 2 名质检挑选含杂鱼胚 1 小时）。

整改前：按正常开线，平摆筛处筛鱼头员工需求为 4 名；整改后：按正常开线，平摆筛处筛鱼头员工缩编为 2 名。

（引自劲仔初加工公司合理化建议提报落实文件）

那来自海洋的小鱼，远道而来，入驻坐落在华中腹地的平江华文生产基地，经过验收、筛选、浸泡、洗鱼、高温油炸、卤制等环节，最终与消费者见面。以往华文食品也曾收到过客户投诉，反映产品有贝壳等杂质。这类客户投诉，一经核实受理，便被公司内部定性为严重影响客户体验等"A 类客诉事件"，得到最高级别的追查与回应。站在消费者一方，休闲食品应当带来轻松休闲的感觉才对，若碰到食品里的杂质，那绝对是倒胃口的事情。而站在企业一方看，确保源源不断生产出来的产品，每一包都没有任何杂质，虽是企业义不容辞的责任，但在操作层面却是极具挑战的事情。它涉及原料、筛选、生产各个环节，务必全程无死角地监控。在原料筛选环节，劲仔初加工作为生产工序的前端，一直不断挑战着小鱼筛选品质的极限。这从质检环节发现每筐平均杂质数这一指标的逐年降低可以得到证明。

2015 年年度 7 个/框，2016 年年度 3.5 个/框，2017 年年度 0.35 个/框，2018 年年度 0.15 个/框，2019 年 4 月份下降为 0.1 个/框，下一阶段目标为 0 个/筐。近期客户关于产品杂质的投诉为 0。

（2019 年 8 月 15 日，周四下午，旁听品控案例分析会，刘谦记录）

这样的挑战，是从改进机器和激励人员两个方面双管齐下，共同完成的。它需要持续调动人的劳动积极性，需要劳动者和作业机器之间不断磨合，以此提高机器生产的效率。

我们问初加工总经理，不断提高工作标准，员工是否会有畏难情绪？总经理说"那是肯定的，但是，我们还是要不断给大家做工作，强调对质量的要求。"正如品质部案例分析会上，品质部总监指出的那样："这个问题很大程度上依靠人工，看似简单，但是实际要把人逼到至极，很不容易，要向初加工的工作表示感谢。"

（2019 年 8 月 15 日，周四下午，参观劲仔初加工车间笔记，刘谦记录；2019 年 8 月 15 日，周四下午，旁听品控案例分析会，刘谦记录）

三、储备：科学新鲜

作为食品制造企业，要想保证原料的安全、新鲜，除了在进货筛选环节的精心验收与挑选，更需要在采购流程、品质要求和风险把控等方面进行全方位的规划，比如，无论是主要原料鳀鱼干，还是辅料中的各种调味剂，如何在原料环节发现"尖货"，为生产出"尖货"提供最大支持？比如，如何确保鳀鱼干的采购，既有一定的存货量，承受原料市场价格的波动，又保持库存的合理流动，确保食材的新鲜？如何使主要原料鳀鱼干的进货与储存与辅料、包材的供货、储存相匹配？如此等等诸多问题，既考验企业在产品质量上的深层决心，又需要一支经验丰富的团队，团队不仅要注重探索，而且必须善于配合，此外，强大的资金支持，也为华文食品提供了足够的底气。实际上，从计划采购部总监欧阳喜才介绍计划采购部名称的演变过程，可以看到公司在采购环节中呈现出越来越富有计划性、科学性的轨迹。

（一）全面计划

计划采购部以前叫"采购部"。2017年3月份，改称计划采购部。原来是公司统一采购，现在是各个分公司有采购部。原来是把需求发给采购部去采购，找到供应商，做合同。下面的工厂采购部根据需求去找供应商采购。新增了计划采购部，负责公司采购，找到供应商，谈好价格再给下面厂……计划采购部主要负责物料、比较价格市场调查等，现在也有这些环节，但多了物流运输、生产计划这两大业务。

（2019年8月12日，周二上午，访谈计划采购部总监，刘颖记录）

据计划采购部总监介绍，华文的采购活动和同行其他公司最不同的、最有特色的地方主要体现在两方面：

一是在鳀鱼干版块，华文既可以进口小鱼，也有出口资质。这可以说明我们的小鱼品质是国际认可水平的。而且，很多原料的选购，华文食品的计划采购人员会直接去原产地进行采购。这样可以减少中间环节，而且质量更有保证。"华文食品"作为具有较大规模的企业，数量大而稳定的进货量、良好的公司信誉，成为和原产地供应商谈判的砝码……花椒有陕西、四川、甘肃几大产区，我们需要去原产地进行考察。温差大的地方，产出来的花椒口感就是不一样。货源好的地方海拔在1700多千米。花椒质量和天气关系很大。三月到清明节前后，经常下雨、下冰雹，气候不太正常。就需要准备预备方案。发现农产品异常，需要做一些储备。四川花椒品质很好……我们的花椒需要带白手套去摸看不到尘的才可以。没有杂质什么的，讲究干净度……我们早在四年前就在用，比别人成本多大概四角。选出来的杂、次品都丢掉了。不达标一定不要。

（2019年8月12日，周二上午，访谈计划采购部总监，刘颖记录）

（二）合理安排

招股说明书显示，2018年和2017年鳀鱼干分别占公司生产成本41.61%，

42.74%，是占比最大的原材料。鳀鱼干的购置和存量，直接涉及公司现金流状况。为科学管理原材料购置数量，既保证生产时的用料新鲜，又有一定抵抗原材料市场风险能力，又不过多占用资金，很好地体现了一个公司的管理水平。在这个问题上，华文食品的 PMC（Product Material Control）部扮演了同样重要的角色。这一部门一方面通过以销定产的方式合理配置主要生产原材料，一方面监控辅料库存状态；而鳀鱼干的进货与存货，更多由平江初加工在统一协调下监控负责。PMC 是欧博公司为华文食品有限公司提供管理咨询时设立的最重要的部门之一，其职责分为生产控制和物料控制两个板块。PMC 部具有生产调度、生产进度监督、物料控制和生产进度协调的职能。[①] 目前，华文食品使用 ERP 系统，根据销售计划，及时准确地准备生产原料，在数据库和公司共享内网中体现、监督生产进度数据。

项目	2018 年度	2018 年度	2016 年度
鳀鱼干	41.61%	42.74%	32.56%
包装材料	20.33%	19.56%	19.87%
辅料	14.64%	14.34%	15.31%
大豆	2.00%	2.68%	7.68%
蒸汽及电	3.69%	3.64%	4.38%
合计	82.29%	82.99%	79.80%

《华文食品股份有限公司首次公开发行股票招股说明书》，2021 年 1 月，183-184 页。

尽管有了 ERP 系统对数据进行管理，PMC 履行职责，来协调销售需求与生产进度及原料储备与供给之间的关系，这看似严密的联动机制，却也在莫测的市场面前不断遇到新的挑战。对于平江华文 PMC 部周经理来说，目前的难点在于如何有效、快速满足小品相商品生产的原料储备。

"客户突然的一些需求，比如说我现在这两天就接到了这样的一个需求，客户要小品项（商品），库存不是太多的。所以说也是尽量地在协调怎么去把这个订单及时的完成下去。

……我们卖的比较好的，大批量生产的，客户有需要我随时给你发；但是我刚刚所讲的小品项，我们不会去做库存，这个时间就稍微长一点。前几天我们开会，也是要求我们在接到客户需求之后在三天之内交货……这个就是说，

---

① 华文食品有限，《PMC 部变革总结报告》，2013 年，5-6 页

我们往这个目标去发展……我们也在研究，小品项的产品根据以前的订单需求，有前瞻性地、有预见性地做一点库存，那客户来要的时候是不是就可以缩短周期？这样是不是就满足了客户的紧急需求呢？"

（2019 年 8 月 13 日，周三下午，访谈平江华文 PMC 部经理，郝怡冰记录）

华文食品计划采购部总监欧阳喜才对原料采购中的风险、及其经验有着独到的见解和体会。可以说，研判相关政策、形势变化对原料采购乃至生产及公司利益的影响，体现了计划采购部门对市场的敏感度和业务精深水准，也直接关系着消费者的利益和厂商的营业表现。

"作为采购要有市场的分析和预判能力。2017 年 7 月，国家对环保提出重视。纸箱是相对比较占位置的，污染也大，我就向公司建议，第一个限制纸箱存量；没听我们的，赔了钱……环保政策对小厂冲击大。锁价锁量之后有个别供应商还会被自然淘汰，供应商要么有一定的条件、要么保本或者亏一点给你做。在 2018 年下半年考虑新工艺……每个箱子可以节约三角钱；现在包材是用得非常好的。

再比如……（分析）国家政策、原材料需求、进口出口的情况……再比如我们的辅料……农民产品自己收购的，比如辣椒，山东、河南有没有出现内涝，库存（情况）；比如山椒天气不好就要预测价格的上涨；同一个产品多久去采购一次，农副产品是一年一次，根据一年的需求量做好预算，分季节性的。如：苏北豆 9 月份，湖北豆 8 月份；都是分季节的……"

（2019 年 8 月 12 日，周二下午，访谈计划采购部总监，刘颖记录）

看来，一包包口感丰满、味美诱人的小鱼，离不开华文食品在原料采购环节，充分发挥公司资金雄厚的优势，以销定产的精准管理，不断追求提升的技术革新，和华文人特别是计划采购部门、PMC 部门对市场风险的预判与掌控。这一切，共同保障华文食品为客户提供优质、新鲜的食材，再加上严谨有序的生产环节，共同确保华文食品主打产品风味小鱼稳定、优秀的产品质量。

所谓民以食为天，随着社会经济发展水平的不断提升，休闲食品产业呈现蓬勃发展的态势，对于食品行业而言，安全就是生命，食品安全问题不仅直接关乎人民群众的生命安全、身体健康，从长远来看更关系到国家的长治久安。休闲食品行业技术含量相对较低，入门门槛低，因此存在诸多小作坊生产的情况。2015 年 10 月初，新修订的《中华人民共和国食品安全法》正式颁布，这也为相关政策实施创造了良好法律环境。尽管国家一再加大对食品领域的监管力度，但食品安全事件仍时有发生，而且纵观近年来发生食品安全事件，相当一部分都是出现在食品小作坊领域。食品安全关乎国计民生，其责任重于泰山，华文食品一路走来始终践行安全至上原则，其作为休闲食品行业的领军者，在原料采购、生产工序上严把质量关，对于整个行业的良性发展起到了一定的推动作用。

第二节　生产工艺　严格品控

从生产过程来说，华文食品鱼仔的制作工序十分繁琐，整体上分为前、中、后三个阶段，前期环节包括原料的筛选、浸泡及清洗，是对小鱼进行一些初加工，中间环节是占据流水线最多的部分，主要是对小鱼的精细加工和制作，包括高温油炸、卤制、拌料等环节，经过了前段和中段的工序，此时的小鱼已经是色香味俱全，随着传送带进入后段的包装环节，独立包装完成后还需要经过一个非常重要的阶段——过水、杀菌，即将质量不合格的小鱼淘汰，同时进行再一次的高温杀菌，只有当这个环节完成之后，小鱼才能够被送进消费者的口中。一袋小鱼看似简单，实则工序繁琐，而繁琐的工序背后是华文食品坚守食品安全底线的社会责任。

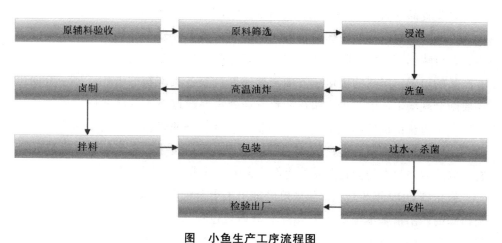

图　小鱼生产工序流程图

一、工艺：精益求精

民以食为天，食以安为先。周劲松介绍，公司始终将食品安全视为企业的生命线，目前已通过 ISO2001 等相关质量管理体系的认证。无污染的进口野生鱼仔是制作小鱼的原材料，对海鱼而言，去除重金属是一项非常重要的工作，这主要由劲仔初加工在初端进行原料把控。目前初加工主要有 4 名负责来料检测的工作人员，主要负责检测来料质量，在鱼入库之前会进行相应的重金属含量检测，合格方能入库进行下一阶段的粗选，若检验不合格则原路退回供应商处。除了劲仔初加工公司的第一次检测之外，平江华文品质部的工作人员也会独立检测小鱼进货质量，在原材料质量环节把好关，因此，华文食品在去除重金属方面一直处于行业领先地位，同时还结合特有的 3 道 121°C 高温杀菌技术，努力开发安全、美味、便捷的休闲食品。

此外，公司还建立了技术手段较为齐全的质量监控中心，提高并强化了原辅料及产成品的自检、自测能力，为确保食品安全健康，公司将进一步加大食品安全检测能力建设投入，新建安全检测中心，通过自主研发、与专业高校联合研发提高技术水平；购置检测仪器设备，完善公司食品安全信息系统建设。高标准的质量和安全生产标准，为华文食品在广大消费者中赢得了很好的口碑，公司代表品牌"劲仔""博味园"更是成为引领行业的风向标。

华文食品一直在前行的道路上不断推陈出新，优化工艺，提高产品品质，如通过改善油料以提升油炸口感等，同时通过自主开发生产辅料等方法降低成本；在口味创新方面，除了新口味的研发之外，华文食品仍致力于不断优化既有产品的口感，口味的优化一方面需要不断调整各类配料的占比，另一方面也需要配合现场工艺的改进，如在油料方面就需要通过不断的试验确定最优参数以使得小鱼获得最佳的油炸口感；在物料方面，一般来讲，辅料是从供应商处购买，华文食品在节省生产成本的基础上，自行研发生产各类物料、香精及拌料，以此从物料上与同行业其他生产厂家区分开来。

截止到 2019 年 8 月，本年度已经推出了十余种新口味、新产品，此前每年新口味的产出量基本维持在 7—8 个，就研发过程而言，新口味通常实验室里面做出样品，然后再生产转化到生产线上，为了尽量减小研发成果从实验室到生产线转化过程中的误差，研发部门对生产现场会进行持续性的跟进。

"去年在现场针对工艺工差进行了优化，一个月可以节约 20 万左右，这一优化主要得益于部门工作人员从 2018 年 1 月份在现场持续跟进的过程，结果发现了原辅料的问题，因为生产线机械化程度高，因而存在一些误差，例如物料不是全类似水或者油这种质地，还会有很多诸如酱、辣椒、膏体、香精等各种配料，因此在计量上就存在一些问题，优化主要体现在原辅料的投放量及设备的优化，之前对现在所用的电子秤也进行过改进，改变其精度，并进行复称记录，每个月做一次盘点，每配置一次物料就记录一次盘点汇总以后进行核对，规定误差范围再反馈给厂家要求改进。如平江去年1月份的误差是27万元，优化方案执行两个月以后，降到了8万元，目前误差稳定在2000元以内，一个月可以节省20万元成本。上述误差定义为工艺工差，优化即缩小工差值。工艺工差主要是指的辅料的生产，一方面是辅料的，还有一方面就是生产参数，比如针对拌料的优化就是研究如何能让拌料拌得更匀。通过对设备的改进和调试来提升口味口感是一个很漫长的过程，需要经过长时间的调试。"

（2019年8月13日，周二，下午，访谈平江华文研发部经理，郝怡冰记录）

华文食品目前只有7个专利，在口味方面，华文并没有申请专利，因为一旦申请专利就意味着配方需要公开；在设备方面，在使用过程中根据需求发现并改造出省时省力的使用型设备。同时现场也会有工艺工程师在跟进，专利申请不会局限于口味或产品，但主要来源于设备部门，发明专利多是研发，使用型专利即是和现场生产、设备相结合而产生的。

二、生产：自动高效

华文的设备在同行业里已最早实现自动化，自动化生产贯穿于整个生产线，尽管还存在一些有待改进优化的点，但在这个行业里面已经是走在最前面的领头羊了。

华文的生产线分为前段、中段和后段。目前生产前段从油炸到拌料，已经实现整线连通，从洗鱼到拌料的整条线都是连通的，每台设备只需一人进行参数控制及设备操作即可。以小鱼的卤制环节为例，目前已经实现出锅自动对接输送设备，不需要工人的参与，仅需一个工人负责开关设备即可，这是自动化的一个体现。生产中段机械的灌装速度及所生产产品的合格率两个参数的高值足以说明现阶段华文平江生产线的自动化程度。

生产后段主要分为两个车间，一个是杀菌车间，一个是外包车间，杀菌车间的机械化程度主要体现在员工数上，平均每人负责四口杀菌锅，从过水到杀菌，整个车间共有19个人，分两班倒，20个人的日产量为12000箱，生产线上的设备一直在不断更新改进，比如杀菌车间的过水机，按照传统行业里面的过水机，物料出来之后接物料的筐子就是一米乘一米的容积，经过设备部长期在生产线上的观察和研究，将接物料的筐子加深，在改进以前，筐深较浅，需要专门配备一名工人负责接物料，然后重叠起来由专人将物料送到杀菌锅里面，杀菌完毕后还需一人将物料从杀菌锅里取出并放入二道水，经过改进之后，现在整个环节只需一人负责即可，过水机后面接筐的员工，有足够的空闲时间去打捞残次品。2018 年优化之前杀菌车间有员工 30 名左右，改进之后节省了人工 10 名，这也属于自动化改良的一部分。

杀菌锅的主机手需要持证上岗，从开始到独立上岗，大概需要三个月的培训才能成为一个较为成熟的主机手。杀菌是产品生产的最后一个质量关，主机手需要学习很多知识，包括设备操作、一些安全应急情况的应对、排除故障等技能。三个月的时间主要用于现场学习操作，并进行杀菌锅实操，需要了解各个阀门的控制，在各种不同的紧急状态下，需要如何处理，然后由设备部培训机修，比如这个地方如何操作，如何保养设备，设备操作的原理等，严把生产最后一道关。

"华文为同行业培养了很多技术性人才，开了先河。"

（2019 年 8 月 14 日，周四上午，访谈平江华文生产中段经理，申林灵记录）

目前基本上每个环节之间都是机械化衔接，内包环节采用了自动灌装机，外包环节正在测试外包机械手，每个环节都配备了员工记录设备故障并进行排除，设备仍在不断调试当中，批量投入生产线指日可待。设备部也会有工作人员跟着生产线找问题，例如某个环节工人在那里做事做得很吃力，或者是环境温度等，对人不利，设备部的工作人员就会从这一点着手考虑研发一个代替人工的机械。或者当设备普遍存在某几个位置的故障率较高的情况，设备部就会进行改良优化。

衡量一个工厂的生产规模，主要从人员素养、现场规划、工艺规范、数据分析、成本把握以及有无流程、制度和标准几个方面来看，同时通过观察现场环境卫生、人员工装、硬件配置等衡量工厂的规模和性质。

2013 年欧博进入华文之后就开始规划生产的自动化，制度和设备是 2015 年底生产线搬迁到平江来了之后再强调的，平江建厂的初衷就是为了更规范的管理与生产，"摊子越大，越不好管理"，平江工厂的总面积约为 167 亩，为了尽快投入生产，还专门请了专家前来布局和建设，奇迹般的在 100 天内从泥泞地做到了第一条流水线（15 台机器）投入生产，以前员工最多的时候，六个厂加起来有3000多人，现在平江只有800多人，而产量比以前3000多人时还高，每日产能在12000箱，当时鑫元工厂有400多人，每日产能只能达到2000多箱，可见华文在设备的机械化改进上着实投入了很多精力，并取得了显著的成效。

小鱼的生产在国内外都是没有标准化设备的，因此都需要引进设备然后不断地进行调试，前期在这个部分投入了很多钱，从设备到平江来投入生产以来，设备部与厂家不断协调商量，已经改进了几百项，设备一直在优化，现在也仍在优化当中。毛经理刚来平江的时候，包装损耗在1-2个点，损耗品全部报废，因此厂里就在车间与厂家不断改进，损耗逐渐减少。目前来讲，华文是全行业企业中的领头羊。

2017年公司不断对风味小鱼生产线进行自动化升级，尤其是在生产线后段内包装环节不断引进自动化包装设备替代手工操作，随着新生产线投产以及自动化升级，公司2017年风味小鱼的年产能达到15000吨，比2016年提高了150%。

（华文食品股份有限公司，首次公开发行股票招股说明书，2019年12月，373页）

现阶段车间里有8代设备，4种大机型，来自4个厂家，厂家供应设备是分批次进厂的，一次性来五台设备，用了之后设备部反馈意见，反馈之后就进行优化、改进，最初的五台机器目前仍在车间使用。中段一共97台机器，经过了不断地改进，现在仍在改进过程中。

三、质控：层层把关

质量是食品行业的关键，是产品的立命之本。华文食品从作坊一路走到今天，离不开对质量的重视与严格把控，随着管理的不断完善，质控环节更是力求做到百密无一疏。

生产车间内各种机器在不停地运转着，工人们也在有序地工作着，生产的每一个步骤都是高度的机械化，从小鱼的清洗、油炸、卤制、拌料、包装、杀菌等都基本是机器完成的。其中，小鱼卤制完成后有一个机器震动的环节，这是华文公司斥巨资购进机器以保证生产的核心环节，这一环节的目的是将小鱼上的辅料处理干净，这样可以最大限度地保证小鱼的食用口感，这与很多小作坊节省成本的做法有着明显的不同。经过一系列机械化的工作，一袋袋小鱼装进食品袋内，并形成密封的真空包装，这样保证了食品安全和口感。

其次，在辅料储存环节，库房内所有的辅料都放在卡台上，这样是为了避免辅料发霉，每个辅料区都有明确的标注，并且在存料卡上明确地写着入库数量、入库批号、出库数量、出库批号、经手人等信息。公司研发部门会全程监控，从原料开始一直到消费掉该产品为止，华文公司会进行重点关注，其中包括原材料的选择、产品的生产、物流的选择、储存条件、消费者的反馈等整个过程都需要进行关注，华文公司每年都会将产品送到第三方检验指标。在公司内部，也设有专门的监管部门，其中生产系统会抓质量管理以及人员管理，品质部主要职责之一，是负责监督生产过程中的产品质量。品质部配有专人进行分工跟进，其具体分工如下：

1. 理化检测 1 人（固定），职责包括对油炸环节油的检测，主要检测油品酸价、过氧化物、极性组分的指标。各项指标均有国标，油炸环节最先超标的就是酸价，国标规定酸价必须在 5 以下，当现场酸价达到 4 的时候，就会每半小时测一次，超标的油会变得很浓稠，对人体健康不利，因此现场是否更换油就是品质部说了算，目前平均下来基本上油炸 6-8 小时就需要换油，然后把废油处理掉；

2. 微生物检测、工器具及设备检测、生产环境检测 1 人（固定），微生物检测每个批次的产品都需要抽检，工器具检测和生产环境的检测每周进行 2 次；

3. 核检原料蛋白质 1 人（不固定，谁有空谁去原则），这一块的检测以肉干为主，主要进行抽检，测肉制品挥发性盐激氮，小鱼不用进行此类抽检，因为进料时就是煮熟的鱼，盐分含量在 12%~14%，不易坏，这一检测秉着来料就检测的原则，抽检合格即入库，检测结果需 2 小时左右；

4. 香精料、辅料检测 1 人（固定），香精料主要是指辣椒、桂皮、花椒等，主要检测感官和水分，辅料检测是全检，主要包含添加剂指标、铝、镉等重金属，添加剂要测 600 多项，会送到总部检测，结果需要很多天，一年送检 2 批，重金属检测是和岳阳分公司相互做，设备是齐全的；原料鱼胚每批都做检测，与国标对照，重金属控制在进料环节，首先是抽检然后初加工需要记录好每个批次和车次，然后和化验室随时对接，若鱼胚合格，即可收鱼，同时核对所收鱼是否为送检批次，一般重金属检测两天出一次结果，化验室前一天需要做准备，第二天检验，一次结果可以包含 20 多个批次，通常一个批次对应一车，合格即收鱼，不合格则退回，由于鱼胚是进口，在进口海关环节也会有资质检测，因而退回的情况较少；

5. 包材、纸盒、彩盒检测 1 人（固定），这一部分主要通过感官，包括重量、性能、硬度、承重、胶水成分等，每天一万多件都需抽检；

6. 污水、食堂检测员 1（不固定），针对蔬菜检测农药残留，采用试纸检测；

（2019 年 8 月 15 日，周四下午，访谈平江华文品质部经理，申林灵记录）

食品质量管理体系的内在要求，即 PDCA 循环，包括计划，执行，检查，再计划，再执行，再检查，形成螺旋式的上升。华文公司的鱼制品虽然已投产多年，但是仍然在提出新的目标与新的要求，特别是在品质方面更是不断的精进。品质部利用公差分析，对整个工艺全部过程进行调控，这也是副总经理所要求的，尤其是对配料以及时间的控制上定出标准，标准的制定也需要评估，结合现场的情况，通过审批，形成一整套完整的制度。品控部是质量管控的主导部门，需要与其他部门（生产部、品质部等）协同合作，如果能把这四个环节协调好，产品生产将会达到一个理想的状态。

质量管理体系最强调的就是领导的作用，领导的作用就是给予资源和支持，华文公司每个月都会组织一次检查与内审，由华文公司的总部检查，检查结果直接计入其他子公司总经理的绩效，这样分公司的总经理就会重视起来，检查的内容包括员工的人身安全、操作规范、现场卫生、人员设备设施、外围环境、消防消毒等。分公司的总经理重视起来后，分公司的其他部门也会特别重视，总部去检查时，分公司的员工就会比较配合，这样总公司与分公司就会沟通交流，在检查后还会召开会议，大家提出问题并且交流、商讨解决措施。

在生产环节，华文强调喷码追责，严格质控，每个机台都会有每个机台的编号，比如某位主机手负责的是 501 平台，经过此机器生产出来的产品包装袋上就会印有那个编号，真正做到责任到人。此外，品质部也会与其他部门协同合作来保证食品质量：

"其实质量不是检测出来的。按照现在的理念，质量也不仅是做出来的，而是设计出来的。从生产开始，应该先有比较系统规范的设计。当产品生产之后，到了量产阶段，主要的两个系统就是生产系统和质量管理系统。

生产系统这部分主要是管人，比如人员的卫生习惯就是生产的一个基本要求，那就需要对员工进行培训，逐步培养卫生意识，并不断强化养成良好的习惯。其次就是操作规范与操作手法，我们每个岗位都有自己岗位的操作规程，这些规程的制定也由有生产部与品质部共同制定出来的，既要符合项目的要求也要符合质量管理的要求。比如设备如何操作，哪些设备是不能直接用手去摸的，产品掉到地上怎么去处理等，就不能像小作坊一样，掉地下了就捡起来继续销售，而是统一回收作饲料或者处理废品等。然后就是卫生与消毒，在生产完成后会有一个定期清扫，这一块我们也有明确的要求，比如与食物接触的设备在使用前后都要进行消毒。华文公司拥有明确的卫生规程以及检查的标准，领导班子会首先下来检查，然后就是品质部会下来检查，形成了一个闭环，保证在现场不会出现低级的错误，也就不会影响到了整个生产，消毒方面主要是利用臭氧进行熏蒸。总之，生产这部分就是把人管好，提高效率。"

（2019 年 8 月 14 日，周三上午，访谈平江华文品质部经理，申林灵记录）

四、产控：环环相扣

2015 年 10 月 PMC 部正式成立，从部门职能来讲，主要是在满足销售订单的前提下，确保公司相应的物料的供应。PMC 部门要考虑的是三件事。第一是要如何满足销售订单的要求，第二是要确保物料的供应才能做出产品，第三是包括仓储、生产计划在内的几个模块，主要确保原辅料、包材包括成品的发货、出入库等。购买行为通常是由 PMC 部给采购部指令，PMC 部相关专员会根据销售的订单需求，及相关用料比计算出原辅料的用量，并给采购部一个指令进行购买。

我们在 PMC 部周经理的带领下参观了库房，库房内的货物摆放整齐，所有货物的摆放都有着明确的规则，比如六层（共 20 箱）小鱼形成一个组，第一、二层各平放 3 箱小鱼，第三层竖放 4 箱小鱼，第四层平放 3 箱小鱼，第五层竖放 4 箱小鱼，第六层平放 3 箱小鱼。据周经理介绍，这样做有两个目的，其一是提高了库房的场地利用率，其二是保证压在最底下的小鱼纸箱不会影响销售。在辅料库房，所有的辅料都放在卡台上，这样是为了避免辅料发霉，每个辅料区都有明确的标注，并且在存料卡上明确地写着入库数量、入库批号、出库数量、出库批号、经手人等信息。在成品库区，有正在等待载货的卡车，工人们正在有序熟练地操作叉车将小鱼从成品库里搬运到卡车上，其中不少操作叉车的是一些"女司机"们。所有平江工业园区内的物流信息均可以在 ERC 系统中找到，在 ERC 操作系统中可以查找到生产计划、库存量、需进货量等信息，每个信息都会有专人负责，并且每个人负责一个部分，相互之间是互不交叉的，这样有效地保证了资源利用的合理性。

（2019 年 8 月 13 日，周二下午，参观平江华文库房，刘嘉圣记录）

PMC 部的上游是采购部，下游是生产部，采购部与之对接物料调配，生产部与之对接生产投入。比如包材换版一事，最先知道的就是 PMC 部，PMC 部再组织品质部、研发部及生产部开会，商量注意事项，包括什么时候换，对接工作十分琐碎。

"公司启动上市议程之后，经常邀请培训机构前来为部门员工做相关培训，对 PMC 部的要求也越来越高，比如现场管理、计划安排，以前物料多买一点，如果没有造成很大的损失，公司就不会去追究具体的责任，但是我们现在就不一样了，现在是多买，自己负责，追究责任到人。就我自己从专业角度上来评价华文的仓储能力，华文一是库容量居于行业领先位置，有成品仓两个，单个面积在 5000 平方米以上，库容能力是 15 万箱；二是日发货能力高，即日吞吐量大，能达到两万箱以上；三是仓库的设备，叉车 8 台；四是人力，有 10 个人主要负责装车、码箱等。"

（2019 年 8 月 13 日，周三下午，访谈平江华文 PMC 部经理，郝怡冰记录）

仓库的秩序、现场的摆放及仓库原辅料、成品的有效期限等，都是直观反映厂区生产、管理水平的重要因素。尽管华文食品目前的生产供给处于生产有序、质量过硬、供给充分、衔接科学的状态，但是，市场风险一直不可忽视地存在着，并伴随企业的成长。PMC 部目前遇到的仓储精准性与预见性的挑战，只是市场风云的一个微观缩影。按照供应链思维，尽管安全库存的有效布局可以减缓需求不确定带来的冲击，但是需求的不确定性决定了供应链管理的难度、需求信号的扭曲会给供应链带来灭顶之灾、生产和物流余座的效率会放大或缩小需求不确定的负面效应等等诸多因素。[①] 这些都提示着企业在面对宏观环境中面临种种危机的可能。一路走来，华文食品成功地迎接着各种挑战，同时从设备研发到工艺流程，到人员技能等方面不断得到锻炼与提升。这些成为华文食品能够为消费者提供稳定、优质产品的必备基础。

第三节　善待员工　良心出品

工业化生产，最终的执行者还是每一条生产线上的工人。因此激发工人的生产热情和责任意识就很有必要。劲仔以人为本，通过各项举措真正做到善待

---

① 陈方若，大疫当前谈供应链思维：从"啤酒游戏"说起［J］，中国科学院院刊，2020 年第 3 期

员工，极大地鼓舞了人心，同时也有力地推动了企业的发展。在这里，员工感到劳有所得，学有所获，对企业充满了归属感，而这份归属感，又融入日常生产实践中，成为提升企业管理水平和生产能力的重要前提。

平江工厂园区主要划分为以下几大功能区：停车场、办公区、宿舍食堂区、生产车间、库房等。进入工厂园区后，首先映入眼帘的就是整齐的停车位，平江华文880名员工，108个车位，初步观察，车位占用率90%。月度优秀员工36人，看到"月度优秀员工车位"车位上，停了4辆车。老总也无法停进优秀员工车位。这不仅是对于员工的一种认可，更是一种激励。（两个指标说明这个厂区大约至少有10%的员工购置私家车。这些车的牌子，从吉利到雷诺，能比较好地说明在本厂工作员工的薪资水平和生活水准。要记得，工厂坐落在一个国家级贫困县。在这一片工业开发园区，人人都说，华文的待遇是数一数二的。）

在进入生产园区的一条主路旁的醒目位置，是员工的"笑脸墙"。据平江华文总经理介绍，"笑脸墙"是华文公司的一个传统，也是令大家满意的一项人文关怀。制造安全、美味、便捷的休闲食品，传递"简单、自由、快乐"的生活理念一直是华文的企业愿景。生产车间里随处可见的标语引起了我们的注意，"制度大过总经理，流程大过董事会""想干事的人有机会，能干事的人有平台，干成事的人有地位""按流程办事，用数据说话，靠制度管理"等标语从侧面反映出华文公司爱司、创新、包容、厚德的企业文化。

（2019年8月13日，参观平江华文厂区，刘嘉圣、申林灵记录）

一、人资：结构明晰

平江华文现有员工800余人，其中主管及以上29人。蓝领阶层大多是初中及以下学历。在这29名主管及以上的管理层中，初中学历3人，中专学历6人，高中学历4人，大专学历10人，本科学历6人。可以看出大专及以上学历占据了55%的比例，主管及以上的白领阶层们的学历水平相对较高。从入职时间来看，2010年1人，2012年8人，2013年2014年均为2人，2015年7人，2016年5人，2017年2人，2018年2019年均为一人，而且入职人数较多的年份学历分布较为均衡，但是越往后入职人员的学历越高。

平江华文作为一个生产型企业，一线生产蓝领人员占据了公司的绝大部分。在白领管理层中，学历水平相对较高，对于公司的发展能够有效地去进行规划和管理。而且在管理层中大部分管理人员都是具有多年工作经验的，对于公司的自己负责的工作也会了然于心，这对公司的发展尤为重要。同时，作为占公司绝大多数的一线蓝领员工数量众多，激发一线工人的生产积极性意义重大。对此，作为平江华文核心人物的总经理，有着明确的认识。

我们通过了许多标准认证，ISO9001，HACCP，GMP。其中，GMP 是药品生产的卫生标准，它比食品行业生产标准还高。在 6S 中，人的素质最关键。我们还需要提高人员素养，人的认知不足的话，他的行动就会不足。而要统一人的思想，那是最难的。一个事，你说这件事今晚完成，他在心里想，我为什么要今晚完成哩？明天早上不行吗？他有这个想法，这个事情就很有可能打折扣。所以，我提出，要抓反复，反复抓。第一个反复是名词，第二个反复是状语。做事情不难，管人难，主要是把人的思想统一到同一频道上来。管人的过程中，不仅要管对方，还要管好自己。我经常说，我希望能成为一个好的管理者，而不是一个好人。我来这里，就没想让 100% 的人喜欢我，而是做一个管理者，把平江华文建设成一座好学校，在这里培养人，细水长流地学习。

（2019 年 8 月 15 日，周四下午，访谈平江华文总经理，刘谦记录）

二、蓝领：企业认同

对于劳动密集型企业而言，蓝领工人不仅要数量多，更要稳定性高，蓝领工人队伍里的老员工也着实不少，流动性较小，那么，华文蓝领的凝聚力来自哪里？又是如何产生的呢？这是一系列需要我们去探索的问题。观察可以发现，华文通过自身内部的制度建设，形成了对蓝领工人的积极鼓励，极大地提高了工人的凝聚力，具体来看可分为以下几点：

（一）丰厚的薪资待遇

每一份工作的直接目的都是为了谋生，在华文，蓝领工人的工作大多是两班倒的体力劳动，若没有较为可观的薪资待遇，是不足以吸引如此多的员工的。华文的薪酬水平、福利待遇在整个平江县居于中上等水平的，如 PMC 部普通员工，每月除掉五险一金，能拿到 3500-4000 块钱，而且公司包吃包住，蓝领工人们住在两人间内，热水、空调齐全，住宿环境较佳，吃饭有专门的食堂，领导与员工都在食堂统一就餐。

基本工资高的同时还有绩效工资，这对于工人来说就更具有吸引力。以设备部为例来说。设备部的工资是跟生产的机台的效率挂钩的，而且这个工资是每个月都有的。据设备部介绍道：

"我们的工资里面有一部分是绩效。绩效工资就是跟你负责的工段，就是这个范围，或者是说哪几台设备分给你了，你来去负责的，然后你的设备开的好坏，效率的高低，主要是效率，反正你保养得好不好，最终反馈出来的就是你的设备能生产出来多少东西。故障率小，设备保养得好，他最后这个设备就是稳定的，它生产出来的东西就是多的。设备的故障时间统计的，直接考核我们的技术员。比如这个设备，今天这个班停了多长时间，是因为什么原因停的？当然它里面会有分的，就是人为的还是设备故障，主要是设备故障这一块就是挂的就是机修，班停了多长时间，然后是最终是考核到技术员上来。"

（2019 年 8 月 15 日，周五下午，访谈平江华文设备部经理，申林灵记录）

通过这种激励手段极大地提高了工人的积极性，使得机械故障率大为降低，同时也将生产效率提升了不少。同时，员工们也能够从中获取自身价值，也能为自己创造更多的收入。

（二）暖心的福利支持

除去薪资待遇，华文还会评选月度优秀员工及年度优秀员工，并在生产淡季组织旅游，针对外地员工，每逢佳节回家探亲，公司报销往返车票；小节日还会给每位员工发小礼物，如中秋发月饼，端午发粽子等送福利活动；每月月末公司会组织当月生日的员工共同开生日会，一起吃蛋糕，表演节目……对于工人来说，薪资是一个关键的因素，也是首要影响因素，但认同感及尊重是影响蓝领稳定性的重要因子，首先从称呼上来看，所有的大大小小的活动，主持人的开场白永远都是"华文的家人们大家好"，企业之内家人相称，实属不多见。蓝领的凝聚力也是华文企业文化建设的硕果之一，每次月度颁奖会议都会安排优秀员工代表发言，其主目的就是为了在团队中起到积极的作用，要起到激励别人的效果，参加颁奖典礼是对员工的认可，更主要的要在车间开会时激励其他人。周四下午，一车间中段二线主机手，31 岁，加入平江华文两年多时间。他以前也在广东等地打工。经过比较，他对平江华文的福利待遇感到很满意。

你看我们待遇蛮好的，就像我们还有月度优秀员工、年度优秀员工，年度优秀员工是可以出去旅游的……比如我是外省的，有时过年我回去，厂里还报销来回车费……公司待遇比我们在广东好，又包吃包住，我感觉一个月下来拿的钱还相对多一些，我们宿舍里面，有空调、热水机……我觉得厂里面蛮贴心的。每个月还有员工的生日，比如说我是 10 月的，然后 10 月份生的这些员工聚到一起，一起过生日。买蛋糕，里面搞点小节目……平时不是有一些小节嘛，在这里过节，什么端午节、重阳节，厂里面经常会发一些吃的东西，比如说鱼啊，还有别的厂的那些食品可以发给我们。

（2019年8月15日，周四下午，一车间中段二线主机手师傅，申林灵记录）

（三）"生产线上的小会议"

在日常的生产工作中，各部门经理会根据部门实际情况制定相应的考核方案，以生产中段为例，在内部考核方面，产量、质量、服从、出勤以及个人卫生情况等都是考核标准。

车间内一般早上6：30开生产会，两个班单独开会，有时也会在两个班交接的时候开会，生产中段一共200多名员工，平均年龄在33-34岁左右，文化程度参差不齐，中段的要求标准会相对多一点，每周会对各个员工的绩效考核排名进行公开，会采取优胜劣汰的机制。每周以班、线、组开会，主要是汇总本周情况，内部的排名主要是依据加分减分制度。车间内的墙上挂着每周各主机手的排名情况，以此激励各员工不断加强品质建设，提升自我专业素养，而且这种小会议耗时短、效率高，几乎可以实现对每一个员工面对面的传达和解释，就像当年毛主席"把支部建在连队上"一样。因此通过生产线上小会议，实现了将公司考核制度落实到生产线上，深入到每一个一线工人的心坎里，内化到每一个工人的血液里。

同时，作为食品行业企业，质量问题是生命线，华文通过生产线上的小会议，将这种食品安全的观念也根植于每一个员工心中。平江华文生产线中段二线主机手这样说道：

"就像我们经理经常跟我说的，你做了一包产品都是用良心做出来，我不能做一个不良品流到市场去。我每天做出来的产品，我们小孩、我们家人也会吃到，是不是？如果你做了不良品，比如说克重本来是12克，应该是在这个标准里面，人家买了那袋小鱼，克重不是，你怎么想？我觉得做得不好的话，就对不起你良心。"

（2019年8月15日，周四下午，访谈平江华文生产线中段二线主机手师傅，申林灵记录）

可以看出，一线蓝领对于保证食品的质量和安全有着很强的认同感和主体意识，因而质量和安全问题得以切实地落到了最基本的生产线上，极大程度上保证了产品的质量。通过丰厚的待遇、暖心的福利和"生产线上的小会议"，蓝领群体被紧紧地凝聚在一起，而且还给企业本身带来了极大的好处，这种好处首先表现在生产效率的提高。这是通过两个方面来实现的，第一，工人凝聚力的增强保证了蓝领群体的稳定性。华文通过高薪、各种福利以及制度的内化等举措，在蓝领群体内部建立起了深厚的认同感。华文是一个机械化生产程度很高的企业，因此熟练工对于企业来说非常重要，如果蓝领流动性太大，每一次新招聘的工人都要进行新的培训，再上岗慢慢熟悉机器，这会干扰生产效率。因此减少蓝领的流失，保证蓝领群体的稳定性有利于提高生产效率；第二，绩效工资的激励，在基本工资的基础上发放绩效工资就是鼓励员工们多劳多得，这就直接刺激了生产效率的提高，同时也有利于产品质量的提高。通过这种生产线上的会议，企业将其对于食品品质和安全的理念传达给了每一位一线生产者，从最细节处保障了食品安全和产品品质，这对于食品生产企业来说是非常重要和难得的。

三、白领：专业管理

"大海航行靠舵手"，一个公司就像一艘航行在大海上的巨轮，而公司的领导层就像是巨轮的掌舵人，因此一个好的管理团队的建设从根本上决定了一个公司的走向和发展前景。华文公司通过多年的探索建立起了良好的企业文化，同时也架设起了一套完整的绩效考核评估制度。

（一）"家"文化的打造

在华文不管走到哪里给人最大的感受就是"亲和"，员工们都是一家人相称，在白领管理层里更是如此。虽然企业规模不断扩大，但是人与人的亲密和信任却没有流失，反而，通过配备资源、建立机制，设计和实施一些管理动作和活动，不断得到强化。

"最美饺子·快乐包饺"主题生日晚会策划方案

一、活动目的

俗话说：大寒小寒，吃饺子过年。在临近春节之际，为增强员工凝聚力，培养员工的团队合作精神，同时让员工感受到节日的温暖，并借此生日晚会活动弘扬我国的传统饮食文化，公司特举办"最美饺子·快乐包饺"活动。

二、活动主题

最美饺子·快乐包饺

三、活动安排

（一）时间：12 月 20 日（周四）晚上 18：30-20：30

（二）地点：食堂

（三）参加人员：平江华文 12 月生日寿星成员

四、活动内容

（一）马上包饺

1. 分组：抽签分组，相同号码为一组，每组 10 人，共 6 组；

2. 主持人讲话，介绍本次比赛的规则，宣布比赛正式开始；

3. 大家开始合作包饺子（计时 10 分钟），在规定的时间内包出数量最多的、最好的饺子一组获胜；

4. 主持人公布名次，获得第一名的组，每人奖励最美饺子礼包一个，最后一名的组将为全体员工服务煮饺子、端饺子；

（二）猜灯谜

煮饺子过程中穿插互动游戏——猜灯谜，在规定时间内猜对灯谜的员工将获得惊喜一份（最美饺子礼盒）；

（三）惊喜连连

吃出惊喜、吃出财运，凡是吃到有特别食材的饺子（共 5 个特别食材饺子），均可随机抽取现场红包一个。

五、活动流程

（一）前期准备工作：

1. 协同界面宣传

2. 与行政食堂协商，活动场地、饺子皮、饺子馅、放饺子煮饺子器具的准备。

3. 所需物品：1.1000 个饺子皮；2. 一次性手套 100 双；

4. 饺子馅种类：①香菇猪肉②韭菜猪肉③猪肉玉米

费用预算：

饺子皮 100 元，一次性手套 12 元，香菇 16 元，猪肉 100 元，韭菜 25 元，芹菜 6 元，玉米粒 18 元，塑料打包盒 30 元，红包 5 个（金额 10 元 3 个，金额 20 元 1 个，金额 50 元 1 个）合计：407 元

（二）活动进行工作

1. 准时到达活动现场

2. 主持人宣布活动开始

3. 进行活动比赛第一项：包饺子速度比赛（第一名每人送最美饺子礼盒 1 份）

4. 进行活动比赛第二项：猜灯谜（同时进行煮饺子）

六、奖品设置：

1. 最美饺子礼盒（劲仔小鱼 20 盒、毛巾礼盒 5 个）；

七、特别说明：

总指挥：黄采花

策划人：邱雨

主办部门：平江华文工会、人力资源部

平江华文食品有限公司工会委员会

2018 年 12 月 13 日

特别是那些陪伴华文一路走来的老员工们，更是将华文当作自己的家一样去爱护去建设。他们大多经过和企业一起成长的历练，走向管理岗位，成为企业的中坚力量。作为生产线中段的负责人，他感触很深：

"现在我们是鱼制品零食的龙头老大，我看着企业成长，参与了很多，也付出了很多，投入了很多感情。我现在基本就是以厂为家，其实我家离厂里就一个小时车程，但一个月才回去一次，有时候一个月还回不去一次，哪怕是在厂里坐着睡觉、喝茶，也比在家里好。我更多的不是在乎我自己，是一个团队需要带出来，我们在这个位置上做这么久，都是下面人推上来的。我愿意跟着老板干，他确实很有包容性。"

从笔记来源可以看出，"家"文化已经深入到白领管理阶层的内心，他们把自己当作公司的主人，因而能够全心全意投入到公司建设上去，这种"家"文化再通过基层管理阶层对一线蓝领的传达，使得"家"文化的氛围在整个公司自上而下地建立起来。

（二）明确的绩效考核制度

虽然相亲相爱很美好，但是公司毕竟是一个面对市场的主体，每一个部门都需要承担相应的责任和义务。为建立和完善公司绩效管理体系，加强公司对员工的绩效考核和绩效管理工作，合理地进行价值分配，保障员工权益，维护公司利益，华文人资部也搭建起来一套完整的绩效考核的制度。各级管理人员和员工为了达到组织目标，共同参与绩效计划制定、绩效辅导沟通、绩效考核评价、绩效结果应用、绩效目标提升的持续循环过程，然后用系统的原理和方法，测量、评估员工的工作行为和工作业绩，且绩效管理的结果主要作为员工奖惩、调迁、薪酬、晋升、培训、退职管理的依据。

这套考核制度首先对各个部门做了界定，总经理作为公司最高执行官；各部门作为公司绩效管理实施主体；人力资源部作为公司绩效管理工作的具体组织和执行机构。同时，考核制度对其职责做了具体介绍。

此外，考核制度还对绩效考核的各项指标做了划分，并规定了其加分权重。其中 KPI 占 80%，追加的任务与目标占 10%，工作态度领导评分占 10%，还有一项按照实际情况给予的绩效奖惩项。

在实际操作中，各部门还可以进行绩效指标调整：部门可根据部门计划、实际工作内容、绩效面谈等情况，每月及时进行关键绩效指标和任务指标调整。其中，新员工入职第五周开始制定绩效考核指标，入职第三个月开始绩效考核；新调入/调岗人员第三周开始制定绩效考核指标，第二个月开始绩效考核。

工作态度考核标准：管理人员和职能人员分两套考核标准，以下考核标准为全体员工工作不可或缺的要素，工作态度持续考核。

（1）管理人员：

管理能力/领导力	团队建设	沟通与协作	工作责任心	改善与创新	成本意识
20%	20%	20%	20%	10%	10%

（2）职能人员：

责任心	工作效率	独立能力	团队合作	工作沟通	学习态度
20%	20%	20%	20%	10%	10%

（3）一般情况下工作态度评分应保持在"常规"等级，只有在该考核期内工作态度上有亮点或改进点，才给予突出/卓越评分，且应在说明栏写出具体事

项；同样，有需改善的问题点也应标明在说明栏，填写内容简明扼要。

追加的任务与目标得分=实际得分和X10%；

（1）根据临时任务的重要性、复杂度、耗时量来分配临时任务权重，权重栏填写格式为"重要性+复杂度+耗时量"，秉持一般情况下按常规设置临时任务权重原则，只有高强度、高难度、重大临时任务根据实际情况来设置较高或者高权重；其中耗时量取值：1-3天常规、4-7天较高、7天以上高，全部临时任务权重之和最高为100分：

权重	重要性	复杂度	耗时量
高	15	15	15
较高	10	10	10
常规	5	5	5

（2）应以该项临时任务的权重为最高分值，根据临时任务完成的情况（时间和质量），在权重分值内进行打分。

（3）部门负责人和绩效考核负责人审核后，人资部复核，日常琐碎事务不算入临时任务。

绩效奖惩项具体来看：

（1）各部门绩效考核负责人（起始分为2分）：延迟扣1分，错误1分/次，绩效工作得分最高为2分，最低为-2分。

全体员工（起始分为0分）：

①数据报表未按时按质提交，可扣分（1分/天，1分/次）；

②月绩效面谈未完成，可扣分（2分/人次）；

③工作未完成，没有对应指标，可扣分（视情况而定）；

④部门管理人员可根据考核期内实际情况，对下属进行绩效加分，应说明具体理由，并提前告知人资部审核。

总结来看考核流程如下：

序号	日期	提交人	来往资料	接收人
1	每月 28 日	绩效专员	《KPI 月度数据采集表》和《月度绩效考核表》（如有变动）	各部门绩效考核负责人；各部门负责人
2	每月 2 日	各部门绩效考核负责人	填写完数据的上月《KPI 月度数据采集表》电子版和纸质版；填写完工作态度、追加的任务与目标得分的《月度绩效考核表》电子版；	绩效专员；抄送部门负责人
3	每月 4 日	绩效专员	上月需要用到的《KPI 月度数据采集表》外部数据；	各部门绩效考核负责人；抄送各部门负责人
4	每月 6 日	各部门绩效考核负责人	完整数据的《KPI 月度数据采集表》电子版	绩效专员
5	每月 10 日	各部门绩效考核负责人	重点《绩效面谈表》纸质版	绩效专员
6	每月 10 日	各部门绩效考核负责人	完整的《月度绩效考核表》电子版和签字纸质版	绩效专员

（2019 年 8 月 14 日，周四，平江华文人力资源部提供数据）

通过明确的绩效考核制度，明确了各个部门的权力与义务，这使得各个部门能各负其责，责任到人，保证了公司生产活动有序合理地进行。看起来冷冰冰的各项报表背后是清晰的划分，这为企业的发展划定了明确而清晰的道路，使得公司能够快速发展。

四、打造一支能战斗的队伍

良好的薪酬、暖心的福利、严明的纪律，为平江华文打造一支忠诚、高效、能战斗的队伍。管理层经验丰富、协同合作，一线工人，朴实无华，忠诚尽责。只有凭借这样的团队，方能有效实现自上而下的信息传导，同时通过具有人文精神的关怀，激发员工的内生动力。在内生动力的驱动下，工人们团结一心，钻研业务，在平凡的岗位上发光、放热，才能维护机器的高速运转、筛选的精确无暇、工艺的精益求精。平江华文总经理总结道：

如果给我们的团队贴三个标签，那么第一个标签就应当是吃苦耐劳。2018

年1月里的一天，冬天太冷，造成自来水水管崩裂，工厂停水。夜里两点我得到这个消息，立刻通知各部门经理、主管凌晨4点开会。凌晨四点，所有的部门经理、主管准时集合在会议室商量对策。接着就是向开发园区借消防车，到附近的第五中学拉水，利用地下水等等。那个月，我们停水停了2次，生活可以停水，生产不停水，当月产量还是40多万件，没有影响产量。第二个标签是目标一致。公司、团队、个人目标一致。我们时常结合生产进度，用数据说话，公布整个公司的盈利情况，年底个人奖金和整个企业赢利状况挂钩。第三个标签是团结和谐。我们尊重员工个性，求同存异。希望每个管理者都是圆形交叉思维，而不是条块分割思维。我们有横向控制法，在评比中，横向控制单开得多的部门有评优优势，这就鼓励各部门更多实现横向合作，团结和谐。

（2019年8月15日，周四下午，访谈平江华文总经理，刘谦记录）

在平江华文阅读优秀员工及技能大赛颁奖会上，有序的活动流程、整齐的出勤率、热情的代表发言以及童总的总结，都体现了平江华文员工爱司、爱岗的职业精神，以及将职业精神转化为一丝不苟的生产动作、精益求精的探索精神、团结合作的包容态度的务实作风。

下午6：20，还没进会议室就听到里面传来振奋人心的歌曲——"相信自己"，走进会议室映入眼帘的是挂在大屏幕旁边墙上的标语"撸起袖子加油干，幸福都是奋斗出来的"，会议开始前，大屏幕上一直在循环播放技能大赛剪辑出来的视频。会场的布置不是传统的单排座，而是六人一桌，大家围坐在小桌子旁，像小组讨论会的场景布置。

6：30，所有人员入场，无人迟到。

今天的主持人是人力资源部主管，她穿着一件淡蓝色衬衫，下面配着一条黑色半身裙。她首先宣布了会场纪律，让参会人员把手机调至静音，随后要求全体起立，跟随着大屏幕上的MV一起高唱"歌唱祖国"。随着音乐的停止，大家落座。黄主管展现了华文人的问好方式，全体人员齐声道"好，很好，非常好"，然后击掌三次，掌声雷动，毫不夸张。

会议分为三个流程：公布2019年度评优评先总方案及评选标准、颁发2019年度"华文之星"技能竞赛奖、颁发8月份"月度优秀员工奖"。随后进入了技能大赛颁奖环节。此次获奖人数56人，奖励金额9718元，在颁奖正式开始前，她安排了三位获奖员工代表上台发言，首先是行政部烹饪团队赛获奖选手，她带着一副老花镜，上台之后打开手上的稿子，声音洪亮，现场忍不住阵阵欢笑。发言到一半，她说"我第一次上台讲话，有点紧张"，现场给了她热情的掌声，她说：

尊敬的领导，亲爱的同事们，

大家好！我的岗位是行政部厨工。2017 年 2 月 14 日入职华文，两年多来，我感受到公司的不断壮大，管理不断规范，员工薪酬不断增长，今天站在这个舞台，我为我是华文公司的一员而骄傲，也为我能作为部门竞赛代表发言而倍感荣幸。

首先我很感激公司给予的平台，感谢行政部组织的劳动技能竞赛活动，也让我们能展露身手。工作中，我是一个直性子，比我做得好的人，比我做得快的人，我就会向他学习。我尽力做好属于自己岗位上的工作，凭着一份对行政工作的热爱和坚守，从最初的生涩到对工作的熟练，一路走来，经历了很多，收获也颇为丰富。通过这次的劳动技能比拼，我感悟更深……我们要把其他队员看作自己的家人一样，凡事多包容和多理解，时刻做到资源共享，营造一个和谐稳固向上的大家庭，这样做起事来才会事半功倍，水到渠成，也会做得越来越开心，我也很喜欢这个氛围。

其次，后勤保障工作虽然是很平凡的岗位，但对于公司生产来说，我们就是后盾，如果发生保障不利，就会影响到员工用餐和做事的心态，所以，我们更要本着微笑服务的原则，认真做好后勤用餐的每一道制作工序，严把食品安全关，让所有的同事都能吃到放心饭菜。

再次感谢公司领导及部门给予的展示舞台，我们这次在竞赛中赢了，只能代表一时的荣誉，我们要虚心学习，积极向上，为后勤保障贡献自己的一份绵薄之力。最后，祝愿公司早日上市，祝愿领导和同事们工作顺利，家庭幸福，谢谢大家！

……

第三位登台发言的是生产前段配料员，他在本月度工艺公差竞能赛获奖。他的发言中讲道：

……

加入平江华文这个大家庭二年多时间，我一直在生产前段配料房工作，在这二年多的时光里，我不仅尝到了工作的辛苦，更享受过成功的喜悦。曾经参加过公司组织的两次鱼制品工艺津贴考试，我都无功而返，为此，我也曾反复问过自己：是什么原因造成的？记得，经理组织我们召开工艺津贴总结会时说了一段话：在举行工艺津贴考试前，我们通过多次系统的培训，而所有的题目都是我们日常工作的内容，但是通过考试的人数还是不理想，为什么会有这样的结果？归根到底，是我们大家学习还不够努力，还是我们管理干部没有指导和培训好大家。

这次公司组织的技能竞赛前，领导对全体成员召开动员大会，我也下定决心，这次考试一定不能辜负领导对我们的期望。每天上班，我都会仔细品尝与辨别我们不同的粉料与风味油，并进行不断的调试和配制；下班后，我都会将资料带到宿舍，认真学习，毕竟，"温故而知新"，通过两场公平、公正、透明化的实践与理论考试后，功夫不负有心人，我荣获第二名。尽管如此，我觉得这次考试的成绩还不够理想，因为，考试的题目都是我们领导给我们培训的时候讲过的，更是我们日常工作中每天都会用到的。所以，我不得不反思自己。

"静看蜂教诲，闲想鹤仪形。"在此，我决心：今后一定像蜂一样进取，向鹤一样德行兼修，取得更优异的成绩回报公司！

三位技能大赛获奖员工代表发言结束后，就进入了正式的颁奖环节，颁奖按照各部门不同工种进行，由各部门经理上台颁奖，人资部的两个稍年轻的女生佩戴着绶带担任礼仪，端着放有获奖证书的盘子，是当晚最具仪式感的环节，各部门经理挨个把证书颁给获奖员工，并俯下身子同他们握手，有几个部门经理鞠躬的幅度已近乎 90 度。颁奖之后，是月度优秀员工代表发言，他是生产前段的一名员工。他讲道：

2012 年进入劲仔食品有限公司做干粉食品，同年转做鱼制品。负责送料、倒料员的工作。2013 年 7 月重新进入公司，担任卤制员岗位。一干就是 3 年。2016 年元月服从公司安排调入平江华文食品有限公司。那时的平江华文刚刚投入生产。采用低温油炸鱼制品，产品结坨，不良品居多，效果不佳；造成公司亏损。后刘总召开员工讨论大会，方经理直接点名要我参加。我实事求是地说了我的意见和看法。后来刘总采纳了我们的意见，使用高温油炸鱼胚挽回了局面，扭亏为赢。在平江华文工作的这么些年，亲眼见证了华文的飞速发展。从原来的几十人，到现在的上千人。这都离不开公司高层领导的决策，和每一位员工的努力付出。感恩公司，感谢各位领导的培养，感谢各位同事的帮助与支持，使我今天才有这样一个机会站在这里发表心里的感想。公司推崇人性化管理，制定了一系列的奖励方案，推行了一系列的业余活动，还有礼品发放。我在这样一家公司上班，我深感荣幸和自豪。在今后的工作中我将继续认真学习，每天工作进行总结，发现问题及时提出，改善。吸取同事们的工作经验，取长补短，团结拼搏，勇于创新，把岗位上的事情做得更好、更认真，齐心协力把鱼胚卤好，让客户和消费者都满意。做一个有作为、有担当、有责任、有贡献的华文人。在此我祝愿各位同事身体健康。华文公司业绩蒸蒸日上，华文的明天将更加美好。

随后，26位月度优秀员工上台领奖，会议进入尾声，主管邀请童总做总结发言，童总是会议过程中唯一一个脱稿的发言人，开篇直入主题"今天的颁奖晚会有三个'最'，平江华文颁奖次数最多的一次，一共96人获奖；风采展示最全的一次，涵盖各个部门。我们平江华文藏龙卧虎，作为领导，我们应该给机会，给平台，给认可，刚刚刘教授问我说，童总，为什么你们的经理颁奖的时候都要鞠躬呢，是不是你们提前排练好的，我说不是，经理鞠躬都是自发的，是对我们的员工表示感谢，一方面是感谢员工的付出，另一方面员工登台也是经理的脸面……"

平江华文人力资源主管在致结束语的时候说，要让更多的人知道评优评先，要让平江华文"百花齐放，百家争鸣"。最后，人力资源主管再一次让全体起立，右手握拳举起，齐读"精英誓词"，声音洪亮、气势磅礴。

（2019年8月13日，周二下午，平江华文月度优秀员工及技能大赛获奖颁奖会，申林灵记录）

华文的管理层通过合"情"合"理"的打造，建立起强大的企业文化，而这正是企业快速有序发展的有力助推器。用情，打造家文化，让每一个华文人都能幸福地工作，快乐地生活，企业里每个人都一家人相称，都将自己视为华文的主人。这就从员工们内心里建立起了强大的心理支撑，这种支撑体现在生产活动中就是能够全心全意地投入工作，努力在自己的岗位上为企业的发展添砖加瓦。在这和谐温情的气氛中，员工获得了切实的满足感，华文获得了强劲有力的发展动力。于理，建立清晰的绩效考核制度，奖罚分明。这也为员工还有管理人员都划定了底线，但是不设天花板。从实施效果来看，这形成了有效的激励，在完成自己既定的任务后还能"多劳多得"，这有效刺激了生产活动的发展。

总的来看，华文食品经过多年的探索，制定出来的各项有效措施激励了员工的生产积极性，而且员工也在其中获得了切实的满足感。再精密的流程、再先进的设备，都要通过人的智慧与行动，方能发挥力量。企业只有善待员工，获得员工的归属与认同，方有机会将这样的企业认同投射到生产过程中，从而践行"良心出品"，最大程度确保产品质量。

第五章

商业成功的秘密：品牌价值建构

"大家好，我是邓伦，很高兴加入'劲仔'大家族！零食吃小鱼，小鱼吃劲仔，准备好把我装进口袋了吗？"镜头前的邓伦身穿白色西装，气质不凡，又充满着亲和力和青春活力，他正在向微博上的粉丝们和"劲仔"消费者发出问候和号召。这条短短9秒的视频在2019年5月16日的10点21分通过"劲仔"官方微博账号准时发出，时间刚好对应了邓伦本人的生日——10月21日，瞬间引爆微博。同时华文食品的微信公众号、抖音账号也同步转发，并联动豆瓣、虎扑、今日头条等多家网络社交娱乐平台，完成了一场名为"把邓伦装进口袋"的线上营销活动，正式宣布邓伦成为"劲仔"品牌的新任代言人。

"他，实力派演员，阳光暖心大男孩，笑容温暖，又酥又劲，永远前进，不畏挑战，用热情点亮每一个'灯芯'。"华文食品对邓伦准确的描述和定位获得了粉丝的一致好评，将邓伦的特质与"劲仔"品牌联系起来更是激发了粉丝强烈的购买欲望。当天"把邓伦装进口袋"的微博话题产生了超过7亿的话题量，而且官宣微博评论区就有很多邓伦的粉丝直接晒出了自己的购买界面截图，活动带来了当日电商渠道超过30万的营业额。在微博和抖音，大批邓伦的粉丝还参与了"把邓伦装进口袋"的主题安利大赛，在官宣视频的基础上进行了二次创作，不仅加大了宣传的力度，也增强了粉丝和消费者的活动参与感。

以这次代言人官宣营销活动作为起点，劲仔小鱼、豆干、肉干等全系列产品的代言人从汪涵更换为邓伦，标志着华文食品开始了从注重品牌形象到积极进行品牌识别的新一轮品牌建设转型。

第一节 品牌概述

品牌是伴随商品交换和商业发展兴起的，品牌营销则是现代商业竞争中的重要环节。1955年，奥美广告公司创始人、著名广告大师大卫·奥格威指出："品牌是一种错综复杂的象征，它是品牌的属性、名称、包装、价格、历史、声誉、广告风格的无形总和，品牌因消费者对其使用的印象及自身的经验而有所界定，它是消费者对产品一切感觉的总和。"①

美国市场营销协会（AMA）则将品牌定义为"一种名称、术语、标记、符号或设计，或是它们的组合运用，其目的是借以辨认某个销售者或某群销售者的产品或服务，并使之同竞争对手的产品和服务区别开来"。②

在本节中，我们将首先回顾品牌的发展历史，了解品牌形象在现代商业竞争中的重要作用和地位；之后对华文食品的"劲仔"品牌做简要介绍。通过本节内容介绍，我们希望使读者了解品牌的意义和品牌建设的价值，并建立起对"劲仔"品牌的初步认识。

一、品牌的起源

"品牌"的英文单词"Brand"源自古挪威语，意为"火、火光、燃烧的木头、火炬"等。当时，为了区分牲畜，牧场主往往会用烙铁在牲畜身上打上烙印，"Brand"也衍生出了"火印、烙印"的含义，动物身上的烙印也被认为是最早的品牌。因此，后来人们在表示商品品牌时仍沿用了"Brand"一词（罗文军，2007）③。

在古希腊、古埃及和古代中国，人们就已经开始在各类物品上使用标记。在高卢罗马人统治时代，欧洲的陶器制作工匠们会在陶器底部刻上图符或者自己的姓氏字母，用以区分不同工匠制作的陶器；中国在秦代以前就出现了印章，汉代进行改良，在货物捆绑扎好、用泥封口后再按上印章，因此也叫"封印"。

---

① 卢政营，金永军. 品牌的整合和定位 [J]. 上海综合经济，2004（06）：71-74.
② 刘建堤. 品牌定义与品牌资产理论研究文献综述 [J]. 经济研究导刊，2012（31）：195-199.
③ 罗文军. 品牌的性质 [J]. 上海企业，2007（11）：46-47.

不管是欧洲的陶器还是中国的印章，其实都是当时商品交流中的凭证。除了这类商品标记，罗马时代的商人还将标识画贴在商店的墙上，让不识字的消费者了解店内的商品，这是最早的推广品牌的广告（张天龙等，2008）。①

不过此时物品上的标记和商店里的图画都还只是与其他产品相互区别的符号，不具备促销作用，没有现代品牌的含义。

中世纪以后，尤其是工业革命之后，具备现代意义的商品品牌大量涌现。随着资本主义经济的发展，商品贸易量和商品种类都相应增加，因此需要一种通用的、用来区别同种货品的标记，也就是给商品在品类名之外再取一个名字，品牌就此诞生。但从本质上说，那时的品牌对于生产商而言并没有营销意义上的功能。直到生产商意识到要通过改进生产工艺、注册专利和商标等方法来提升自己产品的市场竞争力，这些商品名称和标识才成为了现代意义上的"品牌"。这里有一个与美国宝洁公司有关的故事。

19世纪60年代，美国的港口城市辛辛那提是当时全美最大的肉类屠宰基地，除了肉类，还有各种各样的货物堆积在此。每天都会有各地的商人来到港口，将所需的货物装船发往全国。宝洁公司就在这样繁盛的贸易环境下迅速成长起来，在1867年成为了一家专门生产蜡烛和肥皂的中型企业。起初，宝洁公司的货物和其他肉制品企业一样堆在码头，为了防止雨水淋湿货物，每家公司都会在货物上方盖上帆布。当客商来取货的时候，需要打开帆布查验，确认无误后才会取走。但是如果碰上业务员忘记了自家货物的存放地点，货物又都被帆布盖着，就要花费很长时间来寻找。于是，宝洁公司的一个员工在货物帆布上打上了一个明显的标记，用一个大圆圈和五星来指代宝洁的货物，结果货物的销售时间一下子从15天缩短到了2小时。这件事引起了其他商户的注意，越来越多的商人开始在自家商品的帆布上做标记，以为这样可以促进销售。结果，标记越做越多，码头反而更加混乱了。宝洁公司此时思考，如何才能继续保持自家商品的销售优势，同时又不受到其他公司的影响呢？那就要将产品上的标记做得独一无二，让别人无法简单模仿。当时的宝洁做出了一个历史性的决定，不用公司的名字命名产品，而是给公司的每一个产品都取一个只属于自己的名字，以保持产品的独特性。在这种观念的指导下，产品品牌"IVORY"诞生了。

---

① 张天龙，陈圻，杨有权．产业品牌概念起源及其研究述评［J］．商业时代，2008（17）：33+59.

从此，品牌理念逐渐清晰，成为商业竞争的重要组成部分。①

品牌的出现是资本主义经济发展和市场竞争的必然结果。为了使产品能够在激烈的竞争中胜出，企业必须对自身产品进行品牌化建设和市场定位，利用品牌进行营销，从而提升利润并实现企业发展。

二、品牌形象的价值

劳动价值理论强调品牌价值的构成因素和形成原因，认为品牌价值是品牌客户、渠道成员和母公司等方面采取的一系列联合行动，能使该品牌产品获得比未取得品牌名称时更大的销量和更多的利益，还能使该品牌在竞争中获得一个更强劲、更稳定、更特殊的优势。而新古典主义价值理论则认为，品牌价值是人们是否继续购买某一品牌的意愿，可由顾客忠诚度以及细分市场等指标进行测量，强调的是顾客感受和意愿（范二平，2013）。② 综合来看，品牌的价值存在于企业和消费者的互动关系中，品牌不仅对企业而言有价值，对消费者而言亦是如此。

此外，从更大的角度出发，在全球化的市场经济中，国家作为一个经济共同体存在时，品牌为企业带来的实际效益的总和更是代表着国家的经济实力。因此程宇宁在《品牌策划与管理》③ 一书中将品牌形象的价值按照主体划分为对国家、对企业和对消费者的价值。

（一）品牌形象的国家价值

一般来说，一个国家或地区的经济越发达，品牌的市场地位就越高，具有优势地位的品牌数量也越多。品牌与国民经济存在正相关关系。另外，品牌形象还与国家形象紧密相关、相互作用，一个国家在国际上的品牌声誉和知名品牌的数量可以反映这个国家的形象和实力。

（二）品牌形象的企业价值

品牌是企业重要的资产，是企业持续发展的动力和根本。具体而言：

第一，企业可以通过品牌建设和推广传播占有更多的市场份额，赢得消费者的信任和忠诚，突破原有市场对新产品的阻碍和限制。

---

① 坳溪. P8G 的品牌扩张之路 [J]. 中外企业文化, 2017 (12)：61-63；百度文库 [EB/OL]. https://wenku.baidu.com/view/addb0ea4c8d376eeafaa314d.html
② 范二平. 品牌价值提升策略探讨 [J]. 企业经济, 2013, 32 (01)：21-24.
③ 程宇宁. 品牌策划与管理 [M]. 中国人民大学出版社, 2014

第二，企业可以通过品牌实现差异化竞争，建立起品牌优势，提高竞争力。利用自身的品牌资产，一方面可以抵抗竞争对手的进攻，另一方面可以打败潜在的、尚未进入市场的企业或品牌，实现对市场份额的长期占有。

第三，品牌形象可以成为企业在渠道拓展上的推动力，经销商往往更愿意与知名品牌合作，所以强势品牌在争夺货架空间位置以及在取得更优惠的合作条件上都占据优势。

第四，品牌资产对企业的现金流有多个正面作用，可以在相当程度上影响股东利益。良好的品牌资产有助于市场对企业营销的反应，从而加快现金流周转；同时可以推动企业与消费者之间形成较为稳定的关系，降低企业的劳动成本和固定投资，间接帮助企业增加现金流；而且这种稳定的关系可以帮助企业获取充分和完整的市场信息，从而稳定现金流。

第五，品牌形象可以帮助企业获得更高的边际收益。消费者在大多数情况下更愿意为购买知名品牌的产品而支付更高的费用，因此对于企业而言，拥有优势的品牌及良好的企业形象可以获得更高的利润。

第六，品牌资产有助于企业在面临不利局面时更具有适应性和应变性。在实际的市场运作中，企业常常要面对通货膨胀、原材料和能源短缺、消费者需求偏好发生改变、新竞争者进入等不利情况，此时，良好的品牌形象可以利用市场对其产品的信任为企业争取一段缓冲的时间，降低发生风险的概率。

（三）品牌形象的消费者价值

品牌的存在可以为消费者提供决策指导，缩短购买决策的时间，减少消费者在多个品牌产品间进行选择的时间成本。此外，消费者会通过购买商品实现对他人的明示或暗示，并建构自我认知。拥有某种品牌的产品可以建构消费者内心所期待的理想形象。因此，品牌形象对于消费者而言，是一种身份认同的符号，具有重要的象征意义。[1]

三、"劲仔"品牌形象

2000 年，华文食品的"劲仔"品牌注册诞生，目前公司所生产的小鱼、豆干、肉干等多个系列的产品均使用这一品牌。其中，"劲"字取自公司创始人、华文食品董事长周劲松的名字，"仔"则是湖南方言中的常用字，给人坚韧又不失可爱的印象。

---

[1] 程宇宁，2014。

湖南地处长江中游，因大部分地区都位于洞庭湖以南而被称为"湖南"。洞庭湖区域土壤肥沃，淡水资源丰富，盛产水产品和水稻等粮食作物，因此湖南也获得了"鱼米之乡"的美称。同时，由于境内河网密布，气候潮湿，当地人喜欢使用辣椒、花椒等调味料来提神祛湿，形成了重香辣的饮食传统。在这样得天独厚的条件下，湖南不仅有种类多样、滋味十足的特色小吃，休闲食品行业也借势发展，"劲仔"品牌就是其中之一。"劲仔"品牌的小鱼、豆干等产品的制作方法等都脱胎于传统的湖南小吃，因此华文食品董事长周劲松一直将传承湖湘美食、传播中华优秀传统文化作为公司的使命。

经过多年的推广发展，加上产品过硬的品质和公司良好的口碑信誉，"劲仔"品牌已经在行业内部初步建立起了品牌优势，成为湖南省休闲食品行业尤其是休闲卤制品行业的优质品牌。在很多经销商和分销商那里，也已经具备了知名品牌的声誉。

长沙经销商对"劲仔"品牌持有相当高的信赖和评价，甚至在代言的其他品牌产品销量已经很高的情况下，坚持将"劲仔"系列产品更换为主代言的产品，即使短时间内损失一部分利润，也要主打"劲仔"品牌。谈到对"劲仔"产品信赖的来源，他总结了两点：

一是直观的口味优势，不管是从赵总自己的试吃还是他底下的二级分销商的试吃来看，"劲仔"产品的口感好于其他同类品牌的产品，产品本身口味和质量过硬；二是企业和品牌的优势，华文食品作为一个十几年的老牌食品企业，产品品质、企业形象和企业实力都值得信任。

（2019 年 8 月 14 日，周三上午，访谈长沙片区经销商，刘嘉圣记录）

因此，"劲仔"品牌之所以能够在现阶段获得客户的认可，一方面是产品的口味质量优势，另一方面是华文食品多年来坚持的诚信经营理念和逐渐扩大的企业规模所形成的企业优势。

那么，"劲仔"品牌在 2000 年注册之后，究竟是如何一步步走到今天、成为休闲食品行业内的知名品牌的呢？现有品牌优势的背后是华文食品近二十年来对品牌的不断探索和踏实奋进，下一节我们将详细介绍"劲仔"品牌的发展和转型过程，深入分析华文食品每一个阶段的品牌策略和营销手段，一探华文食品的成功秘密。

第二节 "劲仔"的沉淀与转型

"劲仔"品牌的前身是华文食品董事长周劲松在河南做豆干生意时创立的"劲松"品牌，2000 年更名为"劲仔"并注册，2013 年首次启用汪涵作为广告代言人进行品牌推广，2019 年邓伦成为新任代言人。十几年来，"劲仔"的品牌建设和营销理念经历了几个重要转变，这些转变一方面是因为外部市场形势变化带来的压力，另一方面则是华文食品内部现代化理念和创新发展的外化表现。

本节中，我们将按照时间顺序，深入分析和探究在品牌建设的每一个转型阶段，华文食品所面临的问题和采取的措施。

一、从"劲松"到"劲仔"

20 世纪末，随着改革开放的深入发展，中国人均可支配收入增长迅猛，从 1978 年的 200 美元上升到了 1999 年的 860 美元。[①] 收入的增加催生了更多提升生活品质的需求，休闲食品行业也乘势迅速发展，而当时中国的零食市场还几乎没有得到开发，一批乘着改革开放春风从国外进入中国的洋零食品牌收获了大量消费者，迅速抢占市场。现在我们耳熟能详的乐事薯片、奥利奥饼干等都是在 20 世纪 90 年代进入中国的。[②] 洋零食火爆的同时，也有不少像周劲松这样的中国商人看到了商机，90 年代末有大批中国本土的零食品牌崭露头角。

正是在中国休闲食品行业发展的最初阶段，周劲松选择前往河南洛阳，开始了自己的豆干生意。在当时洛阳豆干市场乃至零食行业几乎一片空白的情况下，周劲松、李冰玉夫妇通过走街串巷这种最原始的市场推广方式获得了巨大成功，为他的豆干打开了市场。然而在周劲松的豆干有了一定的知名度后，出现了越来越多老乡和商户冒用"周劲松"品牌的情况。有朋友建议周劲松对自己的豆干品牌进行商标注册、加以保护，因此他前往北京注册了"劲松""周劲

---

① 吴庆军，王振中，龚永国. 改革开放以来我国人均国民收入变动及发展趋势预测 [J]. 华东经济管理，2018，32（12）：42-48.

② 中国休闲食品发展史 [EB/OL]. https：//baijiahao. baidu. com/s？id = 1646637628820371945&wfr = spider&for = pc

松"商标名和自己的肖像。这样一来，不仅杜绝了冒用商标的行为，还进一步提升了"劲松"品牌的知名度。

"我记得一开始我的照片都还在上面呢，那之后别人就不敢模仿了……当时包装就改了，有我的头像，有名字'周劲松'。所以在北方这边买这些东西，基本上我的名字都认，我的名字基本上都知道。到河南也好、山西也好、沈阳那边也好，这些大市场我基本上都用名字的。"

（2019年2月26日，周二上午，访谈华文食品董事长周劲松，朱宏强、刘颖记录）

2000年，周劲松回到湖南老家，在岳阳办了一个新厂，生产的主要产品也从豆干转向小鱼。也是在这一年，他注册了"劲仔"品牌，并逐步将豆干、小鱼等全部产品的品牌名从"劲松""周劲松"转为"劲仔"。

"劲仔"的名称保留了周劲松名字中的"劲"字，同时加入了一个湖南方言中常用的"仔"字，一方面保留了原有品牌名的特点，最大程度保持消费者和经销商的黏性，另一方面新品牌名显得更加接地气、趣味化，迎合了休闲食品对准的年轻消费群体的喜好。

罗子明（2001）[1] 将品牌形象的构成标准化为五个方面，其中品牌认知是构造品牌形象的第一步，在这一阶段，人们对品牌名称、企业名称、商品标识、品牌特定符号、专有产品名称等有了初步认知。周劲松在河南打拼多年，直到2000年才回到岳阳，产品品牌从"劲松"到"劲仔"，产品类别从豆干到小鱼。然而一个新品牌的形成和建立远远不止换名字这么简单。在商业运作的模式里，品牌形象的基础是产品及其服务，只有把产品和服务经营好了，才有可能经营好一个品牌及品牌形象。"劲仔"创立的初期，也是华文有限从作坊式生产向机械化规模生产转型的时期。在这个阶段，通过提升产品安全质量标准、开发和改善产品口味、稳定产能以及组建销售团队、构建销售网络等一系列改革措施，"劲仔"的产品品质有了保障，铺货能力的提高也使得"劲仔"广泛进入人们的视野。

据现任销售总监回忆，2008-2011年他曾经跟随马总做"月亮街"炒货的销售。2012年6月加入华文，跟着马总做销售，最初在华文内部有5个人，兼职卖华文产品。他认为应当建立一支全职销售队伍。后来，他和另外4名销售

[1]　罗子明. 品牌形象的构成及其测量［J］. 北京工商大学学报（社会科学版），2001（04）：19-22.

人员，组建了最初的核心全职销售队伍。他们共同经历了华文销售从 2012 年到 2013 年销售量以亿计的翻倍猛增。

当初周劲松富有远见地进行商标注册，回到岳阳后又依据新形势将商标从"劲松"调整为"劲仔"，产品销售、品牌推广和产能提升也在公司改革中得到提升和协调发展。这些都为"劲仔"品牌的稳定发展打下了坚实基础，使消费者初步建立起对"劲仔"的品牌认知，提升了"劲仔"的知名度。

二、从粗放式推广到品牌营销现代化

尽管"劲仔"品牌在 2000 年注册诞生后，已经初步具备了品牌知名度，但是回到湖南的"劲仔"面临着更大的挑战——辣条产业的冲击。湖南平江县素来有悠久的酱干、豆筋制作历史，在 1998 年湖南发生特大洪水灾害之后，平江县酱干产业的主要原料大豆出现了大幅度的产能下降，直接对酱干产业造成了毁灭性打击。在这样的情况下，平江县三市镇富有创新精神的平江人邱平江、李猛能、钟庆元在探索中用面粉代替豆粉，改进生产工艺，采用单螺杆挤压机械加工，加入辣椒、花椒、孜然、糖、盐、植物油等作料，创新发明了麻辣味的辣条。① 辣条一经推出就凭借其口味优势迅速打开市场，辣条行业的知名企业卫龙在 2006 年市值就已经超过 8 亿。除了辣条，湖南本身就是休闲食品的生产大省，豆干、小鱼等产品品类和品牌众多，人们的消费选择也相应增多，此时周劲松所面临的就不再是 90 年代末在河南的空白市场，而是一个竞争激烈、群雄逐鹿的"战场"。"劲仔"品牌想要获得更多的市场份额、吸引消费者，一方面是要严格把控产品质量，不断研发和改善产品口味，为品牌打好坚实基础；另一方面则是从现代市场营销的角度出发，采取措施提升品牌形象。

而市场营销中最常见的手段就是广告营销，是指通过各种各样的媒体渠道发放广告，对品牌形象进行营销和推广，从而达到提高销售额、提升品牌知名度和影响力的效果。② 其中，代言人发挥了重要作用。众多研究表明，广告受众与广告代言人作为认知者和被认知者，在社会认知过程中，总是处在相互影响和相互作用的状态。有许多心理学上的效应和机制可以对此做出解释：比如晕轮效应，是指个人主观推断出现的泛化和扩张现象，人们在认知过程中，对

---

① "麻辣王子"走出网红辣条"晋升路"［EB/OL］. http：//hn. people. com. cn/n2/2019/0222/c356883-32673068. html

② 广告营销［EB/OL］. https：//baike. baidu. com/item/广告营销/3088842？fr＝aladdin

某个人形成好的或坏的印象会成为推论其他方面特征的依据，使用广告代言人正是通过晕轮效应，利用代言人自身的形象和气质使消费者对产品产生好感；再比如名人效应，是指名人在社会人际互动中具备支配他人的号召力和影响力，人们在生活中有着实现价值的需求，于是努力去寻找可以学习和模仿的范型，范型的具象化便催生了名人效应，因此名人、明星担任广告代言人，用他们的魅力使广告宣传产生了较大的影响力，同时减少了广告的宣传色彩，冲淡了受众的防范心理，让人们不知不觉地被感染和说服（温华，2002）。①

因此，2013年华文有限与品牌策划公司合作，制作了品牌推广方案，并选择了在湖南和全国都具有极高知名度的著名娱乐节目主持人汪涵作为形象代言人。在选择汪涵时，公司一方面考虑到汪涵之前代言的统一老坛酸菜方便面比较成功，广告给人的印象很深刻，并带动了该产品销量的大幅增长，有过代言食品的成功先例，与休闲食品类产品有较高契合度；另一方面则是看准了他在湖南本地和全国的知名度，作为湖南卫视《天天向上》节目的主持人，汪涵可以利用他的影响力，通过名人效应带动"劲仔"品牌的推广。这一次，华文有限选择汪涵作为形象代言人，不仅使"劲仔"又一次在同类产品中脱颖而出，也标志着华文品牌营销意识与策略的形成。

值得一提的是，当时汪涵在与周总交流过后，被他的"厚道"理念深深打动，亲自为公司撰写了广告文案，用心诠释公司的"厚道"文化。"劲仔厚豆干，厚道中国味"这句广告词也经汪涵之口，在消费者中迅速传播开来。汪涵成熟稳重、严谨踏实、富有文化底蕴的个人形象，赋予了"劲仔"品牌诚信为本、真材实料、传承中华美食的品牌形象。在这个阶段，消费者倾向于将对汪涵本人形象的信任和印象转移到对"劲仔"的各类产品上去，自动向"劲仔"品牌投射各种情感和意义，因此代言人形象很大程度上影响甚至代表了品牌形象（刘双，2015）。② 与此同时，公司还制作了企业宣传片，并投入上千万在电视和网络等媒体上投放。

事实证明，汪涵代言"劲仔"后，华文有限的业绩实现了稳步增长。华文食品招股说明书显示，从2016年到2018年，公司的营业收入从3.97亿元上升到8.04亿元，净利润更是从2586万元增长到1.15亿元。③ 不仅如此，对于许

① 温华. 广告代言人现象的社会心理透视［J］. 江汉大学学报（人文社会科学版），2002（03）：82-86.

② 刘双. 品牌代言人可信度对品牌关系质量的影响研究［D］. 广西大学，2015.

③ 华文食品，首次公开发行股票招股说明书，2019年12月，369页

多消费者而言，代言人汪涵也是自己最初选择"劲仔"的重要原因之一，汪涵已经成为"劲仔"品牌记忆中不可分割的一部分。

那些与劲仔豆干有关的日子

王北北

我自认为是个对食物比较讲究的人。平时饮食会有意多吃些蔬菜、瓜果，出门在外，来历不明的肉类也是尽可能少吃。而对于一些经过深加工的零食，诸如辣条、火腿肠之类，基本上只有在迫不得已的情况下（例如同学聚会时）才会两眼一闭不加挑选地扔进嘴里。

然而，这样的"矫情"并非完全出于对于健康的偏执追求。殊不知，我本身体质特殊，堪称"垃圾食品检测仪"。从高中开始，稍微吃一点垃圾食品，立马就会变成痘痘挂在脸上。前几日家里买了一根火腿肠，晚上肚子饿咬了两口，第二天鼻子下面就挂了俩痘痘，见效特快。有时候再加上作息不规律，照镜子时脸上坑坑洼洼，总觉得别扭。爱美之心人皆有之，因此，"讲究"也是被逼无奈之举了。

可是，即便有意克制，有时候肚子里的馋虫蠢蠢欲动，就特别想吃点口味重一点的小零食。和许多零食爱好者一样，辣条也曾是我的心头挚爱，然而地沟油猖獗之后，每次吃辣条，脸蛋就不太平，便也不敢再吃了。高中有一次放假在家，肚子里的馋虫又开始活动了，我实在忍不住就跑到家里楼下的小超市，打算找点健康的零食解解馋，就是那次，在货架中间，我邂逅了一款名为"劲仔"的豆干。那应当是2013年吧。

这款豆干吸引我的地方在于，首先，它价格亲民，一块钱一包。再者，它的新奇之处是，作为一款看上去十分像"垃圾食品"的零食，竟然有正儿八经的明星主持人汪涵代言，而汪涵的主持能力和文化内涵也是被业界和观众公认的，代言人的选择隐隐提升了这款豆干的"营养价值"。此外，劲仔豆干以"厚"为卖点，主打"厚豆干"。我伸出手拿出货架上的一包豆干，上下掂量了一下，果真厚实。而密实的真空包装，看上去也比同类透明包装显得干净卫生，上档次一些。不得不说，在我细细观察了一番后，这款一打眼看上去很像是"垃圾食品"的豆干竟然"健康"了起来。

忘记第一次买劲仔豆干时买了几包，只记得回到家，撕开包装袋咬了一口之后的那种惊喜——豆香味醇厚，酱汁鲜美。我最喜欢香辣味，辣三分，香七分，一口口豆干在嘴里一定要嚼到尽兴才肯咽下，那味道，现在想起来依然回味无穷。吃完一包豆干，还想再吃一包时，又犹豫着要不要把剩下的几包留给第二天再吃，姥姥常说这叫细水长流。然而，我犹豫没一会儿，最后往往还是心一横，把剩下的几包全部消灭，只留下几个包装袋，千载空悠悠。当然，更重要的是，吃完豆干，我的脸没有遭殃，这对我来说无疑是惊喜，这意味着我又有了一款又好吃又健康的零食可供享用啦。

高中时我是住校生，学校超市货架没有劲仔豆干，作为一名吃货，我时常趁放假时在家门口的超市多买几包豆干囤起来，然后带到学校，下课或放学回宿舍的时候边看书边吃豆干。

课间，同桌喜欢吃劲仔家的小鱼干，且最爱吃麻辣味的，咬一口，嘴里火辣辣的，有时辣到直哈气，鼻涕都出来了。我见状问她："你为啥非要吃这么辣的？酱香的不好吗？"同桌"呼哧呼哧"边哈气边说："够辣才够爽啊，刺激！"当然，有时在同桌的引诱下，我也会买小鱼干来尝尝，只不过天生爱吃豆制品的我，还是对豆干更偏爱一些。

2015年，高中毕业后，我离开了家乡小县城，开始了四处求学之路，一路辗转从济南到北京，也体验过不同城市的商店和超市。大城市的超市货品往往花样更多，从国产零食到进口食品，让人眼花缭乱。在好奇心驱使下，我开始频繁尝试各种零食新品，虽然许久没有再吃过劲仔豆干，但有时候嘴馋又没有零食吃的时候，还是会想念劲仔豆干那醇香的味道。

当下正值疫情蔓延时期，每天"禁足"在家，超市也纷纷关门大吉，许多昔日触手可及的"小确幸"也变得奢侈了起来，劲仔豆干就是其中之一。眼下，只希望病毒快快过去，待到一切恢复生机之时，我便可以再去买几包豆干解解馋了。

——王北北①

随着广告的大量投放和消费者的口口相传，"劲仔"品牌的知名度和美誉度不断提升，品牌影响力不断增强，迅速成长为岳阳、湖南乃至全国知名的休闲食品品牌。2017年5月10日，央视财经联合国家发改委、国家工商总局、国家质检总局等部委在京举行"CCTV中国品牌榜"启动仪式，"劲仔"成功入围，也是岳阳唯一首批入围该榜单的食品饮料类品牌。②"劲仔"品牌在这一阶段实

---

①　化名，现为中国人民大学研究生，羞涩、乖巧、安静女生一枚，山东人。第一次遇到劲仔豆干时，是2013年，在山东省莱州市的城港路鼎福超市

②　"劲仔"成为岳阳唯一入围首批"CCTV中国品牌榜"品牌［EB/OL］. https：//hunan. ifeng. com/a/20170511/5648273_0. shtml

现了从粗放式品牌推广到现代化品牌营销的重要转变。

三、从品牌形象到品牌识别

尽管有了利用现代营销理念和手段进行品牌建设的意识，也通过代言人汪涵为"劲仔"品牌进一步提升了知名度和影响力，但是华文的品牌建设仍然面临考验。

（一）品牌内涵繁杂，品牌建设面临考验

在汪涵代言期间，表面上看存在着广告代言人与广告商品主配角色颠倒的问题，而问题的实质则是因为"劲仔"品牌内涵不够明确。

由于广告代言人由名人或明星担任，消费者的注意力和记忆点往往过度集中在代言人身上，反而忽视了作为主角的商品。在汪涵代言的后期，这个问题逐渐显现，市场上的经销商和消费者大多只知道汪涵代言的产品，对于"劲仔"品牌则没有什么概念和印象。华文食品市场部经理在提到"劲仔"品牌推广的问题时，介绍了之前市场部曾经对长沙地区的休闲食品经销商做过几次电话访问：

"问他们这个'劲仔'产品情况，可能有些老板还没有那么快速的反应过来，然后你跟他讲汪涵代言的，他就说'我知道'。"

（2019年8月14日，周三下午，访谈华文食品市场部经理，郝怡冰记录）

实际上，代言人知名度超过品牌知名度的现象反映出的是"劲仔"品牌更深层次的问题，即品牌内涵不够明确。从2013到2019年，相对于品牌知名度的迅速攀升，"劲仔"品牌的文化内涵却始终不够明确。首先，华文食品作为一家休闲食品公司，一直将"制造安全、美味、便捷的休闲食品，传递简单、自由、快乐的生活理念"作为企业愿景；其次，因为小鱼、豆干等产品品类及制作方法都脱胎于传统的湖南小吃，所以公司又将弘扬并传承中华湘味美食作为自身使命。另外，公司还希望将目标消费人群定位在年轻人群体，以及周劲松本人一直坚持的"厚道"理念等等。上述品牌文化交织在一起，让"劲仔"品牌自身的内涵过于繁杂、品牌定位不够清晰。

上述问题可以概括为华文食品在品牌识别方面的不足。品牌识别是指企业通过各种沟通手段试图达到的品牌预期状态。品牌识别的本质是要回答：品牌的价值主张是什么？品牌应具有怎样的个性？品牌的长期目标和最终目标是什么？品牌的一贯性如何？品牌的辨别符号是什么？（范秀成，陈洁，2002）① 如果说在汪涵代言"劲仔"的阶段，华文食品已经意识到了品牌形象的重要性，并初步有了现代品牌营销的意识。在 2019 年，华文食品决定更换代言人，这一决定的背后体现的正是积极主动地去创造品牌识别度、创设品牌内涵、引导品牌形象雄心。

（二）找准品牌定位，更换代言人

休闲食品所面向的消费群体主要为年轻人，因此为了更好地吸引年轻消费者，华文食品市场部与第三方策划公司合作，以明星流量为特征进行了代言人选择，最终选定了邓伦等四位候选人。公司通过线上和线下问卷调查的方式，获得了代言人候选人知名度、受喜爱程度、感兴趣程度及代言人同龄人影响力、购买意愿影响力等多个指标的数据，力求对代言人候选人品牌推广能力进行准确全面的评估。其中，线下回收问卷 200 份，全部来自长沙地区，街头随机发放问卷，受访者年龄在 18-35 岁之间，男女比例为 1∶1；线上回收问卷 281 份，不限定受访者的所在地，年龄同样在 18-35 岁之间。根据评估数据，华文食品最终决定与邓伦进行合作。

当然除了参考本次调研的数据，华文食品选择邓伦还有其他更多的考量。对于企业而言，选择广告代言人必须综合考虑产品特性、品牌个性、目标受众以及代言人的知名度、影响力、与品牌的契合度等等，同时评估风险，谨慎决策。对于当前的华文食品和"劲仔"品牌而言，邓伦的优势还体现在以下几个方面：

第一，人气处于上升期，购买意愿影响力和市场号召力潜力巨大。宫文卿（2008）② 认为代言人应当与目标市场、品牌个性相一致，代言人生命周期也应该与产品生命周期相一致。企业对于有潜质和处于成长期的产品也应该选择正处于上升期的代言人或者"潜力股"，找准二者的最佳结合点。在产品处于导入期时一般采用人气正旺的明星，以期迅速扩大品牌知名度；而当产品进入成熟期后，则会考虑换用一些有潜质的新星，让其来延长产品的市场生命。华文食品的两次代言人选择遵循了上述原则。2017 年邓伦出演的《楚乔传》和主演的《香蜜沉沉烬如霜》（下文简称《香蜜》）接连上映，《香蜜》在江苏卫视的收视率一直稳居同时段第一，在 052 期新浪电视势力榜中，《香蜜》的日均收视率

① 范秀成，陈洁. 品牌形象综合测评模型及其应用［J］. 南开学报，2002（03）：65-71.

② 宫文卿. 我国企业应如何选择品牌代言人策略［J］. 现代商业，2008（27）：91-92.

高居榜首，电视剧主话题增量也在前二，热播剧主创社会影响力中邓伦位列榜单第一。① 2017 年 12 月 2 日，邓伦获得爱奇艺尖叫之夜年度人气艺人奖；2018 年 1 月 1 日，获得国剧盛典年度新晋男演员奖；3 月 17 日，获得电视剧品质盛典年度青春号召力剧星奖；12 月 18 日，获得腾讯视频星光盛典年度人气电视剧男演员奖；12 月 20 日，获得搜狐时尚盛典年度国剧男明星奖。② 可以说，从 2017 年《香蜜》开播之后，邓伦的人气开始进入迅速攀升的阶段，而且作品数量和密度一直较高，几部待播剧也备受期待。这样的人气表现无疑为"劲仔"品牌的后续推广和发展提供了保证。

第二，作为年轻偶像，邓伦粉丝群体年龄契合"劲仔"品牌的目标受众，自身特质与品牌个性相契合。在品牌代言人选择的研究中，一致性假说是最主要的四种模型之一。根据一致性假说，在寻找品牌代言人时必须要考虑其与品牌形象有共通的地方，使消费者能够感知到两者之间的联系（彭博，晁钢令，2011）。③ 前面提到华文食品将目标消费群体定位成年轻人，也在积极推进品牌年轻化战略，希望将品牌打造成为受到年轻人追捧和喜爱的休闲零食品牌，因此延伸出了很多相关营销概念如"劲仔野店""野性空间"等等。出生于 1992 年 10 月的邓伦所具备的年轻、活力、热情等特质与"劲仔"追求的品牌个性有相当高的契合度，可以最大限度地吸引粉丝和年轻消费群体。

第三，邓伦的公众形象积极正面，受到主流媒体和国家的广泛认可，可以帮助构建和提升"劲仔"品牌的良好形象。代言人除了要介绍品牌产品外，还肩负着传递品牌形象的任务，公众对代言人的好感会转移到他们对广告和品牌的态度上来，使原来中性的品牌态度向积极的品牌联想迈进（彭博，2011）[91]。2017 年，邓伦成为联合国人口基金"一带一路"青年领导力项目倡导者；2018 年，邓伦作为故宫文创新品开发员参加了北京卫视文化创新类真人秀节目《上新了·故宫》，还为北京广播电视台主办的"歌唱北京"活动献唱了歌曲《青春北京》。整体而言，邓伦具有良好稳定的社会形象，这种形象提升了他作为代言人的可信度，从而也提升了消费者对"劲仔"品牌的信任度。

在更换代言人后，"劲仔"官方微博的粉丝数从 40 万增长至 50 万；在官宣

① 《香蜜沉沉烬如霜》线上线下掀收视口碑风潮成平台+IP+演员相互成就典范 [EB/OL]. http：//www. sohu. com/a/252067353_ 99981993
② 邓伦 [EB/OL]. https：//baike. baidu. com/item/邓伦/10133303？fr=aladdin#
③ 彭博，晁钢令. 品牌代言人对品牌的作用及选择研究 [J]. 现代管理科学，2011（12）：17-19.

新代言人的当天，电商渠道的营业额超过了 30 万；在微博上发起的"把邓伦装进口袋"话题产生了 7 亿的话题量。

四、从线下推广到线上线下结合

随着电子信息技术和互联网的快速发展，以及手机、电脑等终端设备的更新换代和功能升级，电子商务网络逐渐成为企业推广和相互竞争的重要平台，网络购物已经深入消费者生活。中国的电子商务在 1998 年正式起步，至今发展已超过二十年，2018 年中国电子商务交易总额达到 31.63 万亿元人民币，同比增长 8.5%。① 王宝义（2017）② 指出，电子商务网络零售与传统零售模式相比有四个优势：一是突破时空局限，降低交易成本；二是突破信息和地域鸿沟，满足多样需求；三是突破店面限制，店铺的无限延展性和极低的搜寻成本使"小众产品"需求得到进一步挖掘；四是减少流通环节，优化资源配置。

在这样的大背景下，尽管传统地推营销和线下销售渠道铺设对实体企业仍然非常重要，但仅仅依靠线下的投入进行推广销售显然是不够的。因此在现阶段，华文食品注重线下和线上品牌推广的结合。线上营销的目标是提升品牌热度和知名度，并和公司电商部共同促进线上销售量的增长；线下营销主要是依靠地推活动，在活动中让消费者亲口品尝"劲仔"产品，获得真实的产品体验，并提供即时的消费反馈，从而为销售提供策略和改进方向。简而言之，线上营销主打品牌话题量和知名度，线下营销主打消费者体验，线上线下相互配合实现品牌推广和销量增长。以下通过华文食品两个营销案例来分别分析线上和线下推广模式的特点和效果。

（一）线上营销："把邓伦装进口袋"官宣活动

在华文食品确定邓伦为新任代言人并与其签约之后，市场部与第三方策划公司共同策划了"把邓伦装进口袋"的官宣活动，目的是为了扩大品牌线上声量，并为即将到来的"618"活动蓄力。这次活动时间从 2019 年 5 月 9 日持续到 5 月 20 日，其中正式官宣时间为 5 月 16 日，传播渠道从"劲仔"品牌官方的双微（微信官方公众号、微博官方账号）扩展到外围的微博、微信、抖音、

---

① 《中国电子商务发展报告 2018-2019》在厦门发布［EB/OL］. https：//baijiahao. baidu. com/s？ id=1644156804439677363&wfr=spider&for=pc
② 王宝义. 中国电子商务网络零售产业演进、竞争态势及发展趋势［J］. 中国流通经济，2017，31（04）：25-34.

豆瓣、虎扑、今日头条等网络社交娱乐平台，持续时间长、辐射范围广。

1. 营销创意概述

"把邓伦装进口袋"活动创意旨在强调劲仔小鱼"好看又好吃"的双重特点——既能在产品外包装上看到邓伦，又能享受美味的小鱼。这样就将"邓伦代言劲仔"这一抽象事件转换成了"购买劲仔"的具体消费行为，在吸引邓伦粉丝的同时，赋予购买行为趣味性。

另外，劲仔小鱼高颜值口味佳的属性，可以进一步上升为"一包劲仔小鱼，获得精神与身体的双重带劲"理念，在行业传播中深挖品牌内涵及营销亮点，与全年主打的核心"劲"呼应。

2. 具体活动内容

按照时间来划分，此次官宣活动可以分为官宣前预热、官宣当日和后续活动三大部分。

官宣前的预热包括官方微博发布的剪影海报预热、5 至 10 秒小视频预告、代言猜想预告，微信发布关于代言猜想的预热稿推送，以及抖音等外围全平台进行的事件预埋及猜想引导。在预热活动引起粉丝好奇心和关注度之后，官宣当日邓伦微博和劲仔小鱼官方微博发布宣传视频，并联合饿了么星选进行联动宣传。官宣之后就进入到内容最为丰富、粉丝参与度最高的后续活动阶段。

后续活动的第一个子活动为微博抽奖，在 5 月 16 日官宣邓伦之后，"劲仔"官方微博发起把"邓伦装进口袋"的主题转发抽奖活动，粉丝需要带话题关键词转发并关注@劲仔小鱼官方微博参加活动。官微将不同口味对应邓伦的各种形象，号召粉丝认领不同风格的邓伦，并引导粉丝猜测邓伦最喜欢的口味，后期公布答案、发放奖品，回收活动热度并使事件二次发酵。

第二个子活动是微博+抖音粉丝安利大赛，活动时间从 5 月 16 日到 5 月 20 日。劲仔官方微博及抖音联合发起#把邓伦装进口袋#主题安利大赛，吸引邓伦粉丝互动共创。参赛者要在官宣物料如视频、宣传照、宣传词等基础上进行二次创作，由官方后期制作集锦回收活动热度，进行破圈二次发酵。

（2019 年 8 月 29 日，周四，华文食品市场部营销素材"劲仔新媒体【邓伦官宣方案】"）

在上述两个子活动进行的同时，宣传方面还与电商渠道进行联动，在天猫等电商平台发布了"劲享邓伦"的主题礼盒预售及现货直售，利用活动热度直接带动电商销售额的增长。

3. 营销特点总结

这次活动全程以官方撬动外围，配合粉丝运营及行业传播，实现品牌与代言人的强势捆绑，同时持续向电商引流，使品牌在线上营销中化被动为主动。

在外围传播方面，微博、豆瓣、虎扑、今日头条、抖音素人号配合官方活动进程，对"邓伦代言劲仔"事件进行多维度、多平台同时曝光，发酵活动热度。值得注意的是，在推广过程中，华文食品根据不同平台、不同论坛的互动特点、性质等制作了不同的宣传内容，以达成最好的宣传效果。

（2019 年 8 月 29 日，周四，华文食品市场部营销素材"劲仔新媒体【邓伦官宣方案】"）

在粉丝运营方面，此次活动充分利用了代言人邓伦自身的粉丝流量，联合粉丝后援会及大粉制定了传播计划。一方面与他们合作进行产品抽奖刺激销量，另一方面用粉丝带动大众参与物料的二次创作，扩大活动影响范围。这次官宣活动充分体现出了更换代言人之后华文食品线上品牌推广能力的迅速提升，依托邓伦的流量基础，"劲仔"品牌的推广活动从一开始就获得了更高的关注度和影响力，赢在了起跑线。

最后，与其他品牌的合作也是活动成功的关键之一。这些合作的品牌不仅包括覆盖粉丝数超过 1200 万的微博平台意见领袖，有影响力、权威的微信公众号等，还包括多家 BD 和饿了么星选，与它们进行联动宣传，扩展宣传广度和密度。

（二）线下营销："混帐 Party"主题团活动

2015 年的天猫"双十一"启动会上，华文食品电商部经理王菊兰代表公司出席了活动，在活动中结识了几个其他企业品牌的负责人，并以此为契机，共同策划了一次"双十一"的线下活动。这次活动是甘源食品主导，与"劲仔"、波力、杜蕾斯和 KEY 四家公司合作实现的一次线下营销。在 2015 年的"双十一"期间，五家公司与第三方旅游公司签订协议，从各自电商渠道的消费者中选择 10 人，组成了一个五十人的旅游团队，邀请他们去浙江省嘉兴市参加"帐篷轰趴"，全部费用由几家公司承担。

1. 前期准备

这次活动历时较长，按照时间可以分为线上预热、"双十一"抢购、线下活动及同步直播三部分。因为重头戏是线下的帐篷节活动，所以线上的预热和抢购环节相对较为简单。

从 2015 年 10 月 25 日到 11 月 10 日，五家公司的天猫店铺发布"一分钱预定帐篷节活动资格"，用"1111，在甘源，邂逅你的他"专题页进行宣传，形成话题传播，达成对活动的预热。"双十一"当天，已预定活动资格的顾客进店消费，当天订单金额最大的前十名成为幸运者，获得参加线下活动的机会。这样一方面为活动造势，提高活动的话题量和影响力，另一方面也可以直接促进"双十一"产品的成交量。

11 月 13 日，五家公司各自公布入选者名单，并电话通知入选者，确定最终参与者。11 月 21 日到 22 日，帐篷节活动正式开始，并在微博同步直播活动，扩大活动宣传和品牌宣传力度。

（2019 年 8 月 29 日，周四，华文食品市场部营销素材"双十一混帐趴-甘源旗舰店"）

2. 线下帐篷节活动内容

11 月 21 日 50 人团队到达目的地后，首先进行男女配对抽签，一组两人，由一男一女组成。抽签结束后，每组各自前往西塘古镇进行游玩，沟通交流、增进了解。在相互熟悉之后，共同进行篝火晚会、混帐拼图、杀人游戏、真心话大冒险等互动游戏，最后还有商家准备的表演，既增加了帐篷活动的乐趣，又可以让参与者增进对五个品牌的了解。

第二天，除了精心准备的两人游戏和高空体验外，就是下午的皮划艇挑战赛这个重头戏。50 人分为多支队伍，每船两人进行接力赛，最先返回出发点的一组队伍获胜。比赛的优胜者可以获得商家准备的各类奖品。

3. 营销特点总结

这次活动采取线上造势、线下进行的方式，本身就是一次线上线下品牌营销的结合。活动以"双十一单身狗一分钱来混帐"为噱头，将主题设定为野外帐篷节，新鲜刺激，符合当下消费者的猎奇心理和娱乐需求，在前期取得了良好的曝光度和话题量。

另外，五家企业分为两类，一类是甘源、劲仔和波力三个休闲食品品牌，另一类是杜蕾斯、KEY 两个两性健康品牌，契合野外帐篷节的活动主题。而且活动由五家企业联合主推，进行资源整合，极大地提升了活动的覆盖面和影响力，取得了一加一大于二的共赢效果。

华文食品电商部经理王晓宇在总结这次活动时，认为这类线下推广活动成功的要素有三个：第一是企业自身可以通过不同渠道获取足够的资源，这是活动顺利开展必备的物质基础；第二是要有优秀的、与品牌特点契合的创意，吸引消费者积极参与；第三是需要品牌力量作支持，只有品牌自身拥有良好的认知度、口碑和可信度，才能真正实现线下活动的成功。

第三节　"劲仔"品牌管理挑战

在上一节回顾"劲仔"品牌的发展历程时我们已经发现，在"劲仔"品牌的每个发展阶段，华文食品都面临着不同的挑战，需要采取不同的措施加以应对和解决。在本章中我们将立足当前休闲食品行业和市场形势，首先简要梳理品牌理论的发展历程，综述品牌管理的策略与原则；之后结合行业特点和华文食品的企业特点，具体分析目前华文食品品牌管理所面临的诸多挑战，并提出相应发展对策。

一、品牌管理原则

（一）品牌理论发展历程

20世纪50年代之后，西方品牌理论开始系统化发展。品牌理论的发展大致可分为三个阶段。

第一阶段是古典品牌理论阶段，这个阶段的理论侧重于从品牌的定义、命名、标识、商标等方面对品牌的内涵和外延进行规范研究；其次，从理论建构角度提出了很多具有战略性意义的品牌理论，如独特销售主张理论、品牌生命周期理论、品牌形象理论、品牌个性理论、品牌定位理论、品牌延伸理论等。

第二个阶段是现代品牌理论阶段，这是品牌理论的深化发展阶段，主要包括品牌权益理论、品牌权益管理理论、品牌权益管理运作模式三个方面的内容，包含了品牌资产、品牌权益、品牌价值等多个概念。其中，品牌资产是从资产分类的财务会计角度对品牌的静态描述，属于结果性概念；品牌权益描述的是品牌资产形成的动态过程及各个影响因素之间的相互作用，属于过程性和关系性概念；品牌价值则是从哲学和经济学本源上描述品牌资产能够存在的根本原因，为品牌资产和品牌权益的研究奠定理论基础，属于原因性概念。后来，随着对上述三个概念认识的深入，人们逐渐意识到需要建立专门的组织和规范来对品牌资产、权益和价值进行管理，因此又出现了品牌权益管理理论。

第三个阶段是当代品牌理论阶段，这是品牌理论全面发展的阶段，古典和现代理论进一步创新、完善和发展，同时也出现了品牌关系理论、品牌心理理论、品牌互动理论等众多新兴理论。在这个阶段，品牌学与营销学、经济学、心理学、社会学等多个学科产生交叉，学科视野逐渐拓宽，关注的对象也从品牌本身拓展到消费者心理、产品与消费者的互动关系等等。①

（二）品牌管理的策略与原则

品牌管理是指针对企业产品和服务的品牌，综合地运用企业资源，通过计划、组织、实施和控制来实现企业品牌战略目标的经营管理过程。

品牌管理是打造企业核心竞争力的一个关键环节，其重要性既体现在优质品牌对企业的意义上，也体现在现代商业竞争环境带来的必然要求上。黄婷（2017）② 认为品牌管理的核心要旨是凝练企业发展的愿景、价值观以及建设所独有的文化。对于中小企业而言，品牌管理创新除了可以打造企业差异化的竞争优势，还能为企业带来品牌管理收益外溢性，帮助企业提升管理能力、规范管理流程，并提高企业员工忠诚度和客户满意度。同时，在全球经济一体化和电商发展的背景下，国内外品牌的各类产品都可以自由流通，市场竞争更加激烈；加之消费者的消费选择增多，消费需求和消费习惯不断变化，成功的品牌管理可以让企业在瞬息万变的市场环境中持续稳定发展。

一般来说，品牌管理有四个步骤：第一，用现有的事实和数字勾画出品牌目前所拥有和可调动的人力、物力、财力，并据此描绘出消费群体信息、员工构成、投资人和战略伙伴关系、企业结构、市场状况、竞争格局等；第二，了解品牌的文化渊源、社会责任、消费者心理等感性因素，定位品牌的核心；第三，根据前两步升华出品牌的灵魂并进行差异化定位，塑造品牌在消费者心目中的印象；第四，持续关注客户需求变化，对品牌进行长期的维护，保证品牌质量。

从上述四个步骤我们可以发现，科学的品牌管理需要遵循以下原则：第一，实现企业内部数据、市场信息和消费者信息的收集分析专业化、科学化、常规化，建立起对品牌和市场的准确认识；第二，找准品牌定位，坚持利用品牌进行差异化竞争；第三，品牌管理是一个长期的过程，所有的策略和手段都需要

---

① 品牌理论［EB/OL］．https：//wiki.mbalib.com/wiki/品牌理论
② 黄婷．中小企业品牌管理创新的重要性和策略研究［J］．商场现代化，2017（10）：134-135.

长期坚持。

二、休闲食品行业特点

休闲食品是一种新的食品概念，俗称"零食"，是一类快速消费品，因食用方便、种类丰富而受到消费者的追捧，逐渐成为人们日常生活主食之外不可缺少的产品。从品类上看，可以大致分为谷物膨化类、油炸果仁类、油炸薯类、油炸谷物类、非油炸果仁类、糖食类、肉禽鱼类、干制果蔬类等几大类。①

目前中国的休闲食品行业呈现以下特点：

第一，行业发展趋势整体向好，前景广阔。目前中国的休闲食品年产值已超过 5000 亿元，中商产业研究院 2019 年发布的《2019 年中国休闲食品行业市场规模及发展趋势预测》显示，2010-2015 年，不同产品类别的中国休闲食品行业零售市场规模中，休闲卤制品以 17.4% 的复合增长率排名所有品类第一，而且 2016-2020 年的预计增速仍然保持最快。②

第二，休闲食品消费人群在不断扩大，零食不再是孩子和年轻人的专利，越来越多的中老年人成了休闲食品的新消费者，这不仅为休闲食品行业带来了更多的消费需求，同时也提出了更复杂的产品要求。

第三，消费者的健康意识和品牌意识不断增强，更加注重食品安全和品质，对知名品牌、企业的忠诚度也不断上升，因此休闲食品行业传统的口味和价格优势不再像以前一样突出，促使更多企业进行产品升级和企业转型。

第四，行业内的食品企业呈现小而散、集中度较低的状态，同时面临着产品同质化严重的困境，较低的行业准入门槛和产品技术壁垒催生了大量生产同类产品的厂家，然而优质的休闲食品品牌却凤毛麟角。

具体到华文食品所处的休闲卤制品行业中，不同企业、不同品牌的产品竞争则更加激烈，对市场营销提出更高要求。华文食品市场部经理王晓宇在谈到"劲仔"品牌推广的困难时提到，全行业中缺乏根本性的新产品的创新，导致各企业之间的产品同质性很高，处在一个竞争激烈的红海市场中。

缺乏新产品，在现有产品的基础上，各企业除了切实提高口味和质量外，更多地要依靠品牌营销在实际销售中打开局面。大多数的经销商和终端商户都

---

① 刘瀚文. 国内休闲食品行业现状及未来发展 [J]. 现代食品，2018（22）：18-21.

② 2019 年中国休闲食品行业市场规模及发展趋势预测 [EB/OL]. http：// www. askci. com/news/chanye/20190114/1639031140214_ 2. shtml

会同时承包经营多个品牌的多类产品，但是在同类产品中选择主打其中的某个或某几个品牌。"主打"意味着将该品牌产品摆放在门店中更显眼的位置，摆放的区域也更大，很大程度上提升销量。因此品牌和产品在各级销售渠道获得经销商和终端商户更高的认可是至关重要的，这会直接影响到产品的最终销量。经销商和终端商户对产品的评估是多方面的，既包括产品的口味、质量，也包括企业的名誉、实力，甚至包括渠道推广人员的专业程度和表现等等。

因此，面对规模庞大、构成复杂、竞争激烈的国内休闲食品市场，如果想要更进一步，让华文食品成为一家规范、知名的现代食品企业，使"劲仔"品牌成为中国一线的优质休闲食品品牌，就必须坚持品牌管理的科学原则，积极应对挑战。

三、品牌管理挑战

如果说产品质量是企业的生命线，那么产品品牌则是企业安身立命的资本。特别是对于休闲食品行业，稳定良好的品牌形象可以提升消费者对企业及其产品的好感和信赖，进而建立起对品牌的忠诚和黏性，为企业实现差异化竞争、市场拓展和可持续发展提供了保障。就民营企业的外部环境而言，尽管国家持续出台支持民营企业发展的各项政策，但是民营企业既不是规则的制定者，掌握不了社会资源的配置权和主导权，也没有国有企业良好的政策依托和政府背书，他们只有依靠在市场竞争中为消费者提供更有竞争力的商品才能取胜。而在此之中，品牌成为联系消费者和企业的桥梁。因此，以劲仔食品为代表的处在系统成长期的民营企业对于品牌建设有着更深层的需求。但同时，无论是现代社会的宏观环境，还是民营企业的自身特点，都给品牌管理带来了极大挑战。

（一）消费群体的"碎片化"

"碎片化"顾名思义，是指原本完整的东西破碎成诸多零片的过程或状态，这个概念最初出现在后现代主义的研究中，后来被社会学、政治学、传播学等学科广泛使用。消费领域"碎片化"是指在社会阶层分化的基础上，由于互联网和各类数字媒体的迅速发展，个体拥有了更广泛的信息来源和更独立的信息处理能力，生活方式、态度意识逐渐多样化，消费群体根据不断更新的个性化需求分裂形成不同的小群体、小阶层，而不再是仅仅按照年龄、教育、收入等基本的人口指标进行划分，形成的这些小群体、小阶层内部有着高度相似的消费行为、品牌选择、媒介接触和生活方式（黄升民，杨雪睿，2006）。①

　　然而深究消费群体"碎片化"，我们会发现其背后更加复杂的社会因素。后工业社会中资本主义经济的快速扩张与现代主义的发展摧毁了旧有的社会合法性，然而新的神圣性还未能建立，这让人们普遍失去了意义追寻，也就是丹尼尔·贝尔眼中的"资本主义文化矛盾"。这场信仰危机与文化艺术领域的现代主义相互交织又相互影响。现代主义拒绝一切传统和连续性，致力于打破权威并制造断裂、碎片化和新事物，将目光对准当下与未来，极度强调自我。在这样的背景下，传统的社会地位与文化气质之间的相应关系已经不再成立。贝尔在书中指出："当传统的社会阶层结构陷于瓦解时，越来越多的人希望根据他们的文化趣向和生活方式来相互认同，而不再拘泥于职业基础（在马克思主义的意义上）的类同于否。"② 这正是消费领域"碎片化"的根源。

　　而"碎片化"和个性化需求所带来的其实是对于符号和意义的消费。在鲍德里亚的《消费社会》③ 中，他一针见血地指出这一点："橱窗、广告、生产的商号和商标在这里起着主要作用，并强加着一种一致的集体观念，好似一条链子、一个无法分离的整体，它们不再是一串简单的商品，而是一串意义，因为它们互相暗示着更复杂的高档商品，并使消费者产生一系列更为复杂的动机。"那么是否需要为了个性化而创造出无数的符号和意义，来满足尽可能多的人的消费需求呢？当然不必也不可能如此。因为在鲍德里亚看来，所谓的个性化其实恰恰是建立在个体差别丧失的基础上的，只有人们之间的真实差别被取消、人们连同消费的产品都同质化之后，才能真正实现集中性、普遍性的生产，并形成符号，将人们对地位和名望的期待投射于符号之上。

　　因此，尽管消费群体"碎片化"意味着消费者的需求更加多样化和个性化，但这种多样化和个性化并非无穷无尽的，企业要做的不是迎合每一种需求，而是在确定目标消费群体的基础上，捕捉看似碎片化、多样化、个性化的需求背后更深层的精神需求，并加以提炼、引导、展示，主动创设适合该群体的品牌符号体系；再通过广告等营销手段进行品牌推广，从而不断扩大自己的目标受众。这一方面要求进行准确的品牌定位，另一方面需要精准的传播。

　　品牌定位的基本依据来自企业优势、目标市场竞争者定位信息和目标市场

① 黄升民，杨雪睿. 碎片化背景下消费行为的新变化与发展趋势［J］. 广告研究（理论版），2006（02）：4-9.
② 丹尼尔·贝尔. 资本主义文化矛盾［M］. 严蓓雯译. 南京：江苏人民出版社，2012.
③ 让·鲍德里亚. 消费社会［M］. 刘成富，全志钢译. 南京大学出版社，2014

消费者需求信息，从质量、功能、包装、价格、渠道、广告等六个角度对品牌进行系统定位，然后产出个性化品牌。进行品牌定位时，首先要结合特定目标市场，其次要充分利用和发挥企业优势（邱红彬，2002）。①

"劲仔"品牌产品的特点决定了其主要消费人群的确是在年轻群体，品牌年轻化的战略也是下一步的发展方向，但在消费领域的"碎片化"背景下，仍需要对目标市场、产品类型和营销策略进行进一步细分：

第一，细分消费群体，进一步研究和区分年轻人内部的差异化消费需求，这种差异可能来自地域、年龄、性别、职业等因素导致的口味差异、价格差异等等。这一点主要是针对目前消费群体不明确而进行的，要在了解"劲仔"品牌消费者的基础上进行目标消费人群内部的划分，从而有针对性地创新产品、策划营销。

第二，细分产品类型，在消费群体细分的基础上，创新出适应不同消费人群的特色产品，从产品的品类、口味、包装、价格等方面入手，形成面向特定市场的多个产品系列。现在"劲仔"品牌下已经有小鱼干、豆干、肉干等几个品类的产品，但要在此基础上形成针对对应子消费群体的产品系列。

第三，细分营销策略，在消费群体细分和产品细分的基础上，为不同的目标子市场制定独特的营销方案进行针对性推广，一方面提升品牌推广的效率和精准度，另一方面也可以提升企业生产和销售环节的灵活度。比如"劲仔"品牌的产品在广东和河南销量表现一直很突出②，这提示华文食品应该注意到不同省份的销售差异，从销售渠道、消费者反馈等方面做系统的分析研究，根据市场具体情况制定相应的营销策略。

（二）信息爆炸时代的注意力稀缺

随着互联网和新媒体的发展，我们身处在一个信息爆炸的时代，每个人每天要在各种社交平台、网站和各类 App 上接受海量信息。而且这些海量信息的内容相比以前更加广泛和丰富，更新速度加快，甚至打破了时间和空间的限制。社会学家卡斯特认为："网络建构了我们社会的新社会形态，而网络化逻辑的扩

① 邱红彬. 关于品牌定位几个理论问题的探讨［J］. 北京工商大学学报（社会科学版），2002（04）：36-38.

② "广东和河南是我们的销售大省，特别是广东，绝对是非常靠前，基本上排第一。"——2019 年 2 月 27 日，周三，访谈市场部王晓宇经理，朱宏强记录

散实质地改变了生产、经验、权力与文化过程中的操作和结果。"① 拿电视这个大众媒体的传统代表而言，在其发展和推广使用之后，在家中看电视逐渐成了人们一项重要的日常活动。但卡斯特指出，这种日常活动并非是排他的，人们往往在观看和收听媒体的时候同时开展其他活动，如做家务、用餐、互动等。媒体的存在更像是一个背景，我们与媒体共同生活，媒体也必然会对我们的社会行为产生重大影响。由此似乎可以顺理成章地得出结论，企业在电视上投放广告可以影响人们的消费行为。但是卡斯特在《网络时代的崛起》书中回顾已有研究和文献却发现，很多学者的研究结果是并没有实质性的证据证明媒体广告对真实行为有任何特定冲击，因此他深入分析了媒体的影响机制，发现观众在媒体面前并非是丧失自主性的，相反根据心理学的实验，广告一分钟所呈现的 3600 个影像向大脑发送了 100 万个刺激讯号，大脑仅能有意识地对其中一个有所反应。所以广告对消费行为的诱导作用实际上微乎其微。然而多年来厂商们仍坚持在电视上投放广告，可能是因为"一旦从电视上消失，通常便意味着和那些会做广告的对手相比，已输掉了大众市场的品牌知名度"。

为了不在知名度上落后，每家企业都希望在能力范围之内在尽可能多的媒体平台上发放尽可能多的广告，以吸引消费者，提升品牌知名度。但一个人的精力和注意力是有限的，媒体数量越多、接收的信息越多，人们的注意力就越分散。此时，哪个品牌能够在传播过程中获得人们更多的注意力，就会获得更高的品牌收益。因此有人说，信息社会中真正有价值和稀缺的不是信息，而是人们的注意力。对于企业来说，消费者的注意力是一种重要的稀缺资源，是品牌竞争中争夺的对象。由此还产生了一个新名词"注意力经济"，它是指企业最大限度地吸引用户或消费者的注意力，通过培养潜在的消费群体，以期获得最大未来商业利益的一种特殊的经济模式。②

注意力的稀缺使得品牌与消费者之间的沟通更加困难和复杂，对企业的品牌营销策略提出了更高要求。如何能够让消费者在浩如烟海的信息中准确、快速并连续地接收到自身品牌的信息，找到并留住消费者的注意力，是当前品牌传播面临的重大命题。

一方面，品牌传播要在明确目标市场和受众的前提下实现媒体渠道的广覆

① 曼纽尔·卡斯特.网络社会的崛起［M］.夏铸九，王志弘等译.北京：社会科学文献出版社，2001：569.

② 注意力经济［EB/OL］.https：//baike.baidu.com/item/注意力经济/2324673？fr＝aladdin.

盖和准投放。既要利用好电视、广播、报纸等传统媒体，也要通过各类新媒体做好线上营销；既要从目标消费群体的消费习惯和特点入手进行精准投放，也要考虑不同媒体渠道的风格和特点，力求品牌传播的自然和深入。另一方面要进行品牌个性化和差异化营销，要利用品牌自身的独特内涵和品牌营销的独特风格或内容吸引消费者，具体可以通过产品包装、促销活动、广告、售后服务等方面实现差异化营销。可以说，如何进一步进行品牌精准定位和有效传播，已经成为目前华文食品企业上下共同关注的焦点。

只说消费群体是年轻人，太宽泛了。市场定位应当进一步细分，可能一部分是大学生，一部分是单身的白领人员。但这也只是经验……在做大的战略决策的时候总是很困惑。

（2019年8月16日，周五下午，访谈副总经理、财务总监，郝怡冰记录）

我有时在公司会议上讲，公司要上一个新的台阶，现在不仅要产品好，而且要有不同于别人的故事。华文需要持续增值，做世界级的休闲食品。需要寻找产品的上升空间。当年小鱼是爆品，要找到新的一两个爆品。以前物资缺乏，现在研发爆品是一个公司综合实力的表现……我一直觉得我们需要不同于别人的故事。格力空调，就是不断推出新概念：环保啊，静音啊……王老吉和加多宝拼商标，王老吉是受害者的角色，我们去要饮料的时候，还专门要王老吉，不要加多宝。

（2019年8月15日，周四下午，访谈平江华文总经理，刘谦记录）

（三）核心部门的职能发挥不完全

市场部是负责品牌营销的核心部门，其上游是负责创新口味、优化产品的研发部，下游则是负责拓展和维护具体经销商、实施销售行为的销售部。它们也是与市场部发生工作联系最多的两个部门。市场部的产生是由于品牌战略在企业经营竞争中发挥了越来越重要的作用，需要一个单独的部门来收集和研究市场信息、关注市场动态，并为企业的战略决策提供支持。因此，市场部是指导企业销售计划和销售方案制定的基础部门，是品牌营销理念和手段开展的核心部门，也是企业进行重大战略决策的支柱部门。

毛晶莹（2004）① 认为企业设置市场部的成功与否体现在四个方面：第一，市场部在公司内部是否有较高的权力和地位，从而使其充分发挥营销策划能力；

---

① 毛晶莹. 关于市场部定位问题的战略研究［J］. 商讯商业经济文荟，2004（03）：41-43.

第二，市场部是否能够获得高层的支持，理念上表现出对市场部的重视，实践中给予市场部市场规划权、促销资源管控权、战略制定参与权等；第三，市场部是否能够推出有效的市场计划并保持策略一贯性，建立威信；第四，市场部是否能够与销售部保持密切沟通、协同工作，进行有效的监控和督查。

华文食品的市场部在 2018 年 12 月份正式成立，发展时间较短，在日常工作中联系最密切的是研发部和销售部。市场部与研发部的对接主要是产品相关的工作内容，在研发部创新出新产品或新口味准备推向市场前，市场部要根据市场情况进行定价和成本控制；在产品推出之后，还要及时跟进新产品的表现和消费者反馈，以便研发部及时进行产品优化。在华文食品，市场部的职责是将市场的所有信息和反馈及时告知研发部。相对于研发部，市场部与销售部的联系就更加密切，从新品到老品都需要随时对接。对新品而言，市场部要根据新品的特点指导销售部选择合适的经销商来进行线下铺货，控制新品上市的风险；对于老品，则是要根据产品销售情况做好对经销商的维护和管理。另外，市场部还要定期进行线上和线下的营销策划，制定营销方案，下达给销售部具体实施。

在具体层面的生产经营活动中，华文食品市场部与其他部门实现了良好的信息交换与协作工作。但是由于发展时间较短，市场工作的专业性和科学性有待提升。这一点最突出地体现在市场调研环节。市场调研是了解消费市场和消费者、实现市场细分和产品定位的基础，如果这部分信息不够精准和充分，企业很难对内部产品和外部环境做出正确判断，也就无从进行品牌战略决策和方向选择。以上文中提到 2019 年市场部与第三方公司合作进行的一次评估代言人候选人的市场调研为例，可以看出目前企业市场调研存在的一些问题。

第一，抽样的科学性和有效性缺乏严谨的论证。线下的问卷发放采取方便抽样，由调研员在长沙街头随机寻找合适的被访者，同时设置了两个选择被访者的条件——年龄区间在 18-35 岁，最终性别比为 1∶1。这两个限制条件均没有进行论证，尤其是年龄限制，在粉丝群体低龄化、休闲食品受众广泛化的背景下，即使确定"劲仔"品牌目前的消费群体是年轻人，也需要进一步论证为什么要排除 18 岁以下和 35 岁以上的人群。线上问卷填答则只有年龄限，回收全部问卷，但在问卷中并没有逻辑跳答等设计，因此从网络渠道回收的问卷的有效性难以判断。

第二，问卷缺乏对核心概念的操作化处理，只是直白地作为问题呈现给被访者。如"同龄人中影响力"这一题，直接让被访者从 1 到 10 分打分，没有将

"影响力"进行维度分解和指标操作化，每个被访者都按照自己的主观判断进行打分，最终结果的可信度很低。再比如，问卷中"代言人在多大程度上适合做'劲仔'代言人"的问题也不够科学，整个调研就是为了调查几位代言人"是否适合"，即使直接将这个问题抛给被访者，也应当追问他们判断的标准、考量的因素等，否则这一题就没有足够的参考性和必要性。

这些反映了当前华文食品市场部对市场调研的理念、认知和判断仍存在一定的偏差和不足。市场调研的重要性不言而喻，对品牌的目标受众缺乏科学准确的认识，会给之后一系列的品牌建设工作带来影响。

(四) 民营企业的专业人才缺口

中国的社会主义市场经济体制下，国有企业与民营企业存在着各自的优势和劣势。国企一般规模较大，具备雄厚的经济实力和技术力量，并有国家作为其发展支撑；但劣势是缺乏竞争导致创新意识和能力薄弱，机构冗杂使得决策效率低下。民企的优势在于机制灵活，信息传达和决策效率高，创新性更强；劣势也更加明显——融资能力弱，应对风险的能力不足，另外对高端人才的吸引力不足，发展受到限制。其中，高端专业人才的缺乏已经逐渐成为制约民营企业发展的重要因素。尤其在品牌管理方面，更需要专业的人才，一方面通过专业的市场调研对品牌所处的市场环境和面对的消费群体做出准确的描绘，另一方面利用专业的品牌形象评估模型对现有品牌进行评价，并提出下一步品牌推广和建设的方案。

民营企业对于高端专业人才缺乏吸引力主要有以下几个原因：第一，民营企业很多是家族企业，缺乏现代化的企业管理制度和人才观念，不重视人才；第二，人才激励机制不健全，忽视人才激励的层次性和多样性；第三，民营企业规模一般较小，相对于国企，员工能够获得的成长机会和发展空间不足（王世泉，2009）。[①]

对于目前的劲仔食品来说，专业人才方面的短板是非常明显的。截至2018年12月31日，华文食品共有员工1718人，其中受教育程度在大学本科及以上的员工仅有146人，占员工总数的8.5%。华文食品董事长周劲松在提到华文未来发展的关键时强调引进人才，并且分析了民营企业人才问题的特殊性：

"华文未来的发展关键还是人的问题，要引进人才，因为事在人为，归根结底最终是人的问题。企业走得更远更强大，需要有人才。"

---

① 王世泉. 民营企业人才流失的成因及对策 [J]. 中外企业家，2009 (11)：22-25.

"之前需要能吃苦耐劳、有干劲、有共同理想的人才，当然后面的人才这些也要具备，这是基本的素质要求。但是随着社会发展，每个人不进则退，华文要发展还是要有些新鲜的血液进来，产生新的思想。比如现在营销理念、营销方式跟过去相比变化是非常大的。如果还是用传统的思维的话企业会停滞甚至倒退。"

（2019 年 8 月 16 日，周五上午，访谈华文食品董事长周劲松，朱宏强记录）

周劲松关于民营企业缺乏专业人才的问题有着准确深刻的认识，也在用长远的眼光和先进的理念来积极吸引人才、留住人才。他认识到提升公司自身的实力、搭建更优质的平台是吸引人才的基础：

"公司搬到长沙来也是看到了这些问题。想通过长沙这个平台'筑巢引凤'，把平台搭建好才能吸引这些人才愿意加入。"

（2019 年 8 月 16 日，周五上午，访谈华文食品董事长周劲松，朱宏强记录）

同时，周劲松本人温和谦让，极具亲和力，这对于员工产生归属感和责任感、提升公司凝聚力从而留住人才而言有很大帮助。2016 年联想旗下的佳沃集团投资入股华文食品之后，建议委派湖南省会计领军人物、专业人士担任公司财务总监。作为"空降"的高级人才，能否融入现有团队并获得老板的认可是工作开展的前提：

"直接空降过来的财务，他的优势就在于有更全面的专业知识、有更丰富的阅历。但是也有很明确的短板，就是很难融入团队。能够融入公司团队，得到老板认可，很重要。"

（2019 年 8 月 16 日，周五下午，访谈长沙总部财务总监，郝怡冰记录）

华文食品的财务总监觉得自己的融入非常顺利，主要归功于周劲松在日常工作和生活中对员工们的关怀和平易近人。他提到了一次夜跑的经历，当天晚上周总和员工们约好去跑步，他迟到了一会儿，去了之后发现周总已经给大家都买了水，只有他没有，周总看到之后主动又去为他买了一瓶水。

"这些其实都是很小的细节，本来他们一群人跑完了，一个人晚到，其实自己去买一瓶不是很正常吗？但周总心很细，人也很好，对人很和善，还是让人很舒服的。这些小细节很多人很难做得到。"

（2019 年 8 月 16 日，周五下午，访谈长沙总部财务总监，郝怡冰记录）

因此，一方面要通过加强企业管理制度的现代化，建立健全人才管理机制，提升企业对专业人才的吸引力；另一方面在人才引进之后，积极促进外来人才的团队融入，利用企业文化、工作氛围等留住人才，是弥补民营企业专业人才缺口的有效手段。

　　总之，品牌不仅是企业赋予产品的名字，更代表着企业的核心价值观与愿景，代表着企业希望通过产品传达给消费者的一系列信息和意义。对于休闲食品而言，有力的品牌意味着让消费者感受到商品提供者足够的诚意与聪明，信任它一贯的品质，并愿意在它的带领下探索生活的小乐趣，以分享零食的方式打破日常生活的平淡，让消费行为成为建构身份认同、彰显个人特质的文化选择。

　　劲仔食品在企业不同发展阶段，通过注册商标、选择和更新代言人等方式，有意识地通过品牌建设来提升产品识别度和竞争力。市场部、电商部等部门的成立，也显示了公司在加强品牌建设上的投入与决心。对未来的劲仔食品而言，如何依托现代化的企业管理制度，引入和激活既了解公司产品又娴熟于品牌管理手段的专业力量，将"劲仔"品牌定位进一步清晰化、操作化，依然是一个充满变数的考验。

第六章

企业活力的源泉：人力资源培植

截至 2019 年，华文食品共有员工 1655 名，其中一线员工占比 51%，销售人员占比 18%，专业岗占比 10%，管理人员占比 8%，后勤辅助岗占比 7%，技术岗占比 3%。全体人员学历结构上，大专及以上（含大专）人员占比 22%，本科及以上（含本科）占比 9%，硕士及（含硕士）占比 0.4%。在华文食品员工的平均年龄及工龄上，华文食品的员工平均年龄是 39 岁，其中工作未满一年的新员工占 26%，工作未满三年的员工占 42%，工作未满六年的员工占 26%，工作未满九年的员工占 5%，工作超过九年的员工占 1%，95 后员工占比不到 1%。企业的平均流失率约为 7%，流失的员工主要是一线员工。

（2019 年 2 月 25 日，周一下午，访谈人力资源部经理，朱宏强记录）

一个企业在经营运行的过程中，人才的培养和利用是企业成功的必要因素，对于现代企业来说，人力资源对于企业发展的独特意义体现在，它是企业发展至关重要的推动者，是企业良性运转的节拍器，是建设企业文化的力量源泉。人力资源管理，就是对企业的整体可用的人才资源的总和进行统筹管理，使整个企业的人员能够达到人尽其才，才尽其用，谋求企业与个人的双重发展。劲仔食品经历一番探索，迎来了人力资源管理与企业共生发展的和谐局面。

"华文未来的发展关键还是人的问题，要引进人才，因为事在人为，归根揭底最终是人的问题。企业走得更远更强大，需要有人才。"

（2019 年 8 月 16 日，周五上午，访谈华文食品董事长、总经理周劲松，朱宏强记录）

第一节　人力资源概述

为更好地了解与把握人力资源的相关概念，本节从人力资源的概念与缘起人力资源管理的发展阶段、以及工商人类学眼中的"人"等方面，进行梳理。可以说，从企业管理方面，更侧重将人视为"资源"；而从人类学角度看，人力资源的落脚点则在"人"。

一、人力资源的概念与缘起

研究人力资源对企业发展的独特意义，首先要追溯人力资源的缘起与概念，这有助于更加全面、生动、深刻地认识其在现代企业中所起的作用。

（一）人力资源的相关概念

1. 人口资源、人才资源、人力资源

所谓人口资源指一个国家或地区具有的人口数量，主要表现为人口的数量。这一概念涵盖的范围非常大，它包括了所有的具有生命的人，考察的重点是数量而不是质量，是一个典型的具有统计意义的概念。

人才资源是指一个国家或地区中具有较多学科知识、较强劳动技能，在价值创造过程中起关键或重要作用的那部分人。① 人才资源是在价值创造的过程中起关键或重要作用的那部分人。目前理论界关于"人才"概念界定具有代表性的观点有如下几种：著名人才学家王通讯认为，"人才就是为社会发展和人类进步进行了创造性劳动，在某一领域，某一行业，或某一工作上做出较大贡献的人。"② 也就是说，人才资源更多的是质量上的概念。

而人力资源的本质是智力和体力。它和人口资源、人才资源关注的重点不同。人口资源和人才资源的本质是人，人力资源和后两者不具可比性。③ 谈到人力资源，更需要辨析的是"人力资源"与"人力资本"的关系。"人力资本"

---

① 董克用、李超平．人力资源管理概论（第 5 版）［M］．北京：中国人民大学出版社，2019. P8.

② 王通讯：人才学通论［M］．中国社会科学出版社，2001. 2.

③ 董克用、李超平．人力资源管理概论（第 5 版）［M］．北京：中国人民大学出版社，2019. P8-9.

被"人力资本之父"西奥多·舒尔茨定义为"劳动者身上所具备的两种能力，一种能力是通过先天遗传获得的，是由个人与生俱来的基因所决定的，另一种是后天获得，由于个人努力经过学习而形成的，而读写能力是任何民族人口的人力资本质量的关键部分。"人力资本的投资主要有三种形式：教育、培训和迁移。人力资本理论是人力资源理论的重要内容和基础。同时，人力资本和人力资源都是在研究人力作为生产要素在经济增长和经济发展中的重要作用时产生的。首先，在与社会财富和社会价值的关系上，人力资本是由投资决定的，强调以某种代价获得的能力和技能的价值，强调投入和回报之间的关系；而人力资源，强调劳动者拥有的智力和体力对于价值的创造作用。因此，在关注点上，人力资本从成本收益的角度来研究人在经济增长中的作用；人力资源从投入产出的角度，关注产出的问题，即人力资源对经济发展的贡献。由此体现在计量形式上的不同，人力资本，作为资本的一种形式，兼具存量和流量两种形式，而人力资源，则作为存量形式给以计量。① 从人力资本和人力资源概念的辨析中，可以看到人力资源强调将人的能力视为资源，并强调能力对于财富的创造性和贡献。

2. 人力资源管理

人力资源管理这一概念，是在德鲁克 1954 年提出人力资源的概念之后出现的。1958 年，德怀·巴克出版了《人力资源职能》一书，首先将人力资源管理作为管理的普通职能加以论述。此后，随着人力资源管理理论和实践的不断发展，国内外产生了人力资源管理的各种理论，综合起来可以归纳为以下几类。

一种解释主要从人力资源管理的目的出发来解释它的含义，认为它是借助对人力资源的管理来实现组织的目标，其揭示了人力资源管理的实体，认为它就是与人有关的制度、政策等，比如：人力资源管理是指对员工的行为、态度以及绩效产生影响的各种政策、管理实践以及制度的总称。② 还有一种解释从目的、过程等方面出发进行综合解释，例如：人力资源的开发和管理，是指运用现代科学方法，对与一定物力相结合的人力进行合理的培训、组织与调配，使人力、物力经常保持最佳比例，同时对人的思想、心理和行为进行恰当的诱导、控制和协调，充分发挥人的主观能动性，人尽其才，事得其人，人事相宜，

---

① 董克用、李超平．人力资源管理概论（第 5 版）［M］．北京：中国人民大学出版社，2019：8-9.

② 诺伊．等．人力资源管理：赢得竞争优势：第九版．北京：中国人民大学出版社，2018.

以实现组织目标。① 应当说，从综合角度出发来解释人力资源管理的含义更有助于揭示它的内涵，即人力资源管理是指组织通过各种政策、制度和管理实践，以吸引、保留、激励和开发员工，调动员工积极性，充分发挥员工潜能，进而促进组织目标实现的管理活动的总和。②

　　人力资源的概念最早来自西方，很多西方的学者对于人力资源的理论进行了积极的探索。自亚当·斯密 1776 年出版《国富论》以后的 200 多年时间里，人力资源管理的理论思想经历了五次大的飞跃和创新历程：它们分别是：亚当·斯密的劳动力理论、彼得·德鲁克的人力资源理论、西奥多·W·舒尔茨的人力资本理论、戴维·沃尔里奇的人力资源管理角色理论以及劳勒·爱德华的人力资源产品线理论。其中，亚当·斯密在《国富论》中提出关于"劳动力"的思想主要体现在两个方面：其一是资源禀赋与劳动分工理论；其二是揭示了人类劳动是一切价值的起源。被誉为"现代管理学之父"的彼得·德鲁克认为，员工不是工具，而是人，而且是具有自身生理和心理特点、不同能力和行为模式的人。西奥多·W·舒尔茨提出了人力资本的概念，认为人力资本主要指凝集在劳动者本身的知识、技能及其所表现出来的劳动能力。戴维·沃尔里奇指出，21 世纪的企业人力资源管理将会发生两个重要的变化，一是从主要管理事务到主要管理员工，"人""事"兼管，二是从主要管理日常工作到主要管理人力资源战略，"人事战略"与"日常流程"兼管。劳勒·爱德华提出了人力资源管理的三条产品线理论，即第一条产品线是行政支持服务，即基本的行政服务和事务，包括薪酬、招聘、培训和员工管理——重点在于资源的效率和服务质量；第二条产品线是商业伙伴服务，包括发展有效的人力资源管理系统，协助执行商业计划，管理人才等；第三条产品线是战略伙伴服务，人力资源部门必须具备相当广度和深度的 HR 知识、竞争知识、市场知识和战略知识。③

　　目前学界对于人力资源概念的界定已经基本达成了共识，人力资源的概念是于 1954 年由著名的管理学家彼得·德鲁克（Peter Drucker）在其《管理的实践》一书中首次提出并加以界定的。德鲁克是在讨论管理员工及其工作时引入的，在他的管理思想中，最有价值的部分就是他把人当作企业最大的资源——"和其他所有资源相比较而言，唯一的区别就是他是人"，并且，这种资源拥有

① 张德．人力资源开发与管理．2 版．清华大学出版社，2001.
② 董克用、李超平．人力资源管理概论（第 5 版）［M］．北京：中国人民大学出版社，2019：17.
③ 吴冬梅．人力资源理论的五次创新［J］．企业经济，2012，31（11）：5-9.

其他资源所没有的素质，即"协调能力、融合能力、判断力和想象力"。①

在我国，毛泽东于1956年为《中国农村的社会主义高潮》所写的按语中指出"中国的妇女是一种伟大的人力资源，必须发掘这种资源，为建设一个社会主义中国而奋斗。"② 此外，我国的学者们也从不同的角度对人力资源进行了宏观层面以及微观层面的界定。从宏观层面上看，有研究者指出，人力资源是一定范围内人口所具有的劳动能力总和，用人的数量和质量来表示。③ 有的研究者认为，人力资源是能力，是一定时间、一定空间地域内的人口的总能力。④ 有研究者提出，宏观上的人力资源也有广义和狭义之分。⑤ 还有的研究者认为人力资源是通过教育手段获得的能力总量，并指出了人力资源的载体和属性。⑥ 从微观层面上看，有些学者着眼于个人与企业，从微观上对人力资源进行界定。⑦

综上所述，对于人力资源概念的认识和概括，国内外诸多学者从不同角度给出不同的界定，大体上主要有三种观点：一是狭义论，认为人力资源是指在一定时间、一定空间地域内的人口总体中所具有的劳动能力之总和；二是广义论，认为人力资源是指一定范围内能够作为生产要素投入社会经济活动中的全部劳动人口的总和；三是中间论，认为人力资源是指能够推动整个经济和社会发展的劳动者的能力。⑧ 综观上述定义我们可以发现，所谓人力资源，就是指人所具有的对价值创造起贡献作用，并且能够被组织所利用的体力和脑力的总和。

二、人力资源管理的发展阶段

人力资源管理作为一门重要的学科，与社会和经济环境的变化紧密联系且发展迅猛。近年来，企业家和管理者越发重视人力资源管理的作用，而其在学

---

① Peter Drucker . The Practice of Management ［M］. Harper & Brothers, 1954：264.
② 董克用、李超平 . 人力资源管理概论［M］. 北京：中国人民大学出版社，2019：4.
③ 焦斌龙：人力资源、人力资本和知识资本［J］. 山西财经大学学报，1999，（4）：15–16+20.
④ 尚金梅：人力资源开发的人力资本分析［J］. 石家庄经济学院学报，1999，（3）：289–292.
⑤ 宋之杰：人力资源及人力资本浅析［J］. 技术经济，2001，（9）：5–6.
⑥ 葛清俊：人力资源与人力资本刍议［J］. 科技与管理，2003，（2）：109–112.
⑦ 魏杰：人力资本应作为企业制度要素［J］. 理论前沿，2001（10）：3–4.
⑧ 冯光明、徐宁 . 人力资源管理［M］. 北京：北京师范大学出版社，2010：2.

术研究领域，也逐渐成为学者们关注的热点。基于不同国家历史环境的差异，就中国和西方国家而言，人力资源管理发展的阶段有显而易见的差异。

（一）人力资源管理在西方的产生与发展

1. 萌芽阶段

人力资源管理的前身被称为人事管理，人事管理是伴随着 18 世纪晚期工业革命而产生的，工业革命的出现加速了劳动分工的进程，由于劳动分工思想的提出，个体劳动在工厂中减少，工人的协同成为主体，因此对工人的管理问题就逐渐凸显出来。

2. 发展阶段

19 世纪末 20 世纪初在美国、法国、德国等国兴起了一种科学的管理理论，泰勒主导的"科学管理实验"提出了"雇主与雇员利益一致，只有劳资双方协作，在共同工作中应用科学方法，才能使社会福利最大化"的理念。"科学管理实验"的结论是认为人力资源管理为一个技术经济系统，它告诉管理者用科学管理的方法管理劳动者，会极大地提高劳动生产力。① 在泰勒提出科学管理思想一段时间后，企业中开始出现人事部门，负责企业员工的雇用、挑选和安置工作，这些都标志着人力资源管理的初步建立。

从 1924 年开始到 1932 年结束的霍桑实验引发了对科学管理的反思，"霍桑实验"及其实验结论开始关注"人性"的需要。强调员工需要通过参与制的民主管理和非正式组织来获取归属感、被尊重感；企业管理者需要通过塑造自主性、创造性的环境，让员工在实现组织的目标的同时又能满足个人的成就感。② 这一理论开创了人力资源管理发展的新阶段。

霍桑实验之后，美国麻省理工学院的施恩教授吸取了心理学、社会学、人类学的方法，对员工的职业动力进行了综合的多角度、多层面的分析，在进行职业生涯实验的基础上提出了职业发展理论。"职业生涯实验"则表明员工个人职业发展目标也成为现代企业管理的中介目标，从而达到企业目标和员工职业发展目标共存共长。③ 因此，20 世纪 80 年代初期，美国和欧洲出现了人力资源开发和管理组织，人事部门改名为人力资源管理部，企业强调对物的管理转向

---

① 陈全明，张广科．人力资源管理思想：三个里程碑及其在中国的升华［J］．中国行政管理，2012（09）：83-87.

② 同上

③ 同上

强调对人的管理。

3. 成熟阶段

进入 20 世纪 80 年代后，为了适应发展的需要，企业必须制定出明确的发展战略，而人力资源管理对企业战略的实现有着重要的支撑作用，从战略的角度思考人力资源管理的问题，将其纳入企业战略的范畴将成为人力资源管理的主要特点和发展趋势。

进入 21 世纪以来，企业界和学术界都认识到，企业的管理者无法再简单地依靠习惯、直觉、经验来做决策，而是需要重视科学证据的运用。一些西方学者开始探索将科学管理如何建立在最佳科学依据上，他们主张运用数据、事实、分析方法、科学手段等来制定人力资源管理决策，将最佳证据运用到人力资源管理实践的过程。

（二）人力资源管理在我国的产生与发展

中国有五千多年的文明史，在古代文化典籍中蕴藏着丰富的人事管理思想，对有关人才的重要性、如何选拔人才、如何用好人才等方面都有精辟的论述。在有关人才的重要性方面，出现了"为政之要，惟在得人""政治之道，首重人才"等；在如何选拔人才方面，有"德不称其任，其祸必酷，能不称其位，其殃必大"等；在如何用好人才方面，有"古之善将者，养人如养己子""一人之身，才有长短，取其长则不问其短"等，中国博大精深、源远流长的优秀传统文化中的精神内核，对于今天企业的人力资源管理来说，具有重要的借鉴意义。

鸦片战争之后，中国沦为半殖民地半封建社会，这时的人事管理具备着两个方面的特点，其一是带有浓厚的封建色彩，体现在企业大多数是家族性质的小型私人企业，均采取包工制度，由包工头进行招工、组织生产、管理监督等。其二是学习引进了一些西方资本主义国家的科学管理方法，比如著名的天津东亚毛纺公司借鉴"雇用工人程序图"进行招工、培训、管理等一系列人事工作，并且确定劳动定额，实行差别计件工资制，制定了口号、厂训等具备企业文化符号的标志，以提高企业的凝聚力。① 新中国成立以来，我国人力资源管理的发展大致可以分为三个阶段："计划经济"探索时期、"对外开放"成长时期和"改革开放后"成熟时期。

_____

① 董克用、李超平 . 人力资源管理概论［M］. 北京：中国人民大学出版社，2019：29.

1. "艰苦奋斗"探索时期

1949 年中华人民共和国成立，为了尽快恢复和发展国民经济，提高人民生活水平，国家实施的总方针为"公私兼顾，劳资两利，城乡互助，内外交流"，同时，出台了一系列有效的经济政策，统一了货币和财政收支，消除了长期以来的恶性通货膨胀。处在计划经济体制下，我国对企业的管理也采取了与经济体制相一致的高度集中统一的控制，采取行政手段进行直接的管理，形成了具有时代特色的"铁饭碗"用工制度。在 20 世纪 80 年代之前，我国企业基本处于劳动人事阶段，在该阶段高度集中的计划经济体制下，我国人力资源管理制度的发展受重要历史事件的影响，经历了一波三折，且由于工业、经济等条件的落后和限制，仅有部分学者对纺织行业进行了实地调查，并在 20 世纪 60 年代对飞行员的选拔中进行过研究，其他仅限于对国外工业心理学文章、著作等的翻译和介绍。①

2. "对外开放"成长时期

改革开放后，中国经济、社会、文化等各方面均得到了空前的发展，与之相对应，我国现代人力资源管理出现和发展，取代了传统的劳动人事管理。② 1978 年中共十一届三中全会召开后，我国开始推行"家庭联产承包责任制"和"增量改革"战略（即对非国有部分的改革，通过鼓励以市场为导向的乡镇企业的发展，来促进国家经济的发展），加上后来《企业法》的颁布，扩大了我国企业的自主权。总的来说，这一时期的改革仍是计划经济体制下的"放权让利"的改革，通过对企业下放部分权力，调动企业生产的积极性，从而提高企业的产出，增加国家的财政收入。③ 随着这些规定的落实，企业在用人方面有了更大的空间，我国企业的人事管理工作发生了巨大的变化，已经初步具备了人力资源管理的某些功能和作用。可以说，国有企业人事管理的改革，为人力资源管理在我国的发展奠定了基础。

3. "改革开放后"成熟时期

1992 年，我国开始确立社会主义市场经济目标，中国企业劳动人事管理也

① 张杉杉，罗震雷，徐晓峰. 人力资源管理心理学 ［M］. 北京：首都经济贸易大学出版社，2009：63.
② 赵曙明. 国际企业：人力资源管理 ［M］. 南京：南京大学出版社，1992.
③ 林新奇. 新中国人力资源管理变革的路径和走向：制度变迁与政策选择 ［M］. 大连：东北财经大学出版社，2012.

逐步随着市场化的影响发生了变革（林新奇，2008）,① 我国企业拥有越来越多的自主权，不论是在经营上还是在人力资源管理上，都有很大的选择权。1992年，中国人民大学劳动人事学院将下属的人事管理教研室改名为人力资源管理教研室，将人事管理专业调整为人力资源管理专业，并且在 1993 年招收了首届人力资源管理的本科生，这在我国人力资源管理发展过程中具有里程碑意义，标志着我国人力资源管理的发展进入了专业化的阶段。② 20 世纪 90 年代末到 21世纪初，由于外部环境的动态化，企业面临的竞争越发激烈，人力资源管理的变革也迫在眉睫，如何在这种国际化、市场化、专业化的变革中得到发展，成为企业家和学者们思考的问题。在这一阶段，企业越发重视人力资源管理部门职能的发挥，企业人力资源管理和开发的水平有了显著提升，人力资源管理从事务性向战略性转变，为企业赢得市场竞争提供独特优势。随着企业的发展，人力资源作为核心资源越发受到企业的重视，企业越发重视人才培养，建立了较为成熟的招聘制度、人才测评制度、薪酬考核制度以及激励制度。

现在，人力资源管理在我国得到了蓬勃的发展，人力资源管理的概念深入人心，企业对人力资源管理的重视达到了前所未有的程度。但是，我们也应该清醒地认识到，我国的人力资源管理和发达国家相比还有很大的差距，很多的理论、方法、体系等还只是借鉴，并没有形成自己的富有特色的体系，这也就需要日后人力资源管理的理论与实际工作者共同努力，一起探讨，不断提高我国人力资源管理的理论和实践水平。

三、人力资源管理的战略意义

随着全球化竞争和知识经济时代的到来，人力资源日益成为企业的第一资源和竞争基础的观念也越来越受到管理学者、企业家和管理实践者的普遍认同。人力资源管理从"战术层面"上升到"战略层面"。玛丽.德瓦纳等学者将人力资源管理划分为三个层次：战略层、管理层和操作层，并认为战略性、系统性、匹配性、动态性是战略性人力资源管理的基本特征。③ 对于战略性人力资源管理，正确的认识应当是辩证的，既要承认人力资源管理是企业管理中非常重要的一部分，也要认识到人力资源管理并不能解决所有的企业管理的全部问题。

---

① 林新奇．人力资源管理三十年：路径与走向［J］．中国人才，2008,（21）：12-14.
② 董克用、李超平．人力资源管理概论［M］．北京：中国人民大学出版社，2019：30.
③ 同上，30-33.

但是由于人力资源的可变性，它还会影响到各项工作实施的效果，而人力资源管理正是要有效地解决上述问题，为企业的发展提供有力的支持，因此它在整个企业管理中占据着重要的地位。关于人力资源管理的作用，从根本上讲，它集中体现在与企业绩效和企业战略的关系上。在人力资源管理职能正常发挥的基础上，它将有助于实现和提升企业的绩效，这是人力资源管理的一个重要作用。此外，企业战略的实施需要企业各方面资源的相互支持，人力资源自然也在其中，因此人力资源管理的有效实施将有助于企业战略的实现。

同时，人力资源管理过程需要以专业的视角与技能，通过对相关法律、法规、业务工具的应用和具体管理动作，对企业人力资源进行专业化评测、规划，为企业战略发展在人力资源储备、激发上提供重要依托。它可以具体表现为三点。第一，人力资源管理要在企业中扮演"专家"的角色，人力资源管理必须专业化，要为企业人力资源问题提供专业化的解决方案，以人力资源的相关知识与技能赢得组织成员的尊重。第二，人力资源管理要扮演好战略伙伴角色、业务伙伴角色、变革推动者的角色。战略伙伴角色是指现代企业的人力资源管理要能理解企业的战略，熟悉企业的业务，具有很强的专业性和解决实际问题的能力；业务伙伴角色是指人力资源管理要将相关的职能活动与企业业务相衔接，改善和推进业务；变革推动者角色是指组织的变革要通过相应的人力资源变革方案来驱动，人力资源管理要主动参与变革。第三，人力资源管理要为员工进行良好的服务。现代人力资源管理要平衡企业各方利益，一方面，要站在股东的角度思考问题，提出解决企业人力资源问题的方案，妥善处理劳资冲突和矛盾；另一方面，要站在员工的角度，帮助员工获得人性的尊重，维护员工的相关利益，指导帮助员工进行职业生涯设计，及时为员工提供需要的支持和服务。①

第二节　劲仔食品人力资源管理的探索与构建

劲仔食品人力资源方式、方法、职能部门经历了初创期、起步期、发展期、

---

① 彭剑锋. 人力资源管理概论（第三版）［M］. 上海：复旦大学出版社，2019 年：32-
33.

成熟期，每个时期都有每个时期的记忆与收获，这一过程与企业成长的相伴相生，目前，相对成熟的人力资源管理在公司发展中发挥着重要功能。

一、综合办公室阶段

周劲松、李冰玉夫妇在河南初创事业的阶段，来帮衬的很多都是来自平江的亲戚老乡。包括当初豆干在全国铺开时，也常是委托亲友照看。那时，对员工最核心的吸引力源自周劲松夫妇的勤恳劳作和宽厚为人。这让在外打工的父老乡亲，倍感踏实体贴。后来，2000年周劲松夫妇班师回湘，那时的公司规模、生产能力，也并没有让创业者认为有必要对员工进行专门的管理，只要能完成订单，有钱赚，日子就算过得去。直到2010年，成立湖南省华文食品有限公司，整合劲仔资源优势，向专业专一的现代化休闲食品集团迈进。华文有限在成立之初开始重视企业内部的现代化管理与变革，认真考虑应当如何吸引人才，留住人才，但是由于华文有限在成立初期还存在着经验不足、内部管理结构尚待优化等问题，所以在劲仔食品成立初期，先是将人力资源的相关工作纳入了综合办公室。综合办公室也因此成为劲仔食品人力资源部门探索的起点。

（一）组织结构框架

劲仔食品的综合办公室于2009年初具雏形，由于当时劲仔食品在岳阳洛王成立了工厂，虽然那时的工厂生产还是以作坊式的生产模式为主，但是工厂的员工人数已经增长到了近百号人，当时为了管理这些员工，将这些职责纳入综合办公室。由于劲仔食品在2012年初明确了要以风味小鱼作为轴心产品，随着员工人数越来越多，对当时的综合办公室职责进行了拆分和细化。原综合办公室主任担任总经理助理。综合办公室明确负责招聘和档案管理，但在当时的情况下，从操作层面讲分工还没有那么细化，综合办公室还承担了大量临时性工作。

"然后那个时候这一批人的话，就是真的是什么都要做，只要哪里需要的我都要去。我那个时候因为我们家离得近，那个车间食堂里面没菜了，把家里的菜拿过来……那个时候我们团队整个奉献精神是非常够的。然后大家就是说，也非常的团结，反正哪里需要我们不分彼此，我们都一起干活。"

（2019年2月25日，周一下午，访谈华文有限人力资源部经理，朱宏强记录）

（二）业务板块

从当时综合办公室的业务板块来看，当时的分工并不是很清晰，并没有将行政和人事分开，这样会在一定程度上增加了综合办公室的工作量并且影响工作效率。当时综合办公室的整体布局来看，也比较凌乱，很多文件的摆放并没有很好地进行分类。

1. 招聘环节

随着公司产量的提升，人员规模需要进一步扩大，综合办公室因此承担着招聘的重任。当时员工招聘的决策与实施完全是由综合办公室负责，综合办公室在整个招聘过程中处于相对主动的地位，其他用人部门在招聘环节并没有更多参与。这也体现出当时综合办公室在招聘环节中采取着较为传统的人事管理的模式。

2. 档案管理

综合办公室当时除了要承担人力资源的相关工作之外，还承担着管理工厂、管理仓库等非人力资源的相关工作，因此档案管理就是综合办公室的重要职责。从当时综合办公室的业务效率来看，很多文件的分类亟待整理，各种整理、分类、归档工作还需推进。在这种情况下，对综合办公室的模式化管理就已经势在必行了，当时综合办公室经理，主动地整理了仓库，带领着同事将一些文件、表单等进行分类、整理，并且都贴上了标签，这样可以在今后查找时提高效率，并且将一些重要资料整理成档案册，为日后综合办公室专业化、精细化做着努力。

二、行政人事部阶段

现代社会竞争日益激烈，在企业生存斗争中，生产的社会化程度越来越高，社会利润的平均化导致了生产的非垄断化，产品生产的专业化导致了劳动分工的精细化，因此，企业必须要进行全方位的人力资源管理改革和发展。[①] 广州欧博咨询管理公司的进驻是劲仔食品发展历程中的一个里程碑。此时，劲仔食品在人力资源方面进行了进一步的探索和改组，即劲仔食品决定取消了原来的综合办公室，成立了行政人事部，形成了专业化的建制，这也是劲仔食品人力资源部门探索与构建的第二个阶段。

---

① 李祝舜. 中国民营企业人力资源管理发展研究［J］. 企业经济，2005（02）：33-36.

（一）行政与人事分离过程

1. 前期

2012 年 8 月份，在广州欧博咨询管理公司的帮助下，劲仔食品正式成立了行政人事部，主要负责日常的行政工作。此时的行政人事部虽然只有两个人，但是承担着全公司的员工的学习和培训工作，很多员工要先到行政人事部学习后再去上岗。由于公司的快速发展，行政人事部成立初期比较欠缺人力资源专业的相关人员。比如当时的行政人事主管并不是人力资源这方面科班出身的，但由于她曾经在深圳有过实务工作经历，以及在综合办公室中良好的工作表现，她得到了周劲松等的支持，这种摸着石头过河的模式也成了劲仔食品人力资源部门探索的重要缩影。

此时，由于扩大产能的需要，急需要招聘大量的人才。因此当时的行政人事部承受了巨大的压力，既要协助欧博公司选拔、构建内部的部门负责人与部门团队，又要面对着众多人员的招聘，无疑是一个巨大的挑战……

2. 后期

欧博公司对于行政人事部的管理模式一直处于不断的摸索中，经过双方内部的提议、商量、讨论后，为了满足日后劲仔食品在人力资源管理方面的需求，在原来综合办公室的"大杂烩"的基础上进行改进，初步形成了将行政和人事的工作进行区分的意向，由此综合办公室进行更细致的分工，肩负起由传统的人事工作转向战略性的人力资源。

2014 年下半年，受到广州欧博咨询管理公司的启发，劲仔食品在总结过往经验的基础上，正式将行政与人事分开，成立了行政部以及人事部，其中行政部主要负责贯彻执行公司各项方针、政策、指令，负责监督、协调、检查各部门的实施情况，还负责公文处理、档案管理、人事管理、后勤服务等重要职责；人事部就开始主要负责战略性人力资源，负责制定和完善公司岗位编制，协调公司各部门有效的开发和利用人力，满足公司的经营管理需要等重要任务。伴随着企业的发展，对于人事部的定位也更加的明确。

（二）组织结构架构

当时劲仔食品的行政人事部在公司组织架构中的位置以及行政人事部的组织架构如下图所示：

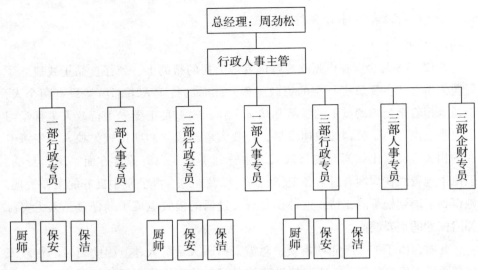

湖南省华文食品有限公司行政人事部文件汇编

劲仔食品行政人事部承担着行政人事工作的运行、文件编码的运行、保险的运行、以及举行公司活动。如图所示，行政人事工作的运行分为人事工作和行政工作两部分：

"人事工作包括：人事招聘运作、新员工入职、员工离职、新员工转正、员工调岗、员工晋升、员工工资变更、薪资核算；行政工作包括：新员工入职后勤相关手续、宿舍管理、食堂管理、门禁管理。"①

（华文食品股份有限公司，《湖南省华文食品有限公司行政人事部变革总结报告》，2013 年，第 1 页。）

（三）核心业务板块

在广州欧博咨询管理公司的协助下，劲仔食品行政人事部在招聘环节、培训环节、薪酬管理环节中进行了标准化体系的建设，为今后劲仔食品人力资源管理工作的开展打下了坚实的基础。

1. 招聘

作为人力资源管理的一项基本职能活动，员工招聘是人力资源进入企业或者具体职位的重要入口，它的有效实施不仅是人力资源管理系统正常运转的前

---

① 华文食品股份有限公司，《湖南省华文食品有限公司行政人事部变革总结报告》，2013 年：1.

提，也是整个企业正常运转的重要保证。劲仔食品的行政人事部形成了包括招募、甄选、录用三部分的员工招聘流程。具体来看，劲仔食品行政人事部的聘用及岗位管理主要分为新员工招聘管理、岗位管理、解除劳动合同、解聘程序四部分。

其中，新员工招聘管理规定了劲仔食品需要员工的条件、原则、程序、审核环节、入职手续等，比如对于新员工的聘用，各部门先通过《用工申请表》报行政人事部统一安排招聘，行政人事部在收到简历后进行简历的筛选以及初试，初试合格者行政人事部将安排相关部门主管进行复试，部门经理和主管以上级别有特别需求者必须经过总经理或主管、总监第二次复试后决定是否录用。岗位管理规定了新进员工入职的程序，新进员工在试用期内公司不予继续聘用的条件，以及新进员工转正后的考评以及岗位调动申请的具体情况。在新进员工入职后的考核阶段，劲仔食品行政人事部给出了较为严格的评判标准：公司正式员工连续两次月绩效考评不达标者，由直接主管进行诫勉谈话，之后一个月的绩效考评仍不达标者，直接主管可根据实际情况考虑是否调离本岗位。解除劳动合同主要规定了劲仔食品与员工解除劳动合同的途径，即立即解除劳动合同（开除）、提前书面通知解除劳动合同（辞退），并且对员工辞职，员工患病或非因工负伤，员工无法胜任工作，劳动合同订立时所依据的客观情况发生重大变化做出了明确的规定。解聘程序主要对解聘试用人员、解聘正式员工等程序进行了具体的解释。

2. 培训

对于很多新员工来说，他们对于企业文化、企业目标、具体岗位的工作要求并不一定真正地理解与掌握，并且他们现有的知识能力可能与实际工作的内容要求存在一定的差距，因此企业就有必要尽快提高他们的能力与水平，并使其尽快融入企业，以积极的心态和有效的行为开展工作。劲仔食品行政人事部的培训环节分为岗前培训和在岗培训两部分，岗前培训主要是新招聘员工在上岗前均须接受岗前培训，主要包括公司简介以及企业文化、公司产品简介、公司的规章制度、安全生产三级培训、质量意识培训、基本岗位职责要求等。在岗培训主要是为了开发员工的潜在能力，提升员工价值，主要采取定期或不定期的培训班，现场操作指导等其他培训方式，还有特殊岗位的上岗培训。

3. 绩效管理

绩效管理环节是整个人力资源管理的核心，绩效考核的结果可以在人力资源管理的其他各项职能中得到运用，同时绩效管理还是企业管理的一个重要工具。劲仔食品行政人事部在绩效管理环节制定了绩效指标体系及考核标准设计，绩效实施、沟通与辅导，绩效考核与反馈，考核结果应用，绩效改进，绩效管理体系的选择。具体来看，明确地规定了作息时间、考勤制度、迟到早退、旷工、加班、病事假制度等。通过绩效管理对劲仔食品内部员工行为和绩效进行评估，以便适时给予相应的奖惩以激励员工，其评价结果是劲仔食品进行薪酬管理、做出晋升决策以及保留和解雇员工的决定等重要人力资源管理决策的重要依据。

4. 薪酬管理

作为人力资源管理的一项重要职能，薪酬管理必须服从和服务于企业的经营战略，要为战略的实现提供有力的支持。劲仔食品行政人事部通过对于公司内部具体情况的分析，选择了计件工资和计时工资的两种计算方法。其中，计件工资计算方法适用于生产线车间员工，薪资构成为：计件工资+补助-应扣款（领物款、赔偿金、罚款等）。计时工资的计算方法适用于生产特殊岗位、机修、后勤人员（文员、清洁工、门卫、食堂）、管理人员，其薪资的构成是：基本工资+绩效工资+补助-应扣款（领物款、赔偿金、罚款等）。

随着这一阶段行政与人事的正式分离，行政人事部的建制呈现出专业化、合理化。由于业务量的增多，这一时期行政人事部开始扩充员工人数，仅仅是行政人事部中负责人事的员工就已经达到了 30 人。此时的劲仔食品的规模也在不断地扩大，拥有了六个厂的规模，因此行政人事部在不断充实自己内部的基础上，为很多岗位配备优秀、专业的人才，同时也在进一步调整优化行政人事部的内部结构，为今后劲仔食品人力资源管理更加专业做着准备。

三、人力资源部阶段

2015 年，随着劲仔食品产能的提升，员工人数不断增加，众多的人员需要消耗大量的管理资源，因此成本也在不断地提升，公司的利润空间在逐渐减小。为了进一步提升内部的运行效率，劲仔食品决定进行产能合并，将原有的洛王、郭镇、康王、平江、洛阳、岳阳县六个分厂，进行产能合并。原有的六个分厂规模不大但很分散，导致管理成本、运输成本、人力成本很高。当时劲仔食品准备在岳阳、平江建立生产基地，劲仔食品在平江县拿下了 100 多亩的土地，用于生产。此外，在岳阳市政府的支持下，副总经理带领公司各部门负责人组建项目组，只用了 100 天的时间，在杂草黄泥上建立了四层工厂，并开始试生产，可以说创造了行业里的奇迹。经过资源的重组和整合，劲仔食品将原有的六个厂整合成为岳阳、平江两个基地，与此同时劲仔食品也对内部的管理人员进行了一定的重组，将员工人数维持在1700-1800人之间，减少了一大笔人员的支出，对于控制成本很有必要。

此时，如何确定组织的人力资源战略，做好组织的人力资源规划，如何招聘、留住、开发以及激励组织需要的各类人才，如何把握好职位分析、绩效管理、薪酬管理等人力资源管理的关键环节，如何建设良好的组织文化，已经成为劲仔食品必须要考虑的问题。原有的行政人事部已经无法满足劲仔食品生产改组后的人力资源管理，因此，劲仔食品在原有的行政人事部中进行了优化与细化，最终于2015年成立了人力资源部，这是劲仔食品人力资源探索的第三个阶段，人力资源部的建制也一直沿用至今。

（一）组织结构框架

劲仔食品成立了人力资源部之后，首先根据不同公司的业务需求对人员结构进行了合理的规划，根据不同人员的业务水平、学历、实务能力等进行合理地配置，其中，目前劲仔食品有限公司人力资源部的人员构成及业务板块和分工如下：

以华文食品股份有限公司长沙总公司人力资源部为例，其人员经历及具体的业务板块如下：

华文食品股份有限公司长沙总公司人力资源部，目前的人员情况为：卢盈任部门经理，部门内有彭朝阳、罗紫云、刘晴、李承莹、周蒙五位员工。其中，彭朝阳2012年担任华文食品公司党支部副书记；2013年打造员工生日文化，担任华文爱心慈善基金会副组长；2014年策划实施首届年会；2015年组织第一届职工文化艺术节；2016年推动部分企业文化活动得到传承，形成具有华文特色的企业文化活动；2017年开始学习负责招聘配置工作；2018至2019年开始学习负责培训与开发。罗紫云2014年学习油炸生产车间薪资核算与工伤核算；2015年开始学习负责培训与开发模块工作；2016年设计培训与开发机制，考取中级企业人力资源管理师；2017年开始学习负责薪酬福利管理模块工作；2018年全面承接营销中心薪酬工作，正式推行股份公司双休模式，代理部门负责人产假期间工作；2018至2019年开始学习负责绩效管理工作，全力协助薪酬体系设计工作。刘晴2017年前台期间表现获得一致认可，抓住调往省公司的机遇，积极钻研社会保险政策，顺利申报养老保险过渡试点政策及其他政策；2018年开始学习培训与开发模块工作，深耕五险一金政策，考取中级企业人力资源管理师；

2019 年编写灵活用工形式的可行性报告，设计功能自动便捷、科学、实用的在职员工档案。李承莹是 2017 年应届毕业生，第一步开始学习绩效考核工作，1个季度的学习时间，基本可以独立操作日常工作；2018 年主动提出学习薪酬核算及五险一金业务办理工作，首次开发绩效管理公开课，并担任讲师，受训人数达 130 人，设计的绩效管理机制具备科学及实用性，成为各部门的有效管理工具；2019 年开始学习负责招聘与配置模块工作；改良输出结构化/半结构化面试方法，职业性格测试等专业工具。周蒙 2018 年开始学习培训与开发模块工作；2019 年开始学习薪酬核算工作，加班超时报告体现了相关部门管理效率差异性，考取了初级人力资源管理师。

（2019 年 8 月 15 日，周四下午，华文 HR 之星专业能力竞赛，PPT 资料，郝怡冰整理）

可以看出，劲仔食品成立了人力资源部之后，从人力资源部员工的专业性上来看，较之前是有重大的进步的。以长沙总公司人力资源部为例，在招聘员工时就非常注重考虑员工的性格优势以及员工擅长于做什么，要将每个人擅长的优势放在他最适合的位置。团队中的各位员工之间也是互补的，大家都会用自己的长处去弥补他人的短处，这样整个团队搭建起来，阵容结构以及相互配合之间就非常合理。目前团队的成员既有老员工，也有 211 院校毕业的人力资源科班出身的，目前团队的人员构成也比较合理，既有年轻的科班出身的青年才俊，又要实务经验丰富的老将坐镇，是一支专业、务实的队伍。

（二）核心业务板块

劲仔食品的人力资源部还在招聘与配置、培训与开发、绩效管理、薪酬管理、劳动关系、人力资源的规划六个环节进行了优化升级，不断提高劲仔食品人力资源管理的理论与实践。

1. 招聘与配置

人力资源管理的一项重要功能就是要为企业获取合格的人才，尤其是在人才竞争日趋激烈的今天，能够吸引并甄选到优秀的人才已成为企业生存和发展的关键，因此人力资源部的招聘与配置环节愈发显得重要。

劲仔食品的人力资源部自成立以来，主要负责整个生产过程的监管，进行生产过程监督与检查，对于企业内的不规范行为进行纠正与处罚，还要为企业内部其他部门提供包括提供各种人员招聘以及配置的标准与模板等在内的服务。

在招聘与配置环节，劲仔食品从 2015 年发展至现在，其人力资源部逐渐形成专业化的运转体系，主要体现在以下三个方面：

其一，形成了完整的人事招聘运作流程。这一完整的人事招聘的运作流程包括招聘计划、用人部门经理或主管的审批、初试前期工作、初试、复试、录用等一整套系统、完备的人事招聘运作流程。

其二，制定了包括行政人事部主管、人事专员、行政专员、食堂、门卫、保洁的行政人事部人员编制明细表。通过规范化的章程设计完善了员工入职运作的流程，其中包括员工入职报到、填写《员工入职登记表》、办理临时通行证与考勤卡等、安排员工的衣食住行、员工到用人部门报到、新入职的员工进行培训以及签订劳动合同等，通过制度设计使主要流程更加完整。

其三，不断创新人才招聘与配置的渠道和方式。劲仔食品改变了以往张贴广告等简单的招聘方式，拓展了网络渠道进行招聘，随着招聘经验的增多，人力资源部会对网络渠道，58，还有猎聘等招聘渠道进行分析，通过专业的分析比对，梳理总结出普工比较适合什么样的渠道，人资的办公室等专业技术岗位适合什么样的渠道等，进行有针对性的招聘选择。同时，劲仔食品也会从高校里面来遴选人才，比如劲仔食品跟武汉理工、湖南理工、湖南农大等高校合作，通过校企合作的方式，输送一些应届高校毕业生和实习生。

值得一提的是，劲仔食品人力资源部的面试的 24 问是在实践中摸索出来的非常具有实用性的面试技巧，通过每一个问题来察觉候选人的职业动机、职业生涯规划、职业期望、求职以及工作经历等，采用更加有针对性、专业性的面试方式，以达到优化招聘与配置环节的目的。

2. 培训与开发

在培训与开发环节，伴随着劲仔食品的发展，其培训的力度与专业性也不断得到强化。

第一，为员工提供培训，设立专业的培训制度进行人才的培养。企业员工通过培训可以充分了解企业的价值理念、社会责任、企业使命，明确企业的经营理念和制度，在工作中时刻以此为指导，不断增强员工的使命感和责任心，最终内化为员工的自主行为，从而提高企业的管理水平和工作效能。

第二，从组织结构来看，劲仔食品具有一个系统、完整的培训体系，比如，培训规章制度，培训人员，培训场地等。其中，劲仔食品著名的华文学院，就提供了一个交流与学习的良好基地。劲仔食品通过成立华文学院，为企业内部的员工提供了学习与交流的平台，在华文学院中会邀请很多高校的教授、培训机构的培训资源等进行座谈会和交谈会，并且会为员工们推荐合适他们职业发展的课程，还会定期组织企业内部员工的集体外出学习与培训，将外训、内训相结合，在内部挖掘一些内训的讲师，形成资源的合理配置。

第三，鼓励员工参与各种进修与学习。比如鼓励员工考取与本职工作相关的专业技术职称证书，给予一定比例的报销。比如很多员工会考中级人力资源、高级人力资源管理师，只要与工资岗位性质相关的，劲仔食品都可以为员工报销职称费，比如说初级报销1000元、中级报销2000元、高级报销3000元等。公司都也会全力支持员工进行学历升级。再如，劲仔食品的每个部门内部都会购置一些相关的书籍；还有，发起的劲仔学院成为员工们继续深造的重要举措。这些举措带动了员工们在学习的过程中提高劳动技能与专业素养，对员工们产生了潜移默化的影响。

由此观之，劲仔食品人力资源部通过开发、建立这样的一个学习平台，包括找培训机构培训资源，推荐员工外出培训，还通过在内部挖掘一些内训的讲师，将内训与外训结合起来，形成良性的运转体系。提升员工的眼界以及业务能力，并根据员工的不同特点及现实情况制定适合员工未来发展的培训课程，也会形成共同学习的企业氛围。

3. 绩效管理

由于绩效管理是基于绩效进行的，因此我们需要首先对绩效有所了解。在一个组织中，广义的绩效包括两个层次的含义，一是指这个组织的绩效，二是指个人的绩效。在本小节中，介绍的主要是后者。

在绩效管理环节，劲仔食品人力资源部一直贯彻着这样一个理念，即"绩效是一个很好的管理工具"。在绩效管理中，所有衡量指标的设计都是在调研的基础上，充分考虑不同部门以及不同层级的实际工作情况来制定的，人力资源部都会辅以相对应的支持与帮助。虽然绩效管理没有办法解决所有的问题，但是通过合理地规划，绩效管理能在一定程度上解决管理方面的问题。经过长期的实践摸索，劲仔食品人力资源部在绩效管理的环节经历了没有绩效、简单绩效、KPI 等指标设计的三个阶段，在绩效工具的使用上，是在不断地升级的。

劲仔食品人力资源部的绩效管理的标准主要采用《工作态度 360 度评分表》《KPI 月度数据采集表》和《月度绩效考核表》。

《工作态度 360 度评分表》是通过对员工工作态度的进行 360 度全方位的考核法，即进行上级下级横级，横向对比做考核，每月由直接上级（60%）、部门内部（40%）分别进行评价，每季度一次由直接上级（40%）、部门内部（30%）、横向部门（30%）分别进行评价。

《KPI月度数据采集表》通过KPI的简单的指标设计，将绩效以及薪酬结合在一起，并且不断升级与更新，逐渐由绩效考核升级为绩效管理。其中，KPI考核是指各部门可根据部门计划调整、实际工作内容变化、绩效面谈等情况，及时进行关键绩效指标和任务指标调整。在KPI指标的设计中，劲仔食品人力资源部通过调查问卷的方式，关于指标的科学性在全公司范围内进行调查，不仅考虑到了上下级之间考核的横向标准，还从领导力、团队建设、改善创新、成本、执行力、沟通协作等方面进行纵向的考核。其中，新员工入职第五周开始制定绩效考核指标，转正后开始绩效考核；新调入或调岗人员视实际情况参照新员工绩效考核时间流程，或第三周开始制定绩效考核指标，第二个月开始绩效考核。KPI的设置原则是可设置挑战目标项，挑战目标应满足可实现性和挑战性等原则。

《月度绩效考核表》由三部分组成，第一部分是工作态度考核，主要考核工作责任心（20%）、工作效率（20%）、独立工作能力（20%）、团队合作（20%）、工作沟通（10%）、学习态度（10%）；第二部分是临时任务考核，主要考核员工对于突发事件的处理能力，考察员工的随机应变能力；第三部分是KPI考核，以KPI的专业性为员工的月度考核设置测量的标准以及尺度。

劲仔食品人力资源部在绩效管理方面也在不断地进行更新，不断摸索出具有特色的考核机制，人力资源部在其中还承担着绩效的复核任务，其中挑战目标由各部门设置，人力资源部复核，通过后次月生效。在绩效管理环节，对于劲仔食品人力资源部的管理层来说，主要考虑的问题是关于领导力、团队建设、如何进行改革创新、成本控制等问题；对于劲仔食品人力资源部的执行层来说，关注的是执行力、沟通与协作的能力、独立工作的能力等。

劲仔食品人力资源部也设置了几个扣绩效得分的严格标准，一是比如绩效考核中，不依据岗位职责和绩效管理制度对员工进行考核的；二是由于个人失误（未按规定程序操作、评价不客观等），导致员工绩效考核结果发生重大偏差的；三是在绩效管理工作中存在弄虚作假、打击报复、不能保持客观与公正的。

平江一车间中段二线主机手韦师傅是华文食品中一线工人的代表，每天面对着流水线机器的生活，大多数人都会想到卓别林的《摩登时代》这部喜剧中夸张、讽刺的画面，然而韦师傅把这种生活当作是创造未来美好生活的必然阶段。对于他来说，在小孩出生后，肩上多了一份责任，挣钱为老婆孩子过上好的生活就是最朴实、最实在的幸福，于是想尽力在厂内的绩效考核中拿到好成绩，这样便可以提升自己的竞争力，争取到更多的工资。

"提升竞争力就是提升自己，做得好能得到上面的表扬，然后上面会给你加分。"

（2019年8月15日，周四下午，访谈一车间中段二线主机手，申林灵记录）

4. 薪酬管理

薪酬管理是指企业在经营战略和发展规划的指导下，综合考虑内外部各种因素的影响，确定薪酬体系、薪酬水平、薪酬结构、薪酬够长，明确员工所应得的薪酬，并进行薪酬调整和薪酬控制的过程。①

很多公司外请咨询机构，进行薪酬体系设计。而劲仔的薪酬体系是由本公司全程自主开发的。体系的设计理念是结合薪酬、晋升、绩效考核、福利等板块，构建联动完备的薪酬待遇体系。薪酬设计表在设计之初，找了大量资料验证，也请了专业的测算公司协助。前期的准备工作过程中包括不断进行外部学习专业的薪酬体系设计相关的课程、请教专家，然后设计出符合劲仔实际情况的薪酬体系，前期调研除了外部调研，主要的是内部调研，其是对高层的一对一访谈和员工的问卷调查。设计之中考虑到要将薪酬与晋升挂钩，即每个序列员工晋升一级，他的薪酬也随之发生变化，实现名和利的匹配。并且将晋升与绩效考核紧密联系在一起，在设计晋升通道的时候，每个级别都要设计相应的任职资格模型的考核要求。除了一些共性指标外，还要根据每一岗位的工作内容和性质，提出具体的考核要求。比如人力资源部的职位晋升，6大板块至少要精通其中的2到3个板块，并且对其余板块都很熟悉。而且对每个板块都要实实在在地做过一些工作，不仅是日常性的工作，也会涉及一些趋势的设计，项目的推进等。这些指标要求就构成了每个岗位层级的任职资格模型，达到这些要求就能实现职级的晋升。

再比如，经过反思与改进，改变了原来无规律作息时间的不合理的制度，逐渐形成了按天计算的薪酬制度，这对于劲仔食品的薪酬管理是重要的进步。就员工的工资来说，劲仔食品在薪酬管理方面经历了四个不同的阶段。第一个阶段，劲仔食品形成了较为合理的计时工资的制度，强调薪酬制度过程和结果的合法性。

经过多次摸索与改进，劲仔食品薪酬制度进入了第二个阶段，开始推行26天单休制的薪酬管理模式，即刨掉一个月的休息日，按照26天进行薪酬统计，

---

① 董克用、李超平. 人力资源管理概论（第三版）[M]. 北京：中国人民大学出版社，2019. 322.

但这在实践的过程中也存在着问题。比如采取这种单休制的话并没有合理的注意到这个作息时间的概念，也就是说员工每天工作 8 小时、9 小时、10 小时没区分，比如员工上 12 小时的班与上 8 小时的班最后拿的工资一样多，各个部门的员工都会对比彼此的工资，最后虽然大家工资都一样，但每个人的工作时间可能是不一样的，这样就无法最大程度地发挥每位员工的积极性与创造性。

最终通过改进，劲仔食品的薪酬管理环节进入了第三个阶段，即开始推行标准工时制，工资制也根据实际情况划分为三种：综合工时、标准工时和临时工时。也就是说，一旦工作日员工工作的时长超过 8 小时，公司就会结算 1.5 倍的加工费，这也是逐步在计时工资方面规范和专业的一个尝试，为了更好地激励员工，劲仔食品希望通过梯级奖励，来最大限度地保证员工薪酬的公平。

第四个阶段是劲仔食品现在使用的 6 天、8 小时标准工时制，针对一些关键的岗位，根据不同的岗位也会有不定时工时制。通过在实际情况下的改进，目前实行的工资制度是 2017 年推出的 5 天 8 小时制，这对于员工来说更加的合理，其中包含了周末的概念，通过定员、定编、定岗等合法地给员工计算工资，并且在招聘方面进行联动。

此外，为了更好地了解企业薪酬管理水平，2018 年华文食品曾做过一次薪酬调研，形成了一个调研报告，当时是通过相关的专业渠道、网络渠道，还有一些人力资源的渠道，在获取了外部的一些同行，食品行业的信息后，与同岗位的水平对比，将最后的调研报告输出的最后的结果，得出华文食品在管理岗位、销售岗位、专业技术岗位等的薪资水平是有一定的竞争力的，在同行业中处于较高的水平。当时华文食品将薪酬用分位值进行分级，简单地说就是从 0 到 100 分为 25 分位值、50 分位值、75 分位值和 100 分位值，分别代表着低水平、中等水平、较高水平、高水平，通过 2018 年的这个调研，华文食品处在 75 分位值。总之，华文食品在绩效和薪酬这个板块，充分结合了企业实际，尊重了企业员工的需求，具体问题具体分析，经历了由简单到成熟的过程。

总体来看，在薪酬管理方面，劲仔食品人力资源部处于统领的地位，同时也充分展现了人力资源部作为决策部门对于员工的重视，人力资源部颁布政策的出发点始终关注到员工的福利以及工资是否合理，同时也积极关注在制度运行过程中产生的问题。

5. 劳动关系

劳动关系是指国家机关、企事业单位、社会团体、个人经济组织和民办非企业单位（可以称之为用人单位）与劳动者之间依照法律签订劳动合同，劳动者接受用人单位的管理，从事用人单位合理安排的工作，成为用人单位的一名成员，从用人单位领取劳动报酬和受劳动保护所产生的一种法律关系。①

在劳动关系环节，劲仔食品的奖惩制度是和员工的绩效成绩挂钩的，并且会鼓励员工将个人的绩效与整个部门的绩效联系起来。假设某个员工个人的绩效不落后，但这位员工所在的部门落后或者是同类岗位落后，公司就会认定此部门的绩效成绩比较落后，部门内的员工就面临着末位淘汰的局面，公司如果此时解除劳动合同也是合理合法的，并且不需要支付经济赔偿。

此外，劲仔食品还积极地将制度设计与劳动合同联系在一起。针对实际中产生的情况，劲仔食品积极在调整企业的劳动关系环节。举个例子，比如一些员工比较自由散漫，自以为不受法律和合同的约束，曾经出现"想来就来，想走就走"的情况，类似这种事情在 2012 年至 2013 年时经常发生，成为一个亟待解决的问题。劲仔食品人力资源部便展开了积极的探索，他们不断地进行外部培训，学习法律法规等，通过与专业律师的交流之后，人力资源部决定将制度设计与劳动合同紧密联系在一起，如若再遇到过去的情况，公司则会根据制度来办事，如果某一员工出现不辞而别并超过三天的就按照旷工处理，公司要求必须来办手续，如果其拒不办理的话则视为员工自己解除劳动合同。经过不断地改进，目前劲仔食品在劳动关系方面可以说已经比较成熟了，这种成熟既来自于对于细节的推敲，也来自实际经验的积累。

6. 人力资源的规划

在人力资源的规划环节，劲仔食品主要是对晋升机制进行设计，设置专业的晋升渠道，来激发员工的积极性。具体来看，在专业领域，要形成一个从一个比较基础专员级别到骨干级别，到专家级别，再到资深级别的晋升机制。技术岗的话，比如说先从一个助理技术岗，到初级工程师，再到中级、高级。管理岗的话，是从专员到组长，到主管到经理，再到总监，甚至副总经理。劲仔食品人力资源部通过设计专业的晋升渠道，形成了竞争的机制，将晋升渠道与薪资挂上钩，此外人力资源部每年都会修订公司内部每个部门的编制，即每年 3 月和 9 月是劲仔食品薪资晋升的周期，每一个周期会持续半年的时间，晋升的比例是每一个周期是可以用到部门编制的 30%，也就是说一年两次加起来，在部门没有职位上升的空间的情况下，有 60% 的人是可以加薪的。这也就相当于：

① 王裕民，吴国庆等. 劳动关系与争议处理：政策与实务. ［M］北京：北京大学出版社，2008 年.

"在公司内部设计了一套任职资格，明确每类员工的晋升通道和发展前景，员工在逐步晋升中实现激励。除此之外，这样还拓展了员工们的晋升空间，以前工作6、7年还是专员，员工的积极性会不断减弱，现在员工按着发展渠道不断成长，看到自己的提升进步，员工有很强的自我实现意识。这样就给予了愿意成长的员工成长的空间，也给一些员工以危机感，促进彼此间的良性竞争。"

（2019年8月13日，周二下午，访谈人力资源部经理、绩效专员，朱宏强记录）

劲仔食品人力资源部还鼓励员工积极地自我提升，有的员工为了在自己的工作领域做到更专业，还自主自费进行学习。总之，在人力资源的规划环节，人力资源部并没有亦步亦趋，被动地进行变化，相反人力资源部始终会全方位地进行考虑，不断地更新理念，提出新的想法，重点考察外部薪酬水平和内部薪酬水平，并且充分考虑到制度在实践过程中的效果，并随着实践的变化不断调整。

除此之外，劲仔食品有一个重要的爱心基金的平台，劲仔食品人力资源部在晋升渠道上不仅考虑到业绩与学习力，还会重点考虑爱心。华文食品的员工们有爱心是可以加分的，这一项是锦上添花的，如果员工获得了很多的荣誉，为公司赢得过市级、国家级的荣誉，这也是会重点加分的项目。

第三节　人力资源为劲仔食品续航

劲仔食品人力资源部在其自身的发展过程中，既具有一般人力资源部门的角色定位，又具有劲仔食品人力资源部门的特定的角色定位。随着劲仔食品人力资源部的组织结构进一步优化，核心业务板块也在进一步明确，对于劲仔食品的战略发展意义也逐渐彰显。首先，劲仔食品人力资源部在人力资源实践中不断完善其管理模式和管理方式，在招聘、培训、薪酬上，形成了具有稳定性和持续性的组织运营模式。比如，形成了独具特色的华文学院，即以劲仔食品企业高级管理人员，重点大学教授及专业培训师为师资，通过实战模拟、案例探讨、互动教学等时效性的教育手段，对内部员工进行企业文化培训、战略宣导、知识更新以及工作能力开发，满足员工终身学习的新型教育、培训体系。另一方面，劲仔食品人力资源部作为连接"人"与"业务"的重要桥梁，需要具备商业远见，以更为切实地协助公司完成战略布局和决策的制定。劲仔食品人力资源部紧紧围绕劲仔食品的企业战略目标，通过人力资源规划对未来人力资源需求做出预测，然后再依据这种预测通过招聘录用或者培训与开发来进行人力资源的储备，从而为劲仔食品战略的实现奠定了坚实基础。人力资源为劲仔续航主要体现在以下三方面。

一、发挥上下联动的调度功能

人力资源管理部门要及时、有效地为其他部门提供相应的服务，尽力满足其他部门的需求。① 就劲仔食品人力资源部来说，主要体现在以下几个方面。第一，劲仔食品人力资源部在做出人力资源管理决策时，既要充分地了解劲仔食品的发展情况和各部门的需求，又要及时地向各个部门及时地了解情况，这个前期的调查研究已经成为劲仔食品人力资源部提升决策针对性的常规操作。第二，劲仔食品人力资源部在公司中积极地与其他各部门进行联络，得到各部门的支持与配合，这样才能使相关的人力资源管理制度和政策能够真正地落到实处并且发挥效用。第三，因为人力资源管理的实质就是要提高员工的工作技能，激发员工的工作热情，从而推动企业目标的实现，因此劲仔食品人力资源部特别注重对于员工培训与激励，比如在培训与开发环节，劲仔食品人力资源部通过制定培训体系，汇总各部门的需求，平衡形成劲仔食品培训计划，组织实施培训，收集反馈意见等，使人力资源管理工作贯穿于劲仔食品员工的日常管理之中，进一步改善员工为客户提供服务的方式、态度和水平，进而促进劲仔食品的竞争优势。

二、激发员工内生动力与学习能力

通过人力资源核心工作版块的实施，发挥人力资源管理在公司内的上下联动机制，其用意在于激发员工内生动力，调动学习能力，不断提升专业技能、建设对企业的归属感，在此基础上提升职业素养，实现人力资源的增值和对企业的贡献。具体来讲，劲仔食品通过提供学习深造机会、促进团队合作、鼓励创新、明确绩效等手段，引导员工形成乐于学习、敢于创新、爱岗敬业的态度与行为。既注重吸纳适合的人才，又有一套机制，聚积人才，形成较为稳定的

---

① 董克用、李超平 . 人力资源管理概论（第 3 版）［M］. 北京：中国人民大学出版社，2019：94.

人力资源供给与培养团队，为企业持续发展提供重要的人力资源基础。

三、提升员工需求与企业需求的匹配度

劲仔食品在员工需求方面展现出激励实现的深层互动，即在考虑公司利益的基础上满足员工利益。据劲仔食品的员工都说董事长周劲松是一个非常具有人情味的领导，员工们对于周总也是非常信服，周劲松会经常走进一线去关心员工的吃饭问题、水电供应、保暖等需求，这种人文关怀的传承是会影响到整个企业的文化。劲仔食品人力资源部不仅充分尊重员工的正当要求，关注他们真正的需求，同时通过开展各项文化活动、业务培训等方式与员工进行密切的沟通交流，关心员工在企业内的成长与发展，还建立科学合理的薪酬制度，确保员工获得物质保障之后获得追求精神满足的机会，提升了员工对于企业的归属感、荣誉感与责任感。

第七章

企业发展的内驱：企业文化铸造

　　2019年2月12日晚上，华文家人们来到了"跨越2019，同心耀未来"新春家宴的现场，心中还洋溢着开工大红包带来的喜悦。伴着一声声"过年好"，华文家人们在宴会厅门口的签名墙上留下自己的"家庭印记"。进入厅内，酒菜已经备好，台上大屏幕播放着华文的VCR，但大家一眼看到还是远处那一桌红彤彤的奖状和现金以及金灿灿的奖章。正红封面，烫金大字，一张张奖状书写着华文人过去一年的辉煌。"劲仔"标志，专属题名，一块块奖章照耀着华文人新一年的光辉前程。颁奖环节正式开始，一位位荣誉获得者在礼乐声中走上舞台，周劲松等公司领导为他们颁发证书和现金并佩戴奖章。这些奖项不仅针对生产、销售表现突出的员工，还包括对这一年送子女上大学员工的教育奖金。颁奖之后，歌舞节目将家宴推向新的高潮。看台上的演员都那么熟悉，原来一个个都是隐藏在身边的大明星。一片欢腾之后，华文家人们开工在即，新一年的征程就此开启。

　　（2019年2月12日，周二晚，观摩华文食品新春家宴笔记，朱宏强记录）

　　企业在经营运行的过程中，人才的培养和团结是企业成功的必要因素，而凝聚起人才的共识与力量则需要企业文化。说起文化，人们会觉得它是一种看不见、摸不着，却总会让人有所感受的状态；而企业文化，却似乎能让人产生更为直观的感知。特别是当人们踏进到一个企业时，那里人们的精神面貌、言谈举止、服饰着装、环境布置等等，都成为显露企业文化的窗口。如果将企业比喻为在市场风浪中运行的一艘船，企业文化则是贯穿在人们通力合作驾驭这艘船的过程中，所进发的共识与力量。

　　作为企业发展的内在驱动力，企业文化不是自然而然地形成的，而是通过塑造的方式建立起来的。劲仔食品的企业文化经历了时间、实践的累积，并且企业文化的构建对于劲仔食品的发展起到了至关重要的作用。从内在驱动力的角度来看，劲仔食品的企业文化建设不仅是提升其企业核心竞争力的内在需求，而且是提升企业现代化经营管理水平的需要，也是培育其员工内生动力的需要，同时还是打造劲仔食品的品牌形象的需要。在培育企业文化的过程中，劲仔食品还根据企业自身的实际，设置了精英誓词、三关制度、年会制度、劲仔开放日等特色管理活动丰富企业文化的形式，并且通过工会、华文学院等机构平台推动部门之间的有机配合，在劲仔食品企业内部形成了良好的氛围，实现了企业文化的内化。在企业文化内化的基础上，劲仔食品继续努力精进、沉淀其企业文化，最终使企业文化外化，劲仔食品的企业文化向外传递出其公司的品牌形象，蕴含于其中的价值观念和生活理念也被更多人认同和接受。

第一节 企业文化内涵及意义

企业文化是企业经营实践和价值理念的集中反映，凝聚着全体员工的思想共识。企业文化与企业的经营发展、员工的交往实践密不可分，有其自身的形成发展阶段。同时，企业文化的发展与企业发展相互促进，源于实践又发挥支撑推动的作用。

一、企业文化的内涵与功能

自企业文化的概念的提出并传入中国，我国学者和企业经营管理者们肯定企业文化的存在及其发挥的作用，但对于企业文化的概念内涵有各自的见解。有学者从广义和狭义认识企业文化，狭义上指企业生产经营实践形成的一种基本精神和凝聚力，以及全体员工共有的价值观念和行为准则，广义上还包括企业全体员工的文化素质和文化行为，以及企业有关文化建设的举措、组织、制度等。[①] 有学者认为，企业文化是企业生产经营实践中逐步形成的，为全体员工认同并遵循的、带有本组织特点的使命、愿景、宗旨、精神、价值观和经营理念，以及这种理念在生产经营实践、管理制度、员工行为方式与企业对外形

---

① 陈春花. 企业文化的改造与创新 [J]. 北京大学学报（哲学社会科学版），1999，（3）：53.

象的体现的总和。① 有学者认为，企业文化是企业大多数员工所认同的价值观念、行为准则等意识形态和物质形态，是企业进行文化管理的结果。② 等等。通过对这些概念的比较对照，我们可以得出以下几点对于企业文化的共性认识：一是企业文化萌芽、发展、形成于企业的生产、经营和管理实践中，并随着实践的深入更加明晰、完善而发挥更大作用。二是企业文化是企业内全体员工共同观念意识的集中反映，这是各企业的企业文化区别于其他企业的本质所在，展现出特有的价值理念。三是企业文化具有复合的内涵层次，对不同内涵要素的选择和划分构成了企业文化的不同概念。对于企业文化要素的概括，美国学者迪尔、肯尼迪提出的企业环境、价值观、英雄人物、仪式与礼仪和文化网络"五要素"论做出了重要探索。③ 在研究中学者们围绕价值观念、企业精神、企业形象、企业道德、领导人物、行为准则、管理制度、文化活动以及企业的产品、质量、服务、品牌等要素内容，结合理论与实践研究不断深入对企业文化的认识。

企业文化产生形成于企业的生产经营管理实践，并在发展中发挥重要的推动功能，主要体现在以下几点：第一，引领功能。企业文化能够引领职工朝着特定的目标而努力奋斗，虽然每位员工能力与性格不尽相同，但是企业的文化以及氛围会引起员工强烈的情感共鸣，对员工产生潜移默化的引领作用。第二，凝聚功能。企业文化具有凝心聚力的重要功能，它能够在企业内部形成众所周知的文化制度。在这种文化制度的影响下，企业的职工得以凝聚成为一个利益共同体，进而在企业内部形成强大的精神支柱，使企业职工共同向企业的发展目标而努力奋斗，不断地提升企业的竞争力。第三，鼓舞功能。企业文化具有鼓舞职工的功能，能够使职工的内心活动同企业文化形成良性互动，并使职工产生强烈的使命感和责任感。企业文化使大多数员工形成了对于公司的归属感，于是他们能够以更高的热情和更饱满的状态投入到工作中，进而为企业发展做出更大的贡献。

① 艾亮. 企业文化建设研究 [D]. 天津大学博士论文，2012：40.

② 吴照云，王宇露. 企业文化与企业竞争力——一个基于价值创造和价值实现的分析视角 [J]. 中国工业经济，2003，(12)：79.

③ Deal T. E., A. A. Kennedy. Corporate Cultures: The Rites and Rituals of Organizational Life [M]. New Jersey: Addison Wesley, 1982.

二、劲仔食品企业文化的发展

企业文化不仅与每个企业的特质息息相关，不同企业土壤中培育出不同的企业文化。而且同一企业中的企业文化也不是一成不变的，伴随着企业不断发展演进，表现出突出的变化性。在企业成长的不同阶段，企业文化呈现出不同的样貌。企业的人员规模、生产体量等实际情况提出了发展与之相适应的企业文化的现实需求，以充分发挥企业文化在当前阶段的特有功能。在劲仔食品，企业文化的这一变化性特征也表现得尤为明显。

（一）以情感维系为基础的探索阶段

从周劲松夫妇脱离单打独斗的个体户阶段，雇佣工人开办工厂开始，一直到华文食品股份有限公司成立初期，企业文化发展处于以情感维系为基础的探索阶段。在这一阶段，整个企业更多是依靠亲情、友情、同乡之情等情感凝聚起来，企业家个人的人格魅力在企业文化形成中发挥着关键作用。依靠情感维系发展起步往往是中国企业的常态。有一个商人在外落地生根，往往能带动一大片乡亲共同发展，古有徽商、晋商，现有浙商、温商，都是其中的鲜明体现。这是深受中国人情社会属性影响的结果。在发展起步缺人手的时候，人们往往最先想到的是自己的亲戚朋友，周劲松也是如此。在周劲松初到洛阳，快要支撑不下去的时候，是他的妻子回乡找来了三个同乡帮忙渡过了难关。到了1999年，周劲松的工厂有了一定规模，开始在各地布点、向全国市场扩张时，帮助他守住沈阳、成都等各地工厂的是他的堂弟、同乡。当周劲松重回岳阳、开办公司，后来成立华文食品，也离不开亲戚朋友们的支持。而当问到为什么这些亲戚朋友甚至之前并不认识的同乡愿意帮助周劲松，得到的回答都是他们相信周劲松的为人，相信周劲松带领下这个企业的光明前景。这是在企业发展的起步阶段，企业家个人的人格魅力发挥的重要凝聚作用，其精神品质也成为企业文化的核心内涵。周劲松老实厚道的人品，吃苦耐劳的精神，敢于闯荡的勇气，都是征服亲戚朋友、赢得他们信任的关键。也是周劲松的品质感动了他们，相信在周劲松的带领下、在他们的共同努力下，公司一定有好的发展，能够干出一番事业。正是在这种情感维系的信任基础上，周劲松相信同乡的情谊、相信人才的能力，员工们相信周劲松的为人，相信企业的前景，形成了起步阶段特有的企业文化，适应了企业人员层级结构少的特点，满足了凝聚同乡关系为主员工力量的需要。

（二）以制度规范为基础的构建阶段

随着企业规模和产能的扩大，华文食品迈上了专业化、规模化发展的阶段。企业员工也从原来的几十人增长到一百多人，再到后来的一千多人。依靠原先的情感维系难以凝聚如今这么多人的共识，也不符合专业化发展的需要。公司刚开始成立时，人员规模只有几十人，更多的是靠情感去管理，当时的管理模式比较简单，大家就像一家人一样坐在一起，相互介绍后便熟识了，熟络后相互之间的交流更多的是靠情感之间的交流，并没有形成很健全的制度。虽然也形成了一些基础的制度，但是却没有非常规范、专业的管理机制。当公司经过快速的发展，人员规模"火箭般"地急剧扩大。人数的增多也就意味着问题也会越来越多，便不能靠之前情感管理的方式去维持了。在这种快速的发展期，如果公司各个方面没有跟上的话就会很吃力。所以这个时候基于公司的发展状况，公司开始了系统的制度建设、企业文化建设。

制度管理与企业文化之间相互促进、相辅相成。制度管理有一定的约束性，企业文化则相对宽松一些，对凝聚力、向心力和员工归属感的培育有很大帮助。在开展企业规划时，不能把制度全部建设好了，再开始培育企业文化，制度建设与文化建设应该是齐头并进的过程。对于企业来说，企业制度的建设是企业文化调整的先驱。在制度建设上，华文食品专门请了广州欧博咨询管理公司，开展企业精细化生产的辅导。从采购生产到多渠道销售，从部门架构到人员管理，成文的、符合公司实际的制度规定逐渐形成、完善。华文食品转型为依靠制度管理维系生产运行的现代企业。与制度完善紧密相连的人员管理也必然发生变化，制度规定一定程度上代替情感维系凝聚起员工的共识和力量。这一阶段的企业文化以符合绝大多数员工理念的精神内容呈现出来，比如说企业精神、企业规章以及各种形式的企业文化活动。这些内容将企业运行中可持续、可复制的文化精髓保留下来并不断积累，形成支撑企业长期发展的企业文化。华文食品人力资源部经理回想起企业文化的发展历程感触很深：

2012年公司规模小，各方面资源有限，而且管理人员和员工对企业文化的意识不足，当时员工的需求也比较简单，所以开始还谈不上有什么企业文化的方向和规划。2013年时公司面临着快速发展的阶段，于是就开始意识到要着手开始构建企业文化。华文那时开始请一些其他公司来写企业核心文化、核心价值理念，公司的愿景、使命等，包括"爱司、创新、包容、厚德"的精神，"简单自由快乐"的理念，"中华美食文化传承者""世界级的食品公司"愿景等，都是当时与中国品牌研究中心合作提炼出来的。但那时也没有向员工宣贯这些文字，讲述背后的故事，体现这些文化，只是作为一种墙上的标语口号，尚未通过案例、活动和机制来诠释这些文化，将这些文化落到实处。

（2019 年 8 月 13 日，周二上午，访谈人力资源部经理，朱宏强记录）

随着公司规模的扩大，各方面慢慢发展，员工的数量也越来越多，华文有限开始尝试通过活动来营造企业的文化和氛围。比如，2012 年，由人力资源部和总经理办公室共同策划举办了"庆中秋·迎国庆"的文艺晚会。当时的厂区还在洛王镇，员工们就在操场上搭了个舞台。所有的演员都是公司里自己的员工，整个活动也是员工们自编、自导、自演的。观众除了公司的领导和员工，还请了社区的干部以及欧博的老师。那场活动收到了观众们的一致好评，特别在员工们心中影响力很大。活动中员工们有很强的参与感，都觉得节目好玩有趣，还有奖项的激励。这是华文食品举办的第一个大型的活动，更是一个起点。在后续的发展中，华文食品逐步实现将企业活动主题与企业文化核心相吻合，以凝聚企业文化作为活动的初衷，通过多样的活动设计来更好地传达华文食品的企业文化。

（三）以愿景为蓝图的多元文化共融阶段

企业文化的塑造培育从根本上讲，需要和企业的发展相协调。2015 年以来，经历深刻的内部管理革新，华文有限勃发了前所未有的生产能力与销售能力，企业进入迅速增长阶段。2016 年，华文有限迎来了佳沃集团 3 亿的战略投资，并启动上市筹备工作。2019 年，华文总部迁至长沙。此时的华文食品，从人员规模到构成，从组织框架到治理结构，都和前两个阶段发生了实质性改变。比如，长沙总部年轻员工、具有现代企管专业技能的员工、高管的加入，总部驻扎在长沙核心商圈高档写字楼的空间位置等等。这使得长沙总部更多表现为公司白领文化，平江华文、劲仔初加工更多体现为蓝领文化。公司人员构成和文化版块，凸显了多元人群的多元诉求。齐心协力促上市，似乎是华文食品上下一致的愿望。在这背后，更承载了来自不同背景、职业经历、生活经历的华文员工的职业梦想，除了以劳动换取报酬的公平感，还有对企业的归属感，以及对专业技能的历练和未来职业道路的设计等等。劲仔食品在这一阶段的企业文化，除了保持制度和情感的相辅相成的之外，如何通过制度设计、管理动作等，将公司发展远景与员工发展愿景更好地结合起来，将白领文化与蓝领文化更好地衔接、贯穿，将消费者文化纳入公司战略考量都是劲仔食品企业文化当下和未来发展的关注点。

三、劲仔食品企业文化对于企业发展的意义

劲仔食品的企业文化以"爱司、创新、包容、厚德"为核心价值观传递出企业的精神，以特色的湖湘美食传递出"简单自由快乐"的理念，将其自身定位为"中华美食文化传承者""世界级的食品公司"愿景等，这些劲仔食品的核心价值观、理念、定位与愿景等背后都蕴含着劲仔食品的企业文化，劲仔食品企业文化对于企业发展的意义主要有以下几个方面。

首先，劲仔食品的企业文化是提升企业核心竞争力的内在需求。企业的核心竞争力是指企业比别人做得更好的能力，是企业独特的能力。企业的核心竞争力可以是独特的服务、更高的质量、更快的交付速度或者更低的成本。民营企业要想在激烈的市场竞争中立于不败之地，就必须要不断提升企业的核心竞争力，企业文化作为企业核心竞争力的重要助推器，为企业的核心竞争力提供了源源不断的动力来源。劲仔食品企业文化中所蕴含的创新的内核是企业核心竞争力的主要来源，主要体现在理念创新、方法创新以及管理创新上。理念的创新是其他一切创新的先导，理念方面的变革与思考能转变民营企业的发展方式与发展格局，促进企业的发展走在一条正确的"快车道"上。方法的创新有助于合理配置资源和提高企业的工作效率，同时也是赢得竞争优势的重要途径。管理的创新则是从企业的实际出发，时刻关注企业内外部的发展环境，对企业的管理制度进行积极调整，对企业内部资源进行合理、高效地整合，是提高企业核心竞争力的重要保障。

其次，劲仔食品的企业文化是提升企业现代化经营管理水平的需要。劲仔食品企业文化建设与其企业现代化经营管理水平也是相互促进，相辅相成的。劲仔食品提升企业现代化经营管理水平主要体现在以下两个方面：一方面，劲仔食品企业文化有益于更新企业的经营管理理念。劲仔食品的长久发展需要不断为企业文化增添富有时代性的内容，劲仔食品企业文化的不断更新也推动着企业经营管理理念的发展。从管理学的角度来看，现代管理者非常重视公司文化的建设，公司文化是公司经营思想、公司精神、道德规范等的综合体，良好的企业文化代表着企业的精神内核，在企业文化的影响下，企业不仅要建立健全经营管理的各项规则、规章与制度，而且要着重培养企业共同的理想信念、奋斗目标等。另一方面，劲仔食品的企业文化有益于完善企业的经营管理机制。劲仔食品的企业文化作为一种软性约束，与企业的规章制度形成的硬性规定相

互补充。劲仔食品的企业文化作为企业内部员工的共同认可的群体行为准则，会使员工心中形成对于道德规范、职业操守、言行举止等规则的认同感，达到行为的自我约束与自我控制，成为企业经营管理机制的有益补充。

再次，劲仔食品的企业文化是培育员工内生动力的需要。劲仔食品将其企业文化的核心价值观"爱司、包容、厚德、创新"融入公司的制度当中，除了形成华文党建、华文慈善基金会、华文学院等组织架构，还形成了以"关心员工发展、关注员工诉求、关注员工健康"为主题的系列活动，通过管理人员的真诚参与、真心沟通、真情解难，以平等包容的心态将员工视为劲仔大家庭中的一员，营造出员工以厂为家的良好氛围，因此员工在企业中得到了归属感，拥有了话语权，对于企业的目标更有动力，目前劲仔食品鱼类零食领先企业，旗下"劲仔"休闲食品已经在国内休闲食品市场中占据一席之地，未来休闲食品市场行情如何？零食行业发展进入快车道。消费升级步伐加快，新兴零售渠道快速兴起，零食行业发展步入快车道，呈现"快、广、多、变"的特点，以绝对的优势在快速消费品市场中"C位"出道。由此可见，企业文化通过长久的、默默的影响，不仅激发了员工的潜能，而且增强了企业内部的集体凝聚力，对于企业的长久发展是大有裨益的。

最后，劲仔食品的企业文化建设是打造其企业品牌形象的需要。劲仔食品的品牌形象已经在湖南省成了地方的标杆，劲仔食品旗下的劲仔牌豆干和小鱼等休闲食品已经进驻了湖南省各大销售点以及便利店等，成为广大消费者日常休闲的首选食品品牌，可谓是凭借其健康、阳光、积极的品牌形象获得了消费者们的尊重，劲仔食品对于企业的品牌形象非常关注。一般来说，企业品牌形象内包含的因素非常广，通常包括产品、服务、经营、管理等多层级、多角度的内容，同时企业的品牌形象也是企业个性的展现，对外传递着企业的理念与文化。企业文化对于企业的品牌形象树立会产生直接或间接的影响，许多民营企业在建设企业文化的过程中，形成了具有各自特色、风格、特点的品牌形象。劲仔食品企业的品牌形象是企业文化的外显表现，也是企业文化的重要载体，劲仔食品企业品牌形象呈现出直接、形象、生动的特点。在良好的企业文化氛围中建设品牌形象，才能推动企业品牌不断完善与发展，最终形成品牌效应。

第二节　铸造企业文化的手段

劲仔食品在培育和塑造企业文化的过程中特别注重通过活动、仪式、机制等手段体现和塑造企业文化，为企业文化提供载体。劲仔食品通过开展形式多样的活动不仅达到凝聚员工，提升员工责任感以及荣誉感的目的，还可以在潜移默化中传递企业的文化以及企业的理念。比如，劲仔食品的仪式引导人将一件事项从情感上郑重对待，通过程序上一定频率的重复找到自身活动的边界以及自身在组织中的定位，从而理顺组织中各要素的秩序，而人群则在这一过程中实现了内外区分。同时，劲仔食品在企业文化建设的过程中还非常注重公司内部的团队建设，也会注重公司内部员工之间的关系以及联系，劲仔食品积极地创造平台给予内部员工以互相交流以及学习的机会。无形的企业文化渗透在劲仔食品各项活动和制度之中。

一、精英誓词

劲仔食品的精英誓词中凝聚着劲仔食品的企业文化，成为体现和塑造企业文化的重要仪式，将企业文化实践化。企业文化来自实践，同时必须指导实践，在实践中展示，通过这些有意义的仪式，企业文化实践已成为企业员工的行为准则，成为企业员工在企业中的思维方式，有效地支配着企业员工的行为与思维。

劲仔食品的精英誓词是新员工入职的一项重要的仪式，是企业内部员工们均熟记于心的企业文化，也是非常具有劲仔食品特色的一项体现和塑造企业文化的仪式。

华文食品精英誓词的内容是："我是华文人，为了公司的振兴，为了自身的发展，我决心：以高昂的热情，认真负责的态度，担负起华文所赋予的责任，对事尽力，对物珍惜，对己克制，对人感恩，居安思危，艰苦奋斗。"

（2019 年 8 月 13 日，周二晚上，观摩平江华文月度优秀员工及技能大赛颁奖会，申林灵记录）

这段精英誓词创作于 2013 年。当时华文食品与品牌策划公司合作为公司制定了特有的企业文化内容，并将当时公司管理层的一些想法融合进来，形成专门的企业文化并在企业中贯彻实行。文化的培育方式是在工作和管理上慢慢渗透进去，员工逐渐形成企业文化的概念，最终实现统一思想、凝聚共识的目的。这个誓词从确立之后，就没有一个字、一个标点符号的改动。经过多年的实践与磨合，员工们也更加认可、认同这些文字。公司组织的每一场大型的活动，公开课也好，比较有代表性的一些场合，会议开始的第一步就是全体起立宣誓，这个场面非常震撼。

　　精英誓词不仅为公司员工所铭记，还深深震撼了见证这一时刻的许多人。有一次周劲松请了西安文理学院的一位70多岁的学者蔡光澜教授到公司来，当时他刚好来岳阳考察，周劲松便请他到公司为员工们开设讲座，增长一下员工们的见识。当时也是临时决定，蔡教授以企业文化漫谈为题，讲述他对企业文化的认知。那天企业办公室的所有人员包括管理人员和公司的高层全部组织在岳阳五楼的多功能厅，大约有100多人。按照以前的惯例，这样的场合公司员工都会宣誓，在现场主持人准备实行这个惯例，组织大家全体起立宣誓。在这之前，有人觉得蔡教授过来讲座，员工们在那儿自己宣誓不太合适。她认为这无大碍，教授不用起立，可以看一看感受一下氛围即可。最后宣誓还是进行了。70多岁的蔡教授非常尊重这个仪式，看到所有人起立，他也一样起立。宣誓完后，蔡教授上了讲台，分享了自己的感受，使当时现场的所有人都感触很深：

　　"蔡教授谈到他对企业接触没有那么多，但是看到现在的企业这么重视企业文化，还有这股力量，用精英誓词来增强凝聚力，他非常受触动。他在谈到自己感受的时候，70多岁的学者真的是热泪盈眶。"

　　（2019年8月15日，周四上午，访谈人力资源部经理，朱宏强记录）

　　正如蔡教授说的，精英誓词自提出以来，已经深深地熔铸到华文食品的企业基因当中，发挥着凝聚、引领的作用，成为一代又一代劲仔人不可磨灭的印记。

二、管理动作

　　劲仔食品在管理制度上讲究的是员工足够自觉，员工可以把企业当家，把企业的事业当成自己的事业，员工发自内心自发地去工作奉献。劲仔食品也希望通过努力，充分发挥部门领导的引领作用，将部门领导以及老员工们的亲身感受回馈到每个员工身上，不但给企业贡献力量，同时能获得一些新知识，与其他员工共同成长。为此劲仔食品创设了"三关制度"、年会制度和劲仔开放日等特色的管理动作。

（一）"三关制度"

"三关"制度体现了公司对员工的人文关怀，同时也增强了员工对企业的凝聚力与归属感，加快了企业文化建设进程。"三关"制度开始于 2018 年的 7 月，率先在劲仔食品平江分公司开展，主要内容是以"关心员工发展、关注员工诉求、关爱员工健康"（以下简称"三关"活动）为主题，通过管理人员的真诚参与、真心沟通、真情解，营造出员工以厂为家的良好氛围，从而凝聚人心。"三关活动"体现了劲仔食品对于员工的人文关怀，首先，劲仔食品关心员工发展，营造想干事、能干事、干成事的氛围，给员工提供实现自我价值的职业空间和成长发展机会，实现人尽其才、人尽其用、适才适岗。其次，劲仔食品关注员工诉求，关注员工的薪酬、津贴和其他福利收入增减变化，科学合理确定工作报酬，努力改善员工福利待遇，关注员工精神需求，给予员工恰当的评价与认可，鼓励员工发挥主观能动性和正能量。最后，劲仔食品关爱员工健康，建立员工健康档案，随时了解员工的健康状况，督促员工关注自身健康，并尽一切可能为员工解决实际困难。

公司特别成立了专门的领导小组，平江华文总经理任组长，生产总监任副组长，相关部门负责人具体负责方案的组织实施，为保障活动有效开展，实行小组成员联点负责制，并且劲仔食品通过在实践中摸索，也建立"三谈四访"制度，"三必谈"即："新员工入职必谈、员工受到表彰或批评必谈、员工工作调动必谈"，"四必访"即："员工生病住院必访、员工思想波动必访、员工天灾人祸必访、员工生活困难必访"。为了贯彻这个制度，在劲仔食品内部有许多生动的例子。在《关心、关注、关爱员工》总结大会的 PPT 上了解到：

"华文食品平江分公司设备主管韩天明，每隔 2-3 天就会到宿舍和同事进行工作与生活上的沟通，设备部的三关就是在日常对员工的态度，时间久了三关就自然嵌入了员工的心中。品质部组长胡岭，当她的组员质检员杨敏上夜班时出现肚子疼痛现象，立马开车自掏腰包买红糖冲水给她服用，并且在加班后主动开车送自己的组员回家。"

（引自""《关心、关注、关爱员工》总结大会" PPT）

这样的例子不胜枚举。而能够达到这样的效果，究其根本还是周劲松作为公司的"一把手"为公司注入的浓烈的富有个人色彩的气质。为了将"三关"制度落实到位，劲仔食品也对领导层提出了明确的要求，即对新入职员工进行入职前培训，由各部门组织进行在岗培训，由各部门负责人执行与落实新员工

《8个一方案》，跟踪考核表单按时按质完成统计汇总。各级管理人员（含组长、主管及经理）负责对新老员工进行人文关怀，并将开展情况及成效填写在《活动自评表》。鼓励管理人员采取走动式管理、工作间歇时沟通、非正式会议等方式，在活动中自主创新，取得实效。特别是对员工反馈的意见与实际困难，管理人员要第一时间进行处理与解决。顶层设计是基础，关键看制度的执行能力。劲仔食品做得好的地方就在于，通过企业文化将所有员工凝聚在一起，以部门主管作为"领头羊"，从上层领导开始亲身示范，员工们因此也感受到来自公司以及领导的关心与关怀。

（二）年会制度

在高层领导的带动下，除了"三关制度"外，劲仔食品还设置了奖励机制来提升员工的荣誉感以及向心力，其中具有代表性的活动有劲仔食品的年会制度。劲仔食品的年会制度是公司一年一度的盛宴，是大家比较期待的一个大型聚会。随着员工人数的增加，到2014年、2015年人数发展到两三千人，组织力度很大。把所有员工集中在一起，需要租用岳阳最大的场地。这项活动开始时全部是员工自编自导自演，娱乐为主的聚会，到现在总部移到长沙，职能和生产分离，年会演变成年度盛典的精简版，以前是节目为主，现在是评选表彰为主，结合公司次年的工作计划、管理团队的任命，还有一些抽奖活动等等，主要参与的人是公司的管理团队、销售精英等。

（三）劲仔开放日

劲仔开放日也是劲仔食品传递企业文化，设置奖励机制的重要活动之一。2016年销售部提出尊享会的想法，基于销售业绩，对经销商进行感恩回馈。公司邀请经销商前200强在岳阳最好的酒店招待他们，现场发苹果手机作为礼品，并在手机背后刻上华文食品的LOGO以及经销商本人的名字，比较有纪念意义。之前公司还邀请当时的代言人汪涵给他们讲公司的品牌，让经销商与名人近距离接触，然后邀请他们参观岳阳和平江两个工厂，让经销商对产品的品质更放心，能够更加信任彼此，继续保持合作。2017年以来，多位领导莅临公司指导，除了平江县相关部门的负责人，还有市长、省委书记，甚至有一位中央领导到公司参观。2017年时还没有刻意组织开放日，大家只是知道有一个这么大的食品企业在岳阳。当时公司就组织了很多团队来参观，包括豆制品、鱼制品等行业的团队，华文慢慢成为一个示范基地。2017年的开放日在原有基础上进行升级，组织湖南理工学院精英班的学生。这些修双学位的高才生到岳阳平江参观，他们还在仓库统一身着华文的文化衫在平江的工厂跳了一段当时很火的海草舞。活动目的是为了加强校企合作吸引人才，每年学校的校招，华文食品都会去参加，主要招收化学、法律等专业的学生。帮助企业招收人才，这也是基于企业长远发展的考虑。通过开放日的活动，公司希望加强学生对华文的了解，发掘潜在的学生群体将来能够加入华文。以前开放日都是对政府、企业、经销商、学校等外部开放，2019 年进行的是内部开放，让员工把自己的家属，包括父母、配偶、子女带来，看看工作环境是什么样的。儿童节那天，公司把长沙市包括各分子公司核心团队的家属请过来，包了两台车，一共有 140 人左右。华文食品为了这次活动可谓是花足了心思，公司事先统计了小孩、大人的人数，小孩就送玩具、学习用具，家属就送经济实惠的用品，包括床上四件套等等。家属们感叹于华文食品办事的细致、周到，也更加相信家人在华文食品有更好的发展。然后由专业人员带领，讲解参观岳阳、平江基地。公司还请副总经理专门致辞欢迎家属的到来，感谢家属对员工的支持，感谢家属让员工们没有后顾之忧安心工作。公司还组织孩子们到生产车间体验产品外包，感受工作的不易。此外在行政大楼布置了一些气球、零食，组织孩子们表演，员工看到孩子们的表演也很开心，公司还给每个家庭拍照打印出来装进相框送给员工。整个过程由人力资源部和各分子公司对接安排，全部细节时间节点落实到责任人。

总之，劲仔食品通过一系列的管理动作将企业文化制度化。而企业文化制度化就是，企业文化作为企业倡导的价值理念，必须通过制度的方式而统帅员工的思想，任何一个员工都必须在思想上接受企业文化，认同本企业的文化，企业文化作为员工在思想上的制度而存在。要真正使企业文化形成发展，就必须要把企业文化制度化，使人的价值理念充分地体现在企业的现实运行过程中，形成一种制度，使企业文化指导和浸透于企业制度安排和战略选择之中。

三、部门配合

企业是有多个部门组成的系统整体，企业的运行发展需要各部门之间的协同配合。而企业文化在部门协作中发挥着重要的联结作用。劲仔食品依托工会组织和华文学院加强各部门的联系，通过机构平台的搭建促进各部门的配合。

工会本身是保护工人权益、为工人提供福利的组织，而在劲仔食品除了这一功能，它更是通过活动加强各部门联系，提供经费支撑各部门比较学习的重要机构。在平江华文，公司的活动主要以工会为依托开展的，在参与中工会也自然成为员工之间沟通与交流的一个纽带。同时工会还为解决生产和后勤之间的问题提供便利，既保证公司的生产，又解决员工的担忧。平江华文工会主席谈到：

"我经常会组织工会委员会，对员工宿舍进行走访，去了解一些情况，看员工那边到底有哪些欠缺，如果听到了员工们有什么需求，工会听到以后就会第一时间去回复，去把这个事情做好。包括每个员工宿舍里面的晾衣棚，也是我提出的想法。因为这个上班那边太远，如果下雨就要反复跑耽误很多时间，对于拿计件工资的员工，他的工资收入就会有些减少。所以说如果能把这个做好的话，他能够增加自己收入，我们又能够提高企业生产效率，保证产品的完成率，能够按时交货。工会组织的活动，其目并不是仅仅为了一些玩乐而已，也不是为了消磨时间，而是应该从活动去摸索一些成长的经验出来。"

（2019年2月22日，周五中午，访谈平江华文工会主席，朱宏强记录）

长沙华文工会为企业文化建设提供了费用支撑，一些活动举办的费用工会会给予支持。工会策划组织了各种素质拓展活动，安排了很多游戏节目中会有很多互动，这在无形当中就增进了员工之间的彼此交流，对于企业的发展是非常有益的。之前往往是聚餐吃饭，而现在正在做的一个事情是部门团建，部门除了工作生活还应该有部门的文化，而这需要部门负责人打造。工会每个季度提供每人100块钱作为部门团建的费用，一年每人400块。今后的发展方向是刺激员工们能够合理地运用经费做一些有意义的事情，比如进行团建评比等活动。部门之间就形成良性竞争，有些部门搞得很好，有些部门冷冷清清，员工们自然会有比较。此外公司每年都有培训经费，有的部门在学习方面搞得很好，有的部门可能一分钱也不用，而这个费用不是限定的，不是必须要发到哪个部门一定要用掉，不强制不提具体标准，只提供平台和资金去开展。而这与部门负责人有很大关系，有些负责人只懂业务不懂凝聚人心，虽然业务突出才能带好团队，但其实部门氛围也很重要。工会在这种竞争学习的环境营造中发挥了重要作用，在比较和学习中加强了部门之间的了解和协作。

华文学院是劲仔食品进行内部培训的重要方式。目前华文学院分两个环节，一是新入职员工培训，不断进行改版升级，以前是人力资源部培训专员一个人讲公司的文化制度和一些日常的事务性内容。现在则是结合员工们必须要了解的企业文化、品牌文化、公司规章制度的相关内容。以前是一个人一天讲完，现在是一共十个讲师花两天时间，讲述相应的模块。目的是为了让所有的人来公司花更少的时间能够全方位地了解公司各个板块的核心内容。二是部门的内训，华文学院要求每个部门每个月有三小时的内训，开始这个时间很强制，到后来要求也不是强制性的，容易引起员工的反感，只是倡导员工要持续学习，与学习型组织的方向一致。学习型组织的打造过程必然会造成一些人员流动，当公司发展后提出更高的要求，而员工没有持续学习导致自身掌握的技能无法与之匹配的时候，员工自己就干不下去了。道德讲堂是华文学院之前的分支，基于食品行业质量安全卫生问题频出，2013 年、2014 年的时候食药局、市文明办提倡全食品行业做道德讲堂的宣贯，主题就是用良心做食品。在劲仔食品，道德讲堂以发掘劲仔老员工的优秀事迹为基础，在道德讲堂上向大家宣传，发挥劲仔员工的榜样示范作用。如果说新员工为企业注入了新鲜血液，那么老员工则是企业精华的积淀。在道德讲堂之后，华文学院还沿用这种形式，发掘企业中各项技术行业中的优秀人才，邀请到华文学院来展示自己的一技之长。员工们在学习新的知识技能的同时，更是感受到其他部门工作的付出与不易，在交流中深化理解与认同。

第三节　企业文化的内化

企业文化培育和塑造的根本目的是满足人的精神归属需求。企业作为经济利益的集合体，而支撑企业运转的是能思考、有需求、活生生的人，因而企业需要文化才有了其现实的依据。文化因人的需要而产生，同时也为人的需要服务。人既有吃饭穿衣等维持生存的物质需求，也有情感归属等心灵依托的精神需求。这种精神需求是由人的社会性决定的，"如同现实中人需要一个家来庇护一样，精神上同样需要一个归属来获得理解、认同和共鸣"。① 人的这种精神需求不会因企业的利益化而磨灭，反而在这个利益容易胜过情感的场域表现得更为强烈，这就使企业文化的合理性和必要性得以凸显。而企业文化培育和塑造的主要目的也就是为了让员工在企业中感受到家的归属，真正实现企业文化的内化。这是每个企业投入和塑造企业文化的目的，而每个企业通过各自不同的方式实现。在劲仔食品，他们更多的是通过直接的活动来营造家的氛围，让员工感受到家一般的"简单、自由、快乐"。这种家的归属在一定程度上打破了劲仔中领导-下属明确的等级关系，给人以平等的权利、受尊重的感受和不可或缺

---

① 冯刚. 理直气壮开好思政课——把握新时代思政课建设规律［M］. 人民出版社，2019：43.

的一份自我认知，让"简单、自由、快乐"的理念深入成员内心。劲仔家人们拥有的话语权、认可感、身份感，正是"劲仔食品"的企业文化在员工心中内化的具体体现。

一、话语权

这里的话语权是指企业参与者表达观点、提出意见的权利。每个人都是独立思考的个体，基于自身的实践做出理解和判断，再转化为实际的语言和行动。而企业里原生的利益等级关系束缚了人的言行表达，这一方面影响了员工的积极性和效率，因为人在从事与自己认知相左甚至相悖的事情时，内心的质疑、抵触和无奈会逐渐消解着人原有的积极性，从而影响人执行的效率和实现程度。另一方面不利于问题的发现和解决，领导把控着公司发展的方向，对于项目具体执行情况的认知大多来自员工的汇报和反映的数据，而员工是接触与实践的直接经手者，获得了很多一手的认知和感受，其中有些可能与领导的意愿相左但有利于整体项目的推进，而话语权的缺失让这些想法只能埋藏心中，阻碍了发现和反映问题的渠道。

企业文化为员工话语权的实现提供了依据和可能。企业文化培育和塑造的目的是为了让员工感受家的归属感，那么在家中人格的平等是第一位的，家庭成员自由地、无须太多顾虑地表达自己的意愿和诉求，享有平等的话语权。而这在企业中却很难实现，需要政策和制度来开辟渠道。在劲仔食品，上述谈到的奖励建议制度的实行，鼓励员工们提出自己发现的问题，并提出相应的意见建议以解决问题，如果切实可行，对生产和管理实用有效，公司将给予物质奖励和精神表彰。但员工在激励下行使的话语权，不如员工出于自发意愿想要企业发展得更好行使的话语权，后者才是真正地实现了企业文化的内化。

人力资源部经理在谈到老板倾听员工时感触很深：

"我每次去找周总汇报工作从来没有太多顾忌，要组织什么样的语言，用什么样的方式汇报，自己的这种工作方式好不好……我不会有这样的约束，我可以直言不讳地去跟老板面对面交流，并且非常愿意把自己很多真实的想法毫无顾忌、毫无保留地跟老板说一说，不管这个想法最后有没有落地实现。可能是因为周总的人格魅力，或者说是周总的愿意倾听给了我很大的鼓励。"

（2019 年 8 月 13 日，周二下午，访谈人力资源部经理，朱宏强记录）

大到公司制度，小到芝麻小事，周劲松都愿意花时间倾听，这对于每天应对各种汇报和事务的老板来说并不是一件容易的事情，而周劲松做到了。并且周劲松以自己的人格魅力逐渐改变着员工内心关于身份的认知，此刻在沟通中将自己的身份从处于强势地位的老板转变为一个身份对等的倾听者，让员工能够分享自己内心真实的想法。这实际上给了员工话语权，在地位不平等的情境中让员工能够真实地表达自己的心声。周劲松也有意识地去倾听专业部门的意见。法务部总监谈道：

"在处理一些纠纷的时候，我们从法律的角度来分析和解读，向周总提出一些建议，周总也非常信任我们的专业性。而且涉及一些政策规定、项目支持、行业相关文件，周总会专门听取我们的意见，这也让公司的经营少走弯路，做到合法合规地经营公司。"

（2019年8月12日，周一上午，访谈法务部总监，刘嘉圣记录）

这种地位差距的基础就是利益关系。一般情况下，老板掌握和决定着员工的利益，于是员工就形成了对老板的畏惧和距离感。而现在相当于老板亲自打破了这种差距，拉近了与员工的距离，将彼此放在对等的平台上对话，而员工感受到的是老板给予的尊重和对自己想法的重视，这是出乎他预期的收获，这种观念上的转变带来的激励作用是非常大的。在劲仔食品，这一优良传统是不断传递的，从高管到中层管理干部，从中层管理干部再到一线员工，每一层级都感受到赋予话语权带来的激励，都愿意提出自己真实的意见来帮助公司大家庭发展得更好，都在工作中真切地感受到"简单、自由、快乐"的落实，并逐渐影响、感染、转化自身的工作和生活理念。这就是企业文化实现的人的深刻转变，也就是企业文化内化的结果。话语权的获得让员工与员工之间、员工与领导之间的沟通更加顺畅，在充分的交流之后达成共识，凝聚成集合公司全员的合力，共同朝着公司发展的战略目标前行。

二、认可感

认可感是指个人在被别人认可和肯定时内心产生的正向主观感受，喜悦、激动和欣慰。人需要认可感是由以外在评价为主导的评价机制决定的。评价是衡量事物价值的方式手段，为了在一定程度上保持评价的公平性，评价的主动权往往掌握在他人手上，自我评价常常只作为参考。考试、比赛、选拔等等都是评价的具体表现形式，而这些都是由他人的意见和看法来决定个人的成绩与结果。在这种外在评价机制的感染和影响下，人逐渐将他人评价作为自身价值判定的依据，因此往往非常重视别人对自己的看法，需要别人的认可和肯定，甚至比自我认可更加重要。在个人意识中，他人评价比自我评价更具有客观性，能够获得他人的认可与肯定才能充分说明自己的能力与价值。所以人在获得别人的认可的同时，获得的还有激励，而且这种激励作用对个人来说是非常大的。

首先，这种认可带给人荣誉感和自豪感。在大多数情况下，这种认可不仅是展示给个人的，而且是向大众展示和宣传的，来自权威的肯定会在群体中传播，那么个人将收获更多的认可，带给人以荣誉感和自豪感。其次，对个人的认可也即肯定了个人前进的方向。方向是起引导作用的，找准方向是成功的关键，而个人从自身角度往往对方向的选择有所偏差，通过他人的肯定评价让个人更加坚定了对方向选择的自信，增强了信心。最后，对个人的认可更是肯定了个人之前的付出和努力。他人的肯定在一定程度上是自己付出的收获和回报，能够激励人们朝着既定的目标方向继续奋进。

在企业里，员工的认可感获得更加重要。在企业这个以经济效益为主导的特殊环境里，外在评价机制的作用力表现得更为鲜明，员工长期处于以利润效益为主要指标的评价比较之中。这种持续产出状态下的员工，更需要得到肯定和认可这样的反馈。如果员工长时间持续产出而得不到认可反馈，就容易产生自我怀疑和动摇，在疑惑中丧失了继续前进的动力，从而影响了工作效率。企业应当通过各种渠道、方式认可和肯定员工，给予员工认可感，才能激发员工积极性，更有自信、更有动力地投入工作和生产。

在劲仔食品，活动是企业文化培育和塑造的主要形式，也为员工认可感的获得提供了渠道、搭建了平台。劲仔食品从 2014 年起，每年都会举办华文职工文化艺术节，主要目的就是为了让拥有各项才艺和杰出技术的人都有展示的平台。职工文化艺术节以比赛的形式开展，主要可以分为三大类，专业技术类、艺术类和运动类。首先，专业技术类就是考验员工专业技能的操作能力，比如检测化验、人力资源知识、财务核算，甚至一线员工的产品包装、挑拣、喷码等具体工序，都能作为比赛项目。其次，艺术类就是唱歌、舞蹈、乐器、朗诵等表演竞赛，有才艺的员工能够展示自己的特长。最后，运动类是各种球类、跑步、跳绳等比赛，全体员工都能参与，既提供员工发挥的平台，又倡导运动健康的生活方式。每届的职工文化艺术节都基本上要历经两个月的周期，尽可能多地安排项目，经常征集员工对设置什么比赛的建议，希望让更多的员工有参与和展示的渠道与平台。后来经过公司合并、总部搬迁、生产和职能分离之后，职工文化艺术节就进行了精简整合，将文艺类、运动类的评比放到企业日常的活动中去，慢慢发展演变成为以专业技术类竞赛为主的"华文之星"。这项活动由人力资源部发起，同时负责组织和协调工作，联动分子公司共同开展。但活动不再是公司统一组织安排，而是将举办权下放到公司各个部门。比赛的方案设计、奖项设置、规则标准等由人力资源部统一制定，同时还会提供一些支持，比如经费的协调、具体方案设计的指导和策划、调动员工积极性的方法等等。各部门在总的方案基础上根据部门特色选取项目进行评比，决出自己部门的"华文之星"。比如人力资源部通过全员参与人力资源知识竞赛，评出的冠军就是"华文HR之星"。

劲仔食品通过活动设计尽可能地想把这种激励、这种认可感带给公司更多的员工。比如由劲仔食品长沙总公司人力资源部主办的、各分子公司人力资源部成员共同参与的"华文人力资源知识竞赛"活动。这项活动是为迎接每年的8·18"人力资源日"特别举办的，也是"华文HR之星"的角逐比赛。竞赛的题目出自人力资源师考试的题库，并且沿用考试的题型多方面考察员工们的专业知识，还通过抢答的形式提升了紧迫感、增加了难度，最终选出前三名获奖者，而第一名就是今年的"华文HR之星"。然而奖项只有三个，大多数人员都没有获奖，激励的范围非常有限。本身这次活动是为了庆祝"人力资源日"，是每个人力资源工作从业者的节日，更应该通过这个机会肯定公司每位HR的工作。因此，活动主办方通过设计成立了"华文HR大家都有奖组委会"。组委会结合每个HR的个人特点、爱好和特长，经过综合考量之后，给在场的全体HR设计了独特的奖项，并且定制了专属于自己的荣誉证书。"最佳剁手老大奖""佛系少女奖""最会绕弯奖""最大脑门奖""终于嫁出去奖"……这份特殊的奖状对每个人也都有独特的意义，这实际上暗含着身边的员工对自己的认可。奖项的名称是比赛前员工之间相互起的，玩笑间却体现了员工之间的默契和了解、祝福与肯定。

在"简单、自由、快乐"的企业理念和"爱司、创新、包容、厚德"的企业精神引领下，员工们在竞争中不是产生埋怨或者自卑，而是理性地看待差距，积极地去学习赶超。另一方面也是希望通过这种活动来搭建平台，创造机会让有各方面能力的人有渠道向其他人展示自己的才能技艺，收获更多的认可与肯定。此外，在保证比赛公平性的同时对其他成员也充满关怀，创新想法、创造形式，去发掘员工们在日常工作中的付出与努力，并给予肯定，让这种被认可的感觉在全公司上下传递。

三、身份感

身份感是人作为社会性动物的特有感知，这种感知是阶级化的产物，人在特定的社会关系网络中，做什么样的事情，承担什么样的职责，就被赋予了什么样的身份。身份感就是个人对自己拥有的身份的感知，可以表现为正向和负向两个维度，而判断依据和标准则是个人对自己身份的预期。当自身身份高于心中的预期时，这种身份感给人带来的是正向的情感，高兴、喜悦甚至骄傲。

而当实际身份低于心中的预期时，身份感的背后是负面的情绪，失落、自卑甚至抱怨。在企业里，每个人的身份似乎更加明确，与职位直接挂钩。企业这个特定的社会网络中，最能代表身份的不是学历、年龄、职业，而是职位，每个人的身份被定义为职员、主管、经理、总监等这样等级化的职位。

对于管理者来说，他们的身份感往往是正向的，他们拥有着权力，能够领导和指挥着一群人。而对于普通员工来说，他们的身份感则可能是负向的，他们处于被动地位，依照别人的指挥行事。在他们的认知中，自己所从事的工作与管理者相比不是那么关键重要，随时都有可能被替代。因此员工对于工作的危机感比管理者要高，这助长了员工对于身份感的负面情绪，从而影响工作的质量和效率。这种等级化的身份感有其固有的现实基础，因此很难消除。而企业文化想要达到和实现的是，赋予企业的每个成员，不管是普通员工还是公司高管，一个新的身份——家人的身份，就是让大家认识到自己是企业大家庭里不可或缺的一分子。在这个身份里，没有等级，每个人都是家庭里平等的个体，都是体现这个家完整性的一员。

这种企业如家的理念已经融入劲仔日常的工作当中，特别是在会议中体现得尤为明显。有两次劲仔食品的会议令人印象深刻。

平江华文召开职工大会。那是在平江华文的能容纳两百多人的大会议室里，当晚整个会场挤满了人。比这场面更令人记忆深刻的是，会议的主持人——平江华文的生产总监在会议开始时跟大家打招呼的场面。总监拿着麦克风以高昂的语调说道："华文所有发财的家人们，大家晚上好！"话音刚落，接之而来的是全场热烈而又齐声地回应："好，很好，非常好！"所有人的回答异口同声，看得出是长年累月不断重复的结果。

（2019 年 2 月 21 日，周四晚上，观摩平江华文全体职工大会，刘颖记录）

这是整个劲仔特有的一种会议开场问候仪式，不管是面向生产部门的一线普工，还是职能部门的公司白领。这种仪式形成连接起蓝领与白领、员工与领导之间的纽带，大家共同归属于劲仔这个大家庭。

劲仔食品还有一项特别的活动就是员工每月过集体生日。公司把当月生日的员工召集起来，大家一起集中过生日，每次能达到四五十人。公司准备了蛋糕、礼品以及领导的祝福贺卡，还设计了一些环节增加活动的趣味性，大家一起度过一个不同寻常的生日。2018 年华文食品生产和职能部门分开之后，人员没有那么大可以做到更加精细化。长沙总公司对集体生日活动进行升级，秉持着"简单、自由、快乐"的理念，大家可以根据自己的意愿挑选想要的礼物。部门成员去了解对方需要什么，统一采购之后交由公司领导，在生日当天亲自送到员工手中，并送上领导的祝福。其实从生日来说，其本身带有的特殊含义就是与家人共度，而很多时候因为工作的原因不能实现。公司结合这个契机，通过精心准备和设计就是希望员工能感受到企业如家的归属感。同时参与活动的所有人都能认识到自己的另一个身份，每个人既是家庭的一员也是别人的家人。

这种身份感不仅内化为劲仔员工的自觉意识，而且在实际行动中也无不体现。劲仔食品副总经理、董事会秘书谈到：

"有一次周总组织我们公司中层以上的管理干部去团建，大家一起烧烤做饭，增进交流同时也放松放松。很多员工都带了家属一块过去，虽然有的第一次见面，但大家聊聊孩子、一起动手做饭，从彼此不认识很快就熟络起来。通过这次活动，周总希望搭建一个平台，能让大家展现工作之余的另一面，从生活中经过沟通合作增强团队意识。这次活动结束后，有的家属还很疑惑，这里面谁是领导，谁是员工，谁的职位比较高根本看不出来，大家就像家人一样聊天做饭，不讲究公司的礼节，这时候家人的身份就已经取代了公司职位的身份了。"

（2019 年 8 月 12 日，周一上午，访谈副总经理、董事会秘书，朱宏强记录）

对于一线员工来说，他们一天大部分的时间是面对重复性的工作，天天如此。所以普工的生活是相对枯燥的，每天工厂-食堂-宿舍三点一线。为了丰富员工们工作之余的闲暇生活，平江华文的工会根据时令节日、员工兴趣会组织一些活动，基本上每个月举办一次小活动，每个季度有一个大活动。2018 年工会办的大活动之一就是"和声嘹亮·唱响华文"2018 年度歌唱大赛，工会成员们在厂区的空地上搭了个舞台，台下摆了一排排椅子当观众席，主持人、参赛选手全是平江华文的一线员工。工会主席回忆道：

"办这个活动就是想让员工们放松放松。工会还准备了西瓜，员工们自发地就张罗上了，切好端上桌分给大家，就像主人招待亲戚家人们一样。等到活动结束，不需要工会组织，几百号员工们自发地把垃圾收拾干净，把现场的桌椅都放回原位，等所有的活儿都干完了才各自回宿舍。"

（2019 年 2 月 22 日，周五下午，访谈平江华文工会主席，朱宏强记录）

家是每个人温馨的港湾，家也需要每个人的维系和守护。只有真正把企业当成家，才会有这种自觉去爱护、去操持，把企业的事业当成是自己的事业，从内心自发地去工作、去奉献，这就是每一个劲仔人的身份感。

第四节 企业文化的传播

  企业文化既是感染和引导企业员工的内部文化，也是向社会大众展示和传达的外显文化，代表着企业的形象。随着现代化企业的优化和升级，企业文化已经成为企业品牌塑造、形象建设、实力提升的重要板块，成为吸引消费者和客户的关键因素。劲仔食品通过产品以及实际行动，在消费者心目中树立起诚实守信、有责任担当的良好形象。同时不断发掘休闲食品的精神内涵，将"简单、自由、快乐"的生活理念传递给更多人。

一、诚实守信

  诚实守信既是我国优秀传统文化的重要内容，也是社会主义核心价值观的重要内核，同时对于民营企业来说，能否做到诚实守信已经成为关乎企业发展的重要因素。在生产和经营中，劲仔食品无不彰显诚实守信的可贵品质。孔子说："人而无信，不知其可也。"（《论语·为政》）点明了诚信是人与人交往过程中的必要条件，在漫长的社会实践中，留下了"一诺千金""一言九鼎"等代表中国优秀传统文化的著名典故。劲仔食品董事长周劲松纵横商界多年，深谙诚实守信对于一个企业的重要性。所以在进行企业文化建设的过程中，劲仔食品一直遵循诚实守信的优良传统，无论是公司的高层领导还是公司内部的员工，都将诚实守信作为待人处事的基本准则。在谈到劲仔食品，为什么能够获得长足、持久的发展时，平江华文生产总监，这位从2009年就跟着周总专注生产管理的资深管理者，对于周总的宽厚本分、极强的事业心深有体会，并认为这是劲仔能走到今天的重要因素。他的观点在劲仔食品上下员工中颇具代表性。

  （公司能如此持续发展）是董事长的思维决定的……其实按照财富来讲，虽然他不算太大的，但是按中国目前的生活水平来讲可以几代人无忧的。但是他想让一千个人、一万个人跟着他致富。并且要打破人们对传统休闲食品的看法。以前很多人觉得休闲食品就是垃圾食品，我们一定要打破这种认识……华文坚持做休闲食品，坚持自己的路线。这和周总的口碑、心胸和专注度是分不开的……他文化不高，属于比较憨实的人，给人以信赖感。所以他能吸引人才。这么多年，往往在关键时刻对下手、合作伙伴、外人，心胸非常大，甚至自己吃亏也要坚守承诺。

（2019年2月21日，下午，访谈平江华文生产总监，刘颖记录）

劲仔食品对于诚实守信的遵守程度，也能反映出劲仔食品将通过诚实守信积累出的市场形象视为其非常重要的无形资产。同时，劲仔的诚实守信更体现在生产和经营中对消费者的高度负责。劲仔食品一直将客户需求作为重要的参考指标，努力向客户提供高质量的产品以及完善的服务。因此劲仔食品严把生产、经营的各个环节，通过细化分工、责任到人、制度落实等方式，减少并杜绝损害消费者利益的问题发生。

劲仔食品的诚实守信还体现在做好自己的同时，宽容待人。在处理纠纷问题时，劲仔食品通常本着以和为贵、和气生财的理念，希望妥善地解决好。心平气和地协商能够处理最好，协商解决不了再走法律途径。在劲仔食品为数不多的维权案件中，劲仔食品即使作为起诉方，也仍然以宽容为导向，以解决问题为原则。对此，法务部总监深有感触：

"有一起案件我们是起诉方，包装瑕疵属于品质问题，涉及退换货，量比较大，对方估计要赔几十万。按合同来说，打官司我们是90%以上胜诉的，要扣他们几十万的尾款没问题。但对方和周总沟通，说明了自己的难处。周总就跟我说：'对方的这个情况也有难处，也不是一个恶意行为，主观上也不是想这样的。我们的经济实力也是比对方强一点，能够放一马就放一马吧。我们损失三四十万还有盈利，对方可能就要倒闭了，很多员工就要下岗了，我们就撤诉吧'。"

（2019年8月12日，周一上午，访谈法务部总监，刘嘉圣记录）

这种宽容待人的处事风格，根源于劲仔食品自上而下诚实守信的内在品质。恪守诚实守信的准则，才有底气和自信，才不拘泥于眼前的得失和利益，才有宽容待人的气度和心胸。

二、社会责任

劲仔食品不仅以安全、美味、便捷的休闲食品在休闲食品市场上占有一席之地，而且在产品的背后也传递负责任、有担当的公司形象，这些理念精神也渗透在企业的文化之中，成为企业文化的有机组成部分。

劲仔食品成立了华文党建、华文慈善基金会等，形成了比较完整、系统的组织架构，其中华文党建作为劲仔食品的主要决策部门，也承担着企业形象传播的重大责任。劲仔食品2012年8月成立党支部，成立之初有13个党员。周劲松是党支部书记，长沙华文人力资源部培训、企业文化专员和平江华文工会主席是副书记。其中75%的高管是党员，党员人数平江华文有27个，长沙华文有

28 个，还有档案中记录是党员但组织关系不在公司的有 20 多个，目前共有党员 70 人左右。华文党建开展的代表性的工作主要有华文爱心慈善基金，这是华文党支部倡议成立的内部的一个互助平台，全体党员参与，现在成员有 420 人左右，也就是公司将近三分之一的人都加入这个基金，尤其是管理人员和中高管。公司分两次累计捐赠了 30 万作为启动基金，以维持基金的运行。为了推广基金，公司以出厂价向员工出售当时的爆品，获得的钱全部捐给基金，希望更多的人了解并加入基金。然后每个月大家都会向基金捐钱，基金会根据大家填写的捐款意愿从工资里扣。这笔基金是面向所有劲仔食品的员工，如果帮助对象是会员的话，帮助力度会更大。基金的使用情况每年都会对明细进行发布，基金小组组长是周劲松，负责签批，还有五个副组长。捐赠过程是先填写爱心资助的申请表，有些员工如果不方便，副组长会帮忙填写。捐赠的形式是由副组长亲自送到员工本人手中，如果不方便的话会直接打到员工卡里，这些捐助都会以照片或者其他形式留底，方便监督。目前基金对内对外捐助了 70 多万，加上还有剩余的 70 多万。受众群体除了员工，还会做社会公益，比如云南鲁甸地震，劲仔食品组织工作人员带人拉了 12 车的物资亲自送到灾民手上。每笔基金的使用情况都非常详细，受大家监督。劲仔食品不仅承担好企业应有的责任，做到关心爱护每一位员工，更是以实际行动支持帮助困难员工解决现实问题，渡过难关，而且勇于承担企业的社会责任，本着源于社会、回馈社会的理念，为受灾群众捐钱捐物，体现了一个民营企业的责任与担当。

除了华文爱心慈善基金，支部每年还有两个固定活动：建党日活动、支部年终茶话会，2019 年的建党日活动是以红军故事为背景开展的，先是组织党员去之前平江的一个红军故居参观，然后与退伍军人座谈，还体验了模仿红军艰苦奋斗的挑战项目。茶话会是领导慰问党员、听取党员对公司的意见和建议的场合，茶话会之后，公司会组织大家一起聚餐作为休闲。这些活动都体现了非公企业党建的特色，不为开会而开会，把党建活动落实到具体活动中，并且发挥党员在企业中的模范作用。劲仔食品非常重视党建工作，多次被评为党建示范企业；华文是岳阳被评为文明标兵单位唯一的非公企业。劲仔食品切实贯彻基层党组织建设要求，虽然是民营企业，但同样严格要求自己，落实各项党的建设制度，在非公有制企业中发挥榜样示范作用，积极带动其他非公企业健全党组织建设、开展好党建活动。

三、"简单、自由、快乐"的生活理念

"简单、自由、快乐"是劲仔人所秉持的工作和生活理念，他们致力于发掘

休闲食品的精神内涵，并通过生产和交往实践向消费者传递这种理念，成为企业形象的重要组成部分以及企业文化传播的重要内容。"简单、自由、快乐"也是劲仔食品工作氛围的最大特点。这样的理念与氛围，渗透在高品质的商品生产与销售的各个环节之中，最终传递到消费者心中。

劲仔食品在发挥制度日常管理功能的同时，通过一些设计将选择的主动权交到员工手中。比如劲仔食品对于员工生日活动的设计，对于企业来说，一般不会太关注员工生日，更多是员工之间或部门内部自己组织。而劲仔食品不仅重视而且还制定具体的制度来落实执行。这一制度从确立以来根据生产和职能分离等实际情况不断升级，从原有的固定的蛋糕、礼品转变为员工可以在经费标准内自主地选择自己想要的东西。这使员工在原有生日惊喜的基础上，更加体会到简单、自由和快乐。而这也是劲仔食品的豆干、小鱼等等休闲食品希望给消费者提供的体验，让消费者感受自主选择带来的简单、自由、快乐。开袋即食、简单方便是休闲食品吸引消费者的重要特点，劲仔食品本着"简单、自由、快乐"的理念将这些特点在产品设计上进一步深化。劲仔食品的产品大多数采取独立小包装的形式，这极大地拓展了消费者选择的时间和空间。小包装分量少，消费者可以选择在餐前、餐后、工作间歇等任意时间体验，重量、体积小方便携带，消费者可以选择在任意地点品尝，最大限度地感受到产品带来的简单、自由和快乐。

除了扩大员工的自主性，劲仔食品还通过工作氛围的营造增强员工"简单、自由、快乐"的体验感。对于员工特别是生产一线的员工来说，日常工作是相对辛苦而且单调的。为此劲仔食品特地开设了图书阅览室、计算机房、运动器材室，还有卡拉 OK 设备等等，经常性地举办运动比赛、集体跑步、唱歌、看电影等活动，目的就是为了让员工们在繁忙的工作之余能够实现劳逸结合，放松心情。而这也是休闲食品所拥有的功能。本着将"简单、自由、快乐"的生活理念传递给消费者的目的，劲仔食品着眼于课业繁重的学生和工作辛苦的年轻上班族这一群体，以"劲生活""野性空间"等为主题开展活动，为他们提供趣味休闲的同时，传递乐观积极的心态，勇敢面对生活中的困难与挑战。劲仔食品通过发掘休闲食品的特性，并不断赋予其新的精神内涵，以影响和带动消费者，实现"简单、自由、快乐"生活理念的传递。

"简单、自由、快乐"的理念与休闲食品的功能内涵相得益彰。休闲食品的特性和内涵加深了劲仔食品对"简单、自由、快乐"生活理念的认同和践行，渗透到日常的工作和生活中。而同时，这一理念又作为起始力量融入生产和经营实践中，集聚于产品上，消费者通过休闲食品的体验感受其中蕴涵的精神力量。

总结编　回眸与展望

第八章

克服劳动异化与消费异化
——让商业回归人本

第一节　民营企业生存的机遇与挑战

一、普遍意义上商业组织面临的挑战

现代社会是由许多不同形式的组织所构成的，根据组织的性质，通常可以将其分为商业组织和公共组织两大类。商业组织是指现实经济生活中从事商业活动的单位或个人的总称，是连接生产与消费的中介组织，旨在追求在一定投入条件下获得最大产出，其最终目标是使利润最大化。①

事实上，对于通过经营活动获利生存、贡献社会的工商组织来讲，最重要的是解决好两组矛盾：一是劳动异化问题，二是消费异化问题。所谓劳动异化，是指随着社会分工的发展，人们的劳动越来越从自然的生产、人们的日常生活中脱离出来。马克思在《1844 年经济学哲学手稿》中提出了异化劳动的重要概念，异化思想是马克思思想体系中的重要理论之一，所谓"异化劳动"是以劳动产品为目的而发起的劳动，而劳动者通过"异化劳动"甚至都不能占有满足自身生存的劳动产品。在"异化劳动"中，其目的在于占有劳动产品而不在于劳动本身。在工业化大机器生产面前，每个人都成为这架生产机器中的零件，工人需要精准管理自己的肢体动作，以确保又快又好地进行生产；管理者需要

---

① 顾建光. 现代公共管理理论与实践［M］. 上海人民出版社，2017 年，第 127 页.

准确理解自己在企业运行中的职责，并及时实现，如下达指令、及时调整等。但是，人毕竟不是机器，人们总是希望在这被社会分工切割的劳动环节，做出自由的呼吸，体会到个体的价值与尊严，而不仅仅是机械地生产着和自己毫不相关的那些"产品"。于是，公司追求效率与必须依靠的人却追求尊严与价值之间，便产生了深刻的张力。偏偏，人又是这个世界，甚至宇宙中最奇妙的存在，每个人对人性的理解、追求又是那样不同。于是，统一规范的生产劳动和多姿多彩的人性需求之间便产生了深层的矛盾，这便是劳动异化的张力。不解决这个问题，企业便不可能最大程度激发员工积极性，发挥最大创造力实现利润创造。

所谓消费异化问题，实际上是如何在实现公司销售利润与引导消费者需求向善发展之间的平衡。消费异化一方面影响人的全面发展，另一方面也威胁到我国社会经济的可持续发展。工商组织为人们生产、输送了各种各类商品。这些商品，小到针线，大到雷达卫星，构成了当今社会存在与运营的物质载体。只是，商品的买卖双方，本质上处在不同的日常实践逻辑之中，通常通过产品及其服务，需要实现两个世界的交集与精妙平衡，既在于买与卖的经济平衡，也在于抽离开具体的经济活动，回归商业产生与发展的原点：满足人的需要，有助于形成更有秩序、更健康的人类生活。

伴随着自由市场经济的发展，劳动异化和消费异化成为商业组织难以回避的两大问题，也是亟待应对的问题，解决好生产和消费领域的两大问题，是企业获得长足发展的必胜法典。

二、民营企业天然的优势与劣势

"民营"一词最早出现在民国时期，《经济救国论》一书中将民间经营的企业称作"民营"，与"官营"相对。① 1942 年，毛泽东在《抗战时期的经济问题和财政问题》一文中，将人民群众办的"农业、畜牧业、手工业、盐业和商业"统称为"民营经济"。②

民营经济伴随着私有制的产生而产生，广义上来说，这是一个与国有经济相对应的概念，是一个具有"中国特色"的经济学词汇和经济形态，有时专指

---

① 曾向东. 民营经济发展论［M］. 南京大学出版社，2006 年
② 毛泽东选集（第 3 卷），北京：人民出版社，1991 年，第 891 页

私营经济与个体经济①，本研究所讨论的民营经济即采用上述观点。在国家工商行政管理局和国家统计局下发的《关于划分企业登记注册类型的规定》（以下称《规定》）中将我国企业登记类型划分为国有企业、集体企业、私营企业等诸多类型，《规定》将私营企业定义为"由自然人投资设立或由自然人控股，以雇佣劳动为基础的营利性经济组织。"②

据统计数据显示，1978 年，在中国工业总产值中，国有企业占 77.6%，集体企业占 22.4%。③《规定》指出，国有企业是指"企业全部资产归国家所有"，同时将集体企业定义为企业资产归集体所有并按规定登记注册的经济组织。

改革开放以来，在以公有制为主体、多种所有制经济共同发展的基本经济制度下，我国民营经济的发展迎来春天，民营企业涉及的领域日益宽广，制造、教育、房地产、金融等领域都有民营企业涉足。

民营企业的兴起，得益于我国改革开放基本国策的实施，党的十五大进一步确立了民营企业在国民经济中的地位，把民营经济由作为公有制经济必要的有益的补充提升到我国社会主义市场经济的重要组成部分的高度，预示着民营经济的强劲势头已为其赢得了良好的发展前景和安全的政策支持。

据统计，截止到 2017 年底，我国民营企业数量超过 2700 万家，个体工商户超过 6500 万户，注册资本超过 165 万亿元，贡献了全国 50% 以上的税收，60%以上的国内生产总值，70% 以上的技术创新成果，80% 以上的城镇劳动就业以及90% 以上的企业数量。在世界 500 强企业中，我国民营企业由 2010 年的 1 家增加到 2018 年的 28 家。④ 我国民营经济已经成为推动我国发展不可或缺的力量，成为创业就业的主要领域、技术创新的重要主体、国家税收的重要来源，为我国社会主义市场经济发展、政府职能转变、农村富余劳动力转移、国际市场开拓等发挥了重要作用。

国有经济部门的最大特征就是占据着政府实行严格市场准入及产业管制的部门，且在很大程度上是比较封闭和具有垄断地位的部门。相比之下，民营经

---

① 陈明淑、王元京．民营经济发展的新机制、新动力和新机遇［M］．云南人民出版社，2004 年

② 国家工商行政管理局、国家统计局．《关于划分企业登记注册类型的规定》．http：// www.stats.gov.cn/tjsj/tjbz/200610/t20061018_ 8657.html

③ 国家统计局．工业经济在调整优化中实现了跨越式发展——改革开放 30 年我国经济社会发展成就系列报告之九［R］．2008.http：//www.stats.gov.cn/ztjc/ztfx/jnggkf30n/200811/t20081106_ 65695.html

④ 习近平．在民营企业座谈会上的讲话［N］．人民日报，2018-11-02（002）．

济所在的部门是不存在政府市场限制及产业管制的，基本上是开放的且有着充分竞争的经济部门。① 对于民营经济在发展中遇到的困难，有部分学者认为，民营企业融资难问题已成为制约其生存和发展的最大瓶颈。利率管制、所有制歧视、资本市场严格准入等金融抑制政策导致民营企业正规金融渠道狭窄（余力等，2013）。② 褚敏和靳涛（2015）将地方政府主导、国企垄断和民营经济发展放入同一个逻辑框架进行分析，尝试着揭示阻碍民营经济发展体制的因素。研究发现，地方政府行为对民营经济的发展起到了积极作用，而国企垄断对民营经济的发展则具有明显的"挤出效应"。此外，政府主导与国企垄断的结合体——行政垄断更是制约民营经济发展的重要障碍。③

中国民营企业现阶段仍处于成长期，在看到国家政策扶持和自由、开放的社会主义市场经济环境的同时，也应当重视当下多数民营企业的先天弱点，其主要表现在：初始积累不足，起步水平不高，低水平重复投资难有后劲；投资者缺乏创业经验，盲目性较大，成功率较低；追求目标短期化，有的采取不正当竞争手段，不惜以造假、损害环境获取近期利益；产权制度有缺陷，企业制度不规范，留下不少后遗症；缺乏管理基础，在短时快速膨胀和发展后就走向衰退；民营企业家素质有待提高等。④

三、工商人类学视角下的民营企业研究⑤

企业作为连接生产与消费的中间机构，在日常生活中扮演了重要的角色。在公司生产组织领域，人类学者侧重帮助企业适应快速变化的环境；在市场与消费领域，人类学在消费者行为研究中扮演了重要角色，由此促进产品设计与发明。工商人类学正是用人类学知识和方法帮助我们理解社会生活，以求促进商业行为更好地满足人们的需要。

---

① 史晋川. 中国民营经济发展报告［M］. 经济科学出版社，2018
② 余力，孙碧澄. 民营经济发展的融资困境研究——基于金融抑制视角［J］. 财经科学，2013，（8）
③ 褚敏，靳涛. 民营经济发展存在体制内阻力吗？——基于政府主导和国企垄断双重影响下的发展检验［J］. 南京社会科学，2015，（8）
④ 陈清泰. 中国经济的活力之源——关于推进民营企业发展的三大问题［J］. 中国民营科技与经济，2001（02）.
⑤ 本节部分内容引自刘谦，张银锋："人类学视野下的商品生产与消费——从西方工商人类学的发展谈起"，《中国人民大学学报》，2016 年第 1 期.

（一）工商人类学的兴起

广义上的人类学以研究人类社会生活为己任，其研究范围涵盖了自然科学、社会科学与人文科学三个领域，涉及经济、文化、教育等多个方面，即将经济、教育等问题放到政治、亲属关系等构成的社会文化的整体系统中进行考察。① 人类学以其整体性的研究视角和独特、深入的研究方法被应用于人类社会研究的方方面面。工商人类学，是将人类学的知识、视角与方法应用于工商实践研究的一门分支学科。② 工商人类学伴随着工业化的进程而不断发展，人们透过商品生产与消费的日常实践，不断进行文化反思的历程。现阶段，人类学和工商实践的互动主要集中在市场与消费者、公司的组织运行两个方面。

工商人类学者巴芭（Marietta L. Baba）基于不同时期的历史背景、热点议题以及学术影响等因素将工商人类学的发展分为四个阶段：（1）发轫期：工商人类学诞生于 20 世纪 20 年代，著名的"霍桑效应"③ 开启了工商人类学对人与人关系之于生产能力的探究，人类学关系学派（the human relations school）应运而生，该学派借助当时社会科学领域内流行的功能平衡理论，将人类组织视作具有特定结构整合而成并维系着平稳运行的社会组织。由此，管理者与工人之间的矛盾被视为是病态的，应当加以改良、修正。在接下来的 20 年里，这一学

---

① 朱炳祥. 社会人类学［M］. 武汉大学出版社，2004

② 在工商人类学的发展历程中，曾经出现过诸多名称。从 20 世纪 20、30 年代至今，美国人类学界对工商实践的研究经历了不同阶段，提出工业人类学、组织人类学、工商人类学、企业人类学等不同名称。在日本，最早的提法为工商人类学。而后，村山元英于 1989 年出版的《经营的海外转移论：通向经营人类学的道路》一书中，首次提出了经营人类学的概念。在中国学界，虽然早在 20 世纪 20、30 年代，以李景汉、梁漱溟、费孝通为代表的学者就曾探讨过农村工业化等问题，但工商人类学、企业人类学作为分支学科的提出还是晚近的事情。以张继焦为代表的学者，认为 2009 年国际人类学与民族学联合会第十六届世界大会推出的"第一届企业人类学国际论坛"，将工业人类学、组织人类学、工商人类学、经营人类学等不同的名称整合了起来，就此成为国际企业人类学的元年（详见张继焦："企业人类学：作为一门世界性的前沿学科"，《杭州师范大学学报（社科版）》，2014 年第 4 期）。笔者认为按照汉语习惯，企业人类学的提法反倒将涵盖企业生产、组织、消费、市场的工商实践研究局限于"企业"的名称之下。目前介入这一领域研究的人类学研究者也很少去严格界定这门学科探索的边界，或许也是为了避免陷入自缚手足的尴尬境地。有鉴于此，本文使用"工商人类学"的提法。

③ 20 世纪 20 年代，当年的西电公司（Western Electronic Company）在芝加哥的霍桑工厂开展了一系列控制实验，以期实现效率的提升。实验表明，不论工作环境变好或变坏，即使是涨工资后突然又撤掉工资，女工们的生产效率一直在持续提升，这便是著名的"霍桑效应"。

派在美国工商界以及工商实践中产生了显著影响。① （2）上升期：20世纪40年代-60年代，工商人类学继承了前一阶段对人与人之间关系与互动的研究取向，提出了很多以企业管理研究为导向的问题，如小团体研究、对各种委员会或会议的研究、对组织中个人的研究、面对面交流的研究、对社会系统与技术系统关系的研究、对工会和组织的研究等。②在此时期，企业面临着政府、工会等诸多限制与监督，已经不能以简单粗暴的方式对待员工了。一些企业为了尽可能地维持利润，于是开始将目光转向人类关系的探究，工商人类学实践成为一种解决问题的重要路径。这些议题正好顺应了当时企业发展的需求，因而很多企业雇佣人类学者对诸如员工流动率高、罢工、成员之间协作困难等问题进行了研究。（3）黯淡期：1970-1980年代，工商人类学几乎处在衰落、停滞的状态。1960—1980年代人类学理论日臻成熟，结构人类学、阐释人类学等理论流派的兴起，对传统人类学方法进行了对象化反思，但这些成果由于研究跟进脚步的滞后、学术氛围的影响及研究伦理的反思等原因并未在工商人类学领域得以应用和展现。这个阶段的工商人类学多以一种"碎片化"状态呈现出一些研究进展。这些进展主要体现在一些议题上，包括对发展中国家工业化进程的研究、对特定专业及职业文化的研究等。尽管这一阶段的工商人类学研究在某种意义上陷入了衰微境地，但是一些研究成果仍值得关注，它们沿袭了人类关系研究的传统，并为日后工商人类学的组织研究奠定了基础。（4）蓬勃期：1980年代至今，工商人类学研究几乎拓展到工商实践的所有环节，比如对生产环节中文化适宜性的审视、对企业作为组织变迁的关注、对产品设计与开发的介入、对市场和消费行为的研究、对跨文化企业的关注等。② 从方法上看，人们已经不再满足于传统的问卷调查。1980年代以后，在社会科学界，定性研究方法日渐兴起，并受到了应有的重视。于是，在工商研究中，学者们呼吁采用更加深入并具有解释力的研究方法。人类学擅长的田野工作方法，恰逢其时地被应用，

① Marietta L. Baba. "Anthropology Practice in Business and Industry". In Statish Kedia and John van Willigen （eds.） *Applied Anthropology Domains of Application*. London：Praeger，2005：222-225+230-234.

② Robert Guang Tian. "The Unique Contributions and the Unique Methodologies：Concise Overview of the Applications of Business Anthropology". . *Journal of Business Anthropology*，2010，1（2）：77-88.

并促进了工商人类学的发展与繁荣。①

回顾工商人类学发展历程，可以看出人类学所推崇的充满自然主义色彩的田野工作方法，为工商人类学研究的价值与特色奠定了方法论基础；对社会生活情境性细节的关注和关联性建构，为理解经营行为和消费行为开启着一扇扇文化之窗；而工商人类学的发展也不断遭遇一些难题，如伦理困境、阶层冲突等，但或许，这也是人类学研究不得不面临的尴尬的经历，因为在日常生活中追寻文化规则，总是会面对一些难以预测的不确定性。总的说来，工商人类学始终以其特定的发展路径和视角，与社会学、经济学等其他学科，相映生辉地呼应着一些共同的主题，比如对商品、生产、消费等经济活动的理解。

（二）工商人类学的视角

工商人类学是运用人类学理论和方法研究、探讨和解决工商管理实践问题的学科，属于应用人类学的一个分支，与经济人类学、组织人类学和都市人类学等其他应用人类学分支高度关联。②

近年来，工商人类学在中国初步发展，国内学者在介绍国外理论的基础上，开展了一系列实证研究以推进工商人类学的本土化。以张继焦为代表的企业人类学派主要侧重于对老字号、政商关系以及民族企业和企业家的研究，而以田广为代表的工商人类学派则主要集中在对跨文化经营管理、消费行为、市场营销等的研究。③

在商业方面取得成功的关键在于必须理解消费者需求、愿望程度和他们对购买特殊产品或者服务的热度，以及怎样激发这个热度。商品消费不仅渗入人们生活实践的方方面面，而且在相当程度上标注了人们的社会身份与自我认同。在另一方面，在人们将消费视为理所当然的惯习时，却不能深究消费行为及其理念对人类以及特定个体的意义和价值。于是，人们常常迷失在充满诱惑与幻想的消费中，反而不能辨清自己真正的消费需求是什么。任何社会中的消费者都是有差异的，对潜在的消费者群体，市场研究人员常常根据其不同特征进行区分，这些特征包括性别、年龄、职业、社会经济地位、受教育水平、居住地、

---

① Marietta L. Baba. "Anthropology Practice in Business and Industry". In Statish Kedia and John van Willigen（eds.）*Applied Anthropology Domains of Application.* London：Praeger，2005：230-234+239-242

② 田广，周大鸣. 工商人类学通论［M］. 北京：中国财政经济出版社，2013.

③ 郭静. 中国工商人类学研究的回顾与展望［J］. 湖北民族学院学报（哲学社会科学版），2018，36（01）.

种族和地域等。①

同时，从工商实践的产业形态看，随着社会分工日益精细化与专业化，曾经集生产、销售于一体的公司行为裂变出更加细分的工商实践领域，比如市场营销公司、公共关系公司、电子商务公司、艺术品市场等，这些都为工商人类学的再度兴起提供了广泛的社会基础。

工商人类学通过对日常生活的捕捉，以商品、货币、劳动为核心概念，研究仪式性消费与变迁、网络社交平台的消费行为、广告文化等。许多西方国家的企业将人类学的田野工作方法植入跨国经营中，为社会大众认识现代工商社会提供了诸多富有启发意义的资料和视角；企业商业行为也因人类学的研究变得有迹可循②，工商人类学助力文化力与经济力间的催化，与企业文化有着天然契合性。③

劲仔食品集团股份有限公司（以下简称"劲仔食品"），是一个平实而不平庸的民营企业，以生产休闲零食为主，主要从事豆干、风味小鱼等传统休闲食品的研发、生产与销售。劲仔食品和许多民营企业一样，经历了初创时的艰辛、平稳发展和如今相对稳定、持续的盈利。作为原料的鱼仔经过筛选、油炸、卤制、拌料等重重步骤，最终呈现在消费者面前，每一个步骤对小鱼的关注都是不一样的，小鱼的生命史贯穿整个生产过程，通过考察小鱼的生命史来分析劲仔生产的每一个环节，思考中国民营企业健康成长的密码。

第二节　劲仔食品的经验与挑战

劲仔食品从曾经的小作坊一步步发展成为如今即将上市的公司，可以说，劲仔食品是当代中国民营企业的样本，本研究拟从工商人类学的视角探究劲仔食品的发展，理解民营企业运行的内外环境与机制，理解 20 世纪前后中国社会

---

① 亓光勇．工商人类学理论在精准扶贫中的应用研究——基于民族地区社会扶贫的实证研究 [J]．广西师范学院学报（哲学社会科学版），2017，38（04）

② 吴秋生，刘沛．企业文化对内部控制有效性影响的实证研究——基于丹尼森企业文化模型的问卷调查 [J]．经济问题，2015，（7）

③ 梁雯，凌珊．基于企业文化与动态能力的企业竞争优势重构研究 [J]．商业研究，2015，（3）

变迁在工商领域的投射。

研究方法分为定性和定量两种，所谓定量研究法通常是通过调查问卷的方式搜集数据，通过对数据的分析从样本推至总体，从而得出结论；而定性研究方法则主要运用逻辑推理、历史比较等方法，多以文字描述的形式呈现研究结论。人类学的研究方法是典型的定性研究方法，通常采用"田野调查"，即实地参与现场来进行研究，"田野调查"包括深度访谈和参与观察两种方式，所谓参与观察是指通过参与被研究者的生活和各种活动，亲自体验他们的日常生活和文化，从而能够深入理解和把握研究对象的性质、功能和象征意义。①

2019 年，研究团队先后两次进入劲仔食品总部和平江生产工厂进行调研，深入一线车间，体验分包工及包装工的日常工作，跟随着鱼仔的流通步伐从初加工到生产线，亲眼见证了一袋小鱼从买进、筛选到最终送入消费者的口中。同时与劲仔员工同吃同住，尽可能深入理解他们的生活。除此之外，团队成员先后访谈了多名员工，其中高管 4 名，中层干部 16 名，一线员工 12 名，经销商 6 名，消费者 10 余位，对企业的运作及员工的日常工作生活有了相对深入的了解。

通过对劲仔食品员工日常生活的捕捉，以商品、货币、劳动为核心概念，去理解商品的生产与消费，分析企业如何在实践中构建人与物的和谐关系，以及如何将商品指向适宜的需求，即解决生产和消费领域的异化问题。

此外，多元化的研究团队为本研究的顺利开展提供了坚实的保障，研究团队成员来自不同学科领域，包括人类学、法学、文化建设等不同领域的专家，及具有不同学科背景的研究生，同时，团队成员涵盖中年、青年等不同年龄段，而不同年龄段的学者又能为研究带来不一样的视角。

一、克服劳动异化

企业生产的最终目标是使利润最大化，即追求在一定投入条件下获得最大产出，如何控制成本、怎样提高生产效率都是企业需面对和解决的问题。机器化时代的到来使每个人都成为这架生产机器中的零件，工人需要精准管理自己的肢体动作，以确保又快又好地进行生产，因而如何最大程度激发员工积极性，使工人在生产中尽可能发挥主动性和创造性，而不是成为被劳动异化不得不工

---

① 何星亮. 文化人类学田野调查法——参与观察法与深度访谈法［J］. 宗教信仰与民族文化，2016（00）：274-289.

作挣钱的单纯劳动者。

劲仔食品坚持在不同的阶段用不同的方式解决劳动异化，不同员工在不同时期表现的层次需求会有所不同，产品凝聚了蓝领工人的劳动。工人在生产过程中投入劳动，生产出物品，劳动的背后是货币的运转与流通，我们需要思考货币在企业运作与企业文化的建构过程中究竟扮演了何种角色。劲仔食品属于劳动密集型企业，公司员工主要分为从事生产工作的蓝领和从事管理工作的白领，员工因年龄、文化程度、个人能力等因素的不同而使得其表现出来的需求也有所不同。工资当然是处理劳动异化的一个重要举措，劲仔食品凭借着在当地的好口碑及较高的薪水吸引了众多蓝领工人，但劳动密集型产业往往是招人容易留人难，如何把蓝领工人留下来是劲仔食品需要解决的一个问题。

（一）作坊阶段：义气在身，仗剑走天涯

1995 年，周劲松从长沙出发，沿着铁路线一路北上，在洛阳开启了他的创业生涯。那时的劲仔食品还只是一个没有名字的小作坊。1997 年，随着第一条生产线的成功，周劲松逐步扩展自己的商业版图，在洛阳开设了几个分厂，夫妻二人也无法兼顾众多生意，周劲松便请自己的亲戚、老乡前来帮忙。现任劲仔初加工经理的余洗清当时去了洛阳帮助周劲松。1999 年，周劲松将洛阳市场交给余洗清后便踏上了全国扩张之路。周劲松离开洛阳后，第一站去了沈阳，沈阳的试验成功以后，周劲松迫不及待将这套模式在全国其他地方推广。因而，沈阳的业务便交给了周劲松的一个堂弟，自己去了成都开辟新市场。这套模式又在成都生了根，他又把生意交给一个老乡打理，自己继续开拓市场。就这样，周劲松很快将商业版图扩展到西安、义乌等全国各大城市，四处开疆拓土。

周劲松为人相当仗义，投奔他的老乡和亲戚都跟着一起挣了钱。周劲松负责投入生产线，老乡或亲戚负责生产和日常管理。如果盈利则销售额对半分红，如果亏损那就是周劲松一个人承担。跟着周劲松一起闯荡的老乡、亲戚和周劲松都亲如兄弟，都把周劲松的事业当成自己的事业，兢兢业业，恪尽职守。据余洗清回忆，当时整个市场处于供不应求的状态，经销商抢货的现象时常发生，有一次，余洗清和经销商因配货问题差点大打出手。

1995 年到 1999 年，是周劲松人生转折的五年，凭借自己的闯劲、拼劲和韧劲，一举从为全家吃饭而发愁的打工仔逆袭成为坐拥全国几个工厂的大老板，产值从原来的几万飙升到上千万，同时也凭着一身义气，将诸多强将收入麾下，而这些员工至今仍在劲仔食品工作。

（二）工厂阶段：信誉在心，广交天下

2010 年，华文有限整合资源优势，重组商业模式，转型成为覆盖、养殖、加工、制造、贸易、物流于一体的现代集团企业。周劲松深知市场的机遇稍纵即逝，引才聚智，共谋发展才是当务之急。于是，周劲松不断引入营销、生产及管理人才，共同创业，并凭借自己的信誉将这些人才留在了华文，精诚合作，共谋发展。

总经理办公室主任 2009 年进入华文有限工作。她入职时，华文甚至还没有建好像样的厂房。2012 年她父亲离世，周劲松自驾五百多公里到其老家祭拜。周劲松对公司员工的关怀让企业员工感受到了重视与温暖，甚至影响到了家人。她老家在湖北襄阳，她母亲总是认为女孩子应该在家附近工作成家才是人生大事。但自从见到如此老板之后，她的母亲再也不曾逼迫其回乡工作。老板的关怀能给予员工莫大的动力，人是企业的决定性因素，是企业最有价值的财富，而人文关怀是这个财富的守护神。[①]

平江华文生产总监是在 2010 年华文有限的低谷期加入的。在他加入团队之初，公司连发工资都艰难，周劲松借了两百万给员工发工资。他回忆说"一箱子的现金，周总跟那个老板说暂时没钱还，那个老板很豪气地说了一句'先发，以后再讲'"。他说他只记得老板的诚信与他人对他的信任给了自己一颗定心丸，他知道自己这个老板跟对了，不景气只是暂时的，华文一定能够得到飞速的发展。在劲仔食品，从一线蓝领，到总部的白领，每一个人都对领导非常信任。

时任华文食品副总经理这样形容自己与周劲松的关系："君不密则失臣，臣不密则失身，几事不密则害成。"而这也恰好是周劲松与公司员工紧密团结、携手并进的秘诀所在——相互依靠、彼此信任。

这一阶段，周劲松凭着良好的口碑和信誉，先后与郭镇、洛王、味冠天下、康王、洛阳、新元等六个厂建立了合作关系，前期的生产合作，主要是工厂为华文有限提供代加工，产品仍使用华文有限的品牌与包装，代加工的模式持续两年之后，工厂以入股的方式合并到了华文有限。

（三）现代经营：制度落实，温暖关怀

2012 年，随着企业逐步步入成熟期，周劲松引进欧博企管咨询管理公司帮

---

① 史勇彪. 人文关怀对企业管理的重要性，现代企业文化·理论版［J］. 2014（9）.

助企业进行规范化管理，欧博企管的介入为华文有限带来了翻天覆地的变化，改革的成效从整合资源、推进自动化等硬件设施方面，到企业管理、员工状态等文化建设方面都带来了很大的改变，也是从这时起，劲仔食品从靠信誉及关系维系的私人工厂逐步成长为具有现代管理体系的企业。2016年平江华文工厂建立，劲仔食品正式拉开了现代化生产、管理的大幕。

工资即货币，但在劲仔食品，货币不仅仅只是一个数字，一个交换工人劳动的数字，它搭建起了领导与员工相互信任的桥梁，货币承载了一份信任。劲仔食品的每一个人都对公司有着非常强烈的归属感，除去薪资待遇，劲仔还会评选月度优秀员工及年度优秀员工，并在淡季组织旅游，针对外地员工，每逢佳节回家探亲，公司报销往返车票；小节日还会给每位员工发小礼物，如中秋发月饼，端午发粽子等送福利活动；每月月末公司会组织当月生日的员工共同开生日会，一起吃蛋糕，表演节目……对于蓝领来说，薪资是一个关键的因素，也是首要影响因素，但认同感及尊重是影响蓝领稳定性的重要因子，首先从称呼上来看，所有的大大小小的活动，主持人的开场白永远都是"华文的家人们大家好"，企业之内家人相称，实属不多见，蓝领的凝聚力也是劲仔企业文化建设的硕果之一，每次月度颁奖会议都会安排优秀员工代表发言，其主目的就是为了在团队中起到积极的作用，要起到激励别人的效果，参加颁奖典礼是对员工的认可，更重要的要在车间开会时激励其他人。

作为一线工人可以享受白领般的福利待遇，这对于员工而言是极大的吸引力，同时也是一种鼓励。企业从本质上来说是追求利润的，劲仔将货币转化成福利与关怀，通过这种形式的货币支出，让员工觉得自己与生产出来的小鱼不只是一种加工关系，劳动者觉得自己不只是单纯地用劳动换取了货币，自己的劳动得到了尊重。

对于白领阶层而言也许更多的是对专业知识的尊重，给予其职业发展希望的同时，给予员工安全感。在平江华文人力资源部主管的朋友圈里，经常能看到公司派她和其他中层出去交流学习的动态，组织培训、筹办华丽的年会等活动投入的货币支出作为企业的成本，可以转化成对白领的职业认可，同时给白领职业希望，这不仅仅是简单的货币交换。

美国心理学家马斯洛1943年提出了需求层次理论，他将人类需求从低到高分为生理需求、安全需求、归属和爱的需求、尊重需求和自我实现需求五个层次。马斯洛认为人的需要是由低层次向高层次升序的过程，每个人都会有这五种需求，在不同时期所表现的需求不同。生理需求和安全需求是人的基本需求，这两种基础层次的需求会促使人们产生行动力，从而获得满足。同一时期内往往存在多种需求，但总有某一种需求作为优势需要占主导地位起决定性作用。任何一种需求不会因为需求层次的发展而消失，各层面的需求相互依存和重叠。①

习近平总书记说："人才是创新的第一资源。"②，在市场经济的激烈竞争中，如何留住人才是企业面临的一项重要议题。从小作坊到现如今的现代化公司，周劲松都能招募到人才，留住人才。劲仔食品在管理过程中因人而异，积极了解不同员工的不同需要，采取有针对性的激励方法和措施，最大限度地满足员工的不同需要，使其更加积极主动地投入到工作中。这些举措在很大程度上抵消了单纯的金钱味道，也必然在一定程度上抵消了劳动异化。在通过薪资满足员工的生理需要，周劲松凭借着自己的义气和良好的信誉满足了员工的安全需求；随着个体主义的兴起，公司的发展也进入现代化阶段，周劲松更加注重人文关怀，给予丰厚薪资的同时，给员工更多的关怀与温暖，极大地满足了员工尊重需求和自我实现需求，从而激发员工的工作主动性与创造性，为高效生产提供了保障，实现了公司趋利需求与员工自我需求的平衡，让员工拥有获得感与归属感。

二、克服消费异化

消费是社会再生产链条上的一个重要节点，也是生产的最终目的。它是指通过社会产品来迎合消费主体纷繁需求的活动过程，指消磨、浪费、开销，即为了满足需求而对生产生活所需物资的消耗。③

资本主义经济增长带来的一个结果就是消费异化，这是造成全社会遭遇生态危机的根源。资本主义企业管理关注更多是花最小的成本生产出最大的交换价值。马克思认为，资本主义为人们提供商品资源的能力越强，越容易造成社会难以解决的生态危机，对人类生活有严重影响。而劲仔食品在面对可能存在的消费异化问题时，坚持从宏观出发，考虑其产品能够给社会带来的福祉，而这种理念不仅存在于管理层的脑海中，更是深入公司上下所有的员工心中。

---

① （美）马斯洛. 人的潜能与价值 [M]. 林方译，华夏出版社，1987.
② 习近平关于科技创新论述摘编（八）[M]. 中央文献出版社，2016
③ 高鸿业. 西方经济学 [M]. 北京：中国人民大学出版社，2011.

（一）合理引导，构建良好消费者关系

消费者关系是现代企业公共关系的重要组成部分，其特定的含义是指企业与其产品和服务的现实的、潜在的消费者之间所结成的社会联系。①

追求利益是企业的内生发展动力，企业作为连接生产与消费的中介组织，需要引导消费者的消费，所谓消费异化。简单来说，就是企业为了赚钱，在引导消费者消费时带来了社会的损害，食品行业著名的"三鹿毒奶粉"② 事件便是典型的消费异化的结果。尽管事件已经过去 12 年，但国产奶粉至今丧失民众信任，消费者谈起三鹿仍然心有余悸。对于食品行业而言，质量应当排在第一位。

质量是维持企业盈利需求和消费者利益的法宝。在劲仔食品，以现阶段占市场份额最高的小鱼为例，无污染的进口野生鱼仔是制作小鱼的原材料，此外，公司还建立了技术手段较为齐全的质量监控中心，提高并强化了原辅料及产成品的自检、自测能力，为确保食品安全健康，公司将进一步加大食品安全检测能力建设投入，新建安全检测中心，通过自主研发、与专业高校联合研发提高技术水平；购置检测仪器设备，完善公司食品安全信息系统建设。高标准的质量和安全生产标准，为劲仔食品在广大消费者中赢得了很好的口碑。

（二）品牌塑造，构建良好供需平衡关系

企业作为品牌的塑造着，引领品牌的塑造，消费者关系包括消费者知情、消费者接纳、消费者满意、消费者忠诚四个层次。企业面向消费者一方面通过品牌的塑造、代言人的选择等积极引导消费者，另一方面，单向的输出品牌并不能建立起实际的消费关系，消费者接纳、满意及忠诚是企业需要思考的深层问题。消费者在消费过程中并不是被动地接受品牌符号，企业如何准确瞄准目标消费群体，使自己的产品在众多同类产品中脱颖而出，企业如何理解消费者的需求，在多大程度上迎合消费者的需求，是构建良好供需平衡关系的重要议题。

"劲仔""博味园"是劲仔食品的代表品牌，已成为引领行业的风向标。在

---

① 李道平．利益协调：公共关系协调的实质所在［J］．公关世界，1997（01）：21-22.

② 三鹿婴幼儿配方奶粉含三聚氰胺，三聚氰胺是一种化工原料，可以提高蛋白质检测值，人如果长期摄入会导致人体泌尿系统膀胱、肾产生结石，并可诱发膀胱癌。截至 2008 年 9 月 11 日甘肃全省共发现 59 例肾结石患儿，部分患儿已发展为肾功能不全，同时已死亡 1 人。

"劲仔"品牌确立的初期，首要问题是提升品牌知名度和影响力，因此 2013 年公司聘请了专业咨询机构策划品牌推广方案，并选择了在湖南和全国都具有极高知名度的著名娱乐节目主持人汪涵作为形象代言人。汪涵成熟稳重、严谨踏实、富有文化底蕴的个人形象，赋予了"劲仔"品牌诚信为本、真材实料、传承中华美食的品牌形象。在这个阶段，消费者倾向于将对汪涵本人形象的信任和印象转移到对"劲仔"的各类产品上去，自动向"劲仔"品牌投射各种情感和意义，因此代言人形象很大程度上影响甚至代表了品牌形象。① 如果说代言人是品牌形象的外在体现，那么品牌内涵则是品牌形象内在的灵魂和支柱。

此后，劲仔食品不断通过线上和线下问卷调查的方式，在代言人选取、品牌塑造等方面力求全方位了解消费者需求，以更好地实现供需平衡。从"把邓伦装进口袋"官宣活动到双十一"混账 Party"主题团活动，都是为了将品牌转化为企业及其产品的经济效益和社会价值。2018 年华文食品市场部的成立标志着劲仔食品在品牌塑造、构建良好供需平衡关系上所做出的努力。

（三）品质保障，营造良好社会意义

高品质是商品背后的支撑，劲仔食品通过赋予产品积极向上的意义以在消费者与产品之间构建健康的互动关系。劲仔食品作为食品行业的领军者，已经具有一定的品牌效应，能够得到消费者的青睐，如何留住消费者，获得更高的消费者忠诚度，是劲仔食品需要解决的问题。

所谓消费者忠诚，是指消费者在一段较长的时间内，主动放弃多种可供选择的对象，面对某一特定的产品和服务以及提供产品和服务的企业所表现的一种具有较强情感色彩的专一的优先选择行为。②

商品具有实体性与符号性，休闲食品的实体性意义是永远不会被符号意义所超过的，消费品的实体性意义最重要的就是产品的质量，一味注重品牌符号意义的营造，而忽视产品的实体性意义无法获得消费者满意度及忠诚度。

正如周劲松所说，鱼本身就是回归人本的，在生产上苛求质量，通过降低成本谋求利润空间，在降低成本的同时也依旧尊重人的尊严，将人类食品安全问题始终作为公司发展的理念和目标。劲仔食品在发展历程中努力通过产品构建健康、良好的社会意义，引发消费者积极、正向的思考，在获取经济利益的同时不忘社会责任，为营造良好社会意义贡献力量。

---

① 刘双 . 品牌代言人可信度对品牌关系质量的影响研究［D］. 广西大学，2015.
② 李道平 . 利益协调：公共关系协调的实质所在［J］. 公关世界，1997（01）：21-22.

三、劲仔味道的秘密

从夫妻同甘共苦、共同打拼的个体户，到雇佣工人、分工协作的生产作坊，再到组织管理、系统运行的食品公司，周劲松的创业历程，是一代民营企业起步发展的缩影。

（一）把握机遇，顺应时代需要

每个人都身处时代潮流之中，周劲松的成功同样与时代的契机密不可分。20世纪90年代经济体制改革逐步推行，社会主义市场经济体制在发展中建立并逐步完善，经济市场充满活力，民营企业迎来了发展的良好环境。公有制为主体、多种所有制经济共同发展的基本经济制度的确立为民营企业发展提供了政策支持。人民生活水平的逐步提升创造出更多的物质文化需求亟待满足，这为民营企业发展提供了现实动力。

市场经济具有自发性，在周劲松创业初期，面对较小的市场及诸多不确定因素，他选择以夫妻二人为主进行家族制生产经营。① 此后，面对激烈的市场竞争，周劲松认识到要想在市场经济的浪潮中自如面对接连而来的机遇与挑战，从而获得长期稳定的发展，就需要在必要时期创新原有发展模式。一个企业经济管理模式的完善、创新与改革要通过及时创新企业经济管理理念、构建科学有效的管理制度、建立完善合理的组织结构等方面来进行，与此同时还需要企业自身在思想观念上进行创新研究。②

劲仔食品总是在市场的浪潮中激流勇进，从果断将主要产品从豆干转向小鱼，到引进欧博企管，规范化公司治理，再到如今的乘上上市的快车，劲仔食品总是能把握机遇，紧扣时代的需要，在新的环境、机遇与挑战中努力站稳脚跟，不断走向更高的发展平台。

（二）与时俱进，企业家精神引领

以家庭为基础奋斗打拼、相互支持往往是事业发展的起点。产品推广产生的需求不断催生产能的扩大，家庭基础上的生产能力已经达到极限，规模扩大、人员招收是发展的必然，个体户也在这一过程中实现向生产作坊的过渡。而此

---

① 许敏兰. 中国民营企业管理模式的制度变迁——从家族制管理向现代企业制度管理过渡 [J]. 贵州财经学院学报，2003（06）：38-40.
② 卢楠. 市场经济下企业经济管理模式研究 [J]. 现代营销（信息版），2020（02）：137.

时人际关系仍然是维系作坊的重要纽带，只是这种关系形式从亲属到朋友再到同乡不断向外扩展。人员的扩张同时也带来分工协作，管理的雏形开始出现。分配好、凝聚好整体的力量，开始考验老板的经验与智慧。而周劲松征服大家的是厚道的品质，这种真诚精神的给予收获的是信任。以信任为基础则为作坊的发展添加了关键动力。到了第三阶段，从作坊到公司的跨越是需要勇气和能力的关键一步，是老板、产品、资金以及外部的时机等多种因素交织影响的突破性结果。这种突破体现在规模上，公司的建构开启了未来发展的无限可能。这种突破体现在管理上，人员关系的复杂化和分工细化带来管理的多层化，制度规则在管理中的作用逐渐上升。同时，企业文化逐渐从管理中抽离出来，踏上系统化、规范化发展的阶段。这种突破体现在产品上，品牌成为支撑产品走得更好更远的关键力量。以劲仔为依托，周劲松走上了公司与品牌相互促进的发展道路。

此前，学术界有相关研究结果表明，领导风格与员工的工作绩效正相关；[1]变革型领导能够引导员工积极思考问题，并产生创新行为，能促使成员快速成长，从而提高工作绩效；[2] 此外，有学者在对企业家精神与生产效率关系的研究中指出：以创新创业为代表的企业家精神能够促进全要素生产率的增长。[3]

劲仔食品创始人周劲松的个人风格和精神在很大程度上影响着公司文化的建构与发展，企业家精神作为经济增长的重要驱动力、特别稀缺的社会资源以及根本性特征的创新要素，其对民营企业创新能力的生成有着不可替代的作用，既是民营企业创新能力生成的基础，又是民营企业创新能力生成的关键。企业家精神作为民营企业创新发展不可或缺的创新要素，既非源于政府对于民营企业的行政命令，也非源于民营企业的发展规划，更非源于其他企业创新实践的复制；而是发端于企业家自身所独具的根本性特征的创新精神，这对于企业文化的塑造、获得企业员工的认同感与归属感有着非常重要的作用，而认同感与归属感也是劲仔食品能够克服劳动异化与消费异化的重要原因之一。周劲松凭借敢想敢拼的魄力和勤恳务实的坚持抓住时机并用好时机，在这股经济大潮中

① 于尚艳，杨越，曾静．变革型领导对员工工作绩效的影响：以任务冲突为中介变量 [J]．华南师范大学学报：社会科学版，2013（5）：102-107.

② Bass，B. M. Leadership and Performance Beyond Expectations [M]．New York，NY：Free Press，1985.

③ 徐慧华，李碧珍．民营企业政治关联、企业家精神与全要素生产率增长 [J]．金融与经济，2019（11）：74-80.

实现了从无到有，从起步到扩张，完成了从工厂作坊到公司企业的突破，建立了自己的一番事业。

（三）人本至上，助力和谐社会建设

质量是食品行业的关键，是产品的立命之本。劲仔食品从作坊一路走到今天，离不开对质量的重视与严格把控，随着管理的不断完善，质控环节更是力求做到百密无一疏。

工业化生产，最终的执行者还是每一条生产线上的工人。因此激发工人的生产热情和责任意识就很有必要。劲仔以人为本，通过各项举措真正做到善待员工，极大地鼓舞了人心，同时也有力地推动了企业的发展。

劲仔食品在发展历程中始终追求企业组织文化与社会宏观环境的和谐，尽管企业的终极目标是追求利润最大化，但企业不是孤立运行的，企业的发展离不开良好的社会环境，企业的运作离不开每一位员工的付出，同时企业作为社会的一分子，有着不可推卸的社会责任。劲仔食品在实践中总能兼顾微观与宏观的契合，一方面在企业内部营造良好的企业文化与氛围，努力调动员工的主动性与创造性，避免金钱异化，另一方面积极承担相应的社会责任，努力推动社会和谐发展，通过产品努力传递积极、健康的消费观与价值观，努力实现企业文化与社会文化的和谐发展。

四、依然面临着挑战

三千年湖湘美味，二十年经典传承，劲仔始终站在中国休闲食品安全、便捷、美味领域的前沿，以不断满足消费者需求为己任，本着"诚信为本，市场为先；立足长远，稳健经营"的理念，正以厚积薄发之势引领休闲食品潮流风向。克服了劳动异化和消费异化的劲仔食品已经步入上市的快车道，但是机遇与挑战并存，劲仔食品飞速发展的同时，也依旧会面临很多挑战。

2019年12月4日，《中共中央国务院关于营造更好发展环境支持民营企业改革发展的意见》由中共中央、国务院发布实施。《意见》是为进一步激发民营企业活力和创造力，充分发挥民营经济在推进供给侧结构性改革、推动高质量发展、建设现代化经济体系中的重要作用而制定的文件。《意见》指出，改革开放40多年来，民营企业在推动发展、促进创新、增加就业、改善民生和扩大开放等方面发挥了不可替代的作用。民营经济已经成为我国公有制为主体多种所有制经济共同发展的重要组成部分。《意见》提出营造发展环境，支持民营企业改革发展的基本原则包括坚持公平竞争，对各类市场主体一视同仁，营造公平竞争的市场环境、政策环境、法治环境，确保权利平等、机会平等、规则平等；遵循市场规律，处理好政府与市场的关系，强化竞争政策的基础性地位，注重采用市场化手段，通过市场竞争实现企业优胜劣汰和资源优化配置，促进市场秩序规范；支持改革创新，鼓励和引导民营企业加快转型升级，深化供给侧结构性改革，不断提升技术创新能力和核心竞争力；加强法治保障，依法保护民营企业和企业家的合法权益，推动民营企业筑牢守法合规经营底线。

习近平同志指出："我国经济发展能够创造中国奇迹，民营经济功不可没！"[①] 现阶段，在我国社会主义市场经济经济高度发展的形势下，大力发展民营企业具有重要作用，在一些服务短缺产业领域，它可对国有企业实现有效补充，同时对繁荣市场、激发经济活力、带动就业增长、增加国家税收等方面也可发挥重要作用。更为重要的是可打破国有企业的市场垄断，比如在通讯、铁路等方面对民营企业开放，可提高市场竞争的充分性，提高市场配置资源及产业优化的效率，推动整个经济增长方式转变及经济增长质量的提高，为中国经济持续稳定增长奠定坚实的基础。

首先，人才永远是企业发展的动力。员工是企业的主体，现代企业管理归根结底是对人的管理。一个企业长远发展的关键在于如何管好员工，对员工进行有效的管理，创新激励员工、稳定员工队伍，并让员工充分发挥自身潜能，为企业发展贡献聪明才智，而马斯洛需要层次理论为企业管理创新和人才激励提供了有效理论支持，是企业实现人本主义管理理念的重要借鉴和依据，采用马斯洛需求层次理论对员工的具体需求进行分析，并采取有效激励措施满足其需求，降低员工流失率，从而最大限度地挖掘员工的潜能，使员工实现自身价值，推动企业持续良好发展。

其次，正如习近平总书记在民营企业家座谈会上的讲话所提到的一样，市场的冰山、融资的高山以及转型的火山是民营企业在经营发展中遇到的主要困难，现阶段，我国正处在转变发展方式、优化经济结构、转换增长动力的攻关期，这对于民营企业来说是很大的挑战，对于刚刚步入上市轨道的劲仔食品来说更是需要适时做出调整以跟上经济快速发展的步伐。

---

① 习近平. 在民营企业座谈会上的讲话［N］. 人民日报，2018-11-02（002）.

附 录

1. 刘谦，张银锋，《人类学视野下的商品生产与消费——从西方工商人类学的发展谈起》，原发于《中国人民大学学报》，2016 年第 1 期，全文转载于《新华文摘》，2016 年第 8 期。

2. 冯刚，刘嘉圣，《新时代中国民营企业发展的文化维度》，《高校马克思主义理论研究》，2020 年第 3 期。

3. 刘谦，朱宏强，《深刻把握企业家精神的时代蕴涵》，《中国教育报》（理论版），2020 年 09 月 24 日第 5 版。

4. 刘谦，郝怡冰，《工商人类学视野下民营企业品牌管理探究——基于"劲仔"风味小于品牌个案研究》，《湖南大学学报（社会科学版）》，2021 年第 3 期

人类学视野下的商品生产与消费

——从西方工商人类学的发展谈起①

刘　谦　张银锋

摘要　纵观西方工商人类学发展足迹，人类学之于工商业研究的贡献，在于为人们提供了从文化角度理解商品生产、消费的契机。在人类学对于"物"的研究范式下，商品只是"物"的呈现阶段之一。只有从"物"的角度，透视商品的前世今生中所附着的社会、文化场景，商品才得以与人发生更为深刻的文化关联。而要了解它的奥妙，必须深入人们的日常生活进行表述和理解。商品的选择、劳动的过程，正是埋没在日常生活中无言的实践。它有赖于人类学传统所擅长的富有自然主义的研究方法给以辨析和提取，从而探索其中的终极意义与人性的温度。在中国，工商人类学的发展具备深厚的现实土壤，并有望对人类学研究方法论、核心议题等做出更多的理论贡献。

关键词　工商人类学；商品；文化

作者简介　刘谦：人类学博士，中国人民大学社会与人口学院副教授（北京 100872）；张银锋：人类学博士，天津社会科学院社会学研究所助理研究员（天津 300191）

工商人类学，是将人类学的知识、视角与方法应用于工商实践研究的一门

---

① 本文原发于《中国人民大学学报》，2016 年第 1 期，全文转载于《新华文摘》，2016 年第 8 期

分支学科。① 人们通常认为，它拥有一个两重分支学科的特殊身份，即应用人类学与经济人类学共同孕育的成果。工商人类学从 20 世纪 20 年代登上历史舞台，迄今已有近百年的历史。它体现了伴随着工业化进程，人们透过商品生产与消费的日常实践，不断进行文化反思的历程。如今，人类学和工商实践的互动主要集中在两个方向：市场与消费者、公司的组织运行。在市场与消费领域里，人类学在消费者行为研究中扮演了重要角色，由此促进产品设计与发明；在公司生产组织领域里，人类学者侧重帮助企业适应快速变化的环境。在每一个领域里，人类学知识和民族志方法都成为理解社会生活的法宝，以求促进商业行为更好地满足人们的需要。回顾西方工商人类学发展的道路，可以更好地展示人类学之于工商研究的独特视角与价值，并展现工商人类学作为一门方兴未艾的学科，在现代生活中的文化探索价值以及对当下工商实践热点问题理论阐释。

一、工商人类学的发展历程

以下对工商人类学发展历程的回顾，主要参考工商人类学者巴芭（Marietta L. Baba）的历史分期。这一历史分期的依据是，不同时期的历史背景、热点议题以及学术影响。这些因素共同塑造了工商人类学作为一门学科发展在不同时期的特色，并由此形成该学科的历史走向。

（一）1920-1930 年代：工商人类学的发轫期

在 20 世纪 20 年代，当年的西电公司（Western Electronic Company）在芝加

---

① 在工商人类学的发展历程中，曾经出现过诸多名称。从 20 世纪 20、30 年代至今，美国人类学界对工商实践的研究经历了不同阶段，提出工业人类学、组织人类学、工商人类学、企业人类学等不同名称。在日本，最早的提法为工商人类学。而后，村山元英于 1989 年出版的《经营的海外转移论：通向经营人类学的道路》一书中，首次提出了经营人类学的概念。在中国学界，虽然早在 20 世纪 20、30 年代，以李景汉、梁漱溟、费孝通为代表的学者就曾探讨过农村工业化等问题，但工商人类学、企业人类学作为分支学科的提出还是晚近的事情。以张继焦为代表的学者，认为 2009 年国际人类学与民族学联合会第十六届世界大会推出的"第一届企业人类学国际论坛"，将工业人类学、组织人类学、工商人类学、经营人类学等不同的名称整合了起来，就此成为国际企业人类学的元年（详见张继焦："企业人类学：作为一门世界性的前沿学科"，《杭州师范大学学报（社科版）》，2014 年第 4 期）。笔者认为按照汉语习惯，企业人类学的提法反倒将涵盖企业生产、组织、消费、市场的工商实践研究局限于"企业"的名称之下。目前介入这一领域研究的人类学研究者也很少去严格界定这门学科探索的边界，或许也是为了避免陷入自缚手足的尴尬境地。有鉴于此，本文使用"工商人类学"的提法。

哥的霍桑工厂开展了一系列控制实验，以期实现效率的提升。实验表明，不论工作环境变好或变坏，即使是涨工资后突然又缩减工资，女工们的生产效率一直在持续提升，这便是著名的"霍桑效应"。于是，公司召集一批心理学家来共同解释这一神秘现象。哈佛大学心理学教授梅约（Elton Mayo）开始与人类学者沃纳（W. Lloyd Warner）合作，后者是著名人类学家拉德克里夫·布朗的学生。他们认为，尽管人类学者主要是在田野中研究那些自然的社会系统，但在工业社会中，这种研究策略依然可以发挥效用。而后的研究发现，研究者可以代替管理者的角色，并与女工们建立起比在工厂正常状态下更为和谐的关系，从而获得她们的信任并愉快地合作；同时，女工群体逐渐形成了一种团队文化，彼此之间相互帮衬。这种对人与人关系之于生产能力的探究，开启了工商人类学的诞生。[1](P222-225)

　　霍桑实验造就了组织研究中的一个新学派：人类学关系学派（the human relations school）。这一学派借助当时社会科学领域内流行的功能平衡理论，将人类组织视作具有特定结构整合而成并维系着平稳运行的社会组织。由此，管理者与工人之间的矛盾被视为是病态的，应当加以改良、修正。在接下来的 20 年里，这一学派在美国工商界以及工商实践中产生了显著影响。

　　（二）1940-1960 年代：人类关系研究中的工商人类学

　　这一阶段的工商人类学继承了前一阶段对人与人之间关系与互动的研究取向，提出了很多以企业管理研究为导向的问题，比如小团体研究、对各种委员会或会议的研究、对组织中个人的研究、面对面交流的研究、对社会系统与技术系统关系的研究、对工会和组织的研究等。[2](P222-225) 这些议题正好顺应了当时企业发展的需求。在此时期，企业面临着政府、工会等诸多限制与监督，已经不能以简单粗暴的方式对待员工了。一些企业为了尽可能地维持利润，于是开始将目光转向人类关系的探究，工商人类学实践成为一种解决问题的重要路径。在此背景下，第一代工商人类学者逐步涌现了出来，[3](P397-419) 其代表人物包括：沃纳（Lloyer Warner）、阿闰斯伯格（Conrad Arensberg）、柴珀（Eliot Chapple）、塞里斯（Lenoard Sayles）、盖斯特（Robert Guest）。[4](P226) 其中，沃纳、盖斯特还与商业合作伙伴于 1946 年成立了第一个吸纳工商人类学家及相关理论、技术的管理咨询公司。[5](P25)

　　这一时期，很多企业雇佣人类学者对诸如员工流动率高、罢工、成员之间协作困难等问题进行了研究。例如，沃纳对美国杨基城制鞋厂进行了实地考察，他发现，由于制鞋技术不断更新，致使那些曾经娴熟的工人很容易陷入失业的困境，结果，以往按照技术等级进行排序的纵向社会关系被破坏了，工人们原来的身份和自我认同受到了挑战，失控感由此生成，而共享的利益和情感亦导致群体自治力的产生。其次，工厂的所有者也不再是那些原先熟识的人，而逐渐被来自遥远纽约的外来者（商人）所替代，于是，工人们举行罢工的顾忌和阻力就减少了。沃纳等人的研究再次强调：不能离开历史的、具体的、社区的特定场景来理解罢工问题。在当时，研究人类关系的工商人类学作品在《哈佛商业评论》《美国社会学评论》《美国社会学杂志》等学术期刊上陆续发表，并形成一种特色鲜明的研究趋向。[6](P397-419)

（三）1970-1980年代：工商人类学的黯淡期

我们或许可以采用"蓬勃盎然"来形容第一代工商人类学的发展情景，然而，这样的良好势头未能持续下去。在接下来的20年中，工商人类学几乎处在衰落、停滞的状态。1960—1980年代，正是人类学理论日臻成熟的阶段，比如结构人类学、阐释人类学等理论流派相继兴起、盛行，它们对传统人类学方法进行了对象化反思，但是这些成果并未在工商人类学领域得以应用和展现。究其原因，具体有以下几个方面：第一，研究跟进步伐迟缓。社会科学史研究者曾对工商人类学研究进行过批判，他们认为，工商人类学者与企业家之间过从甚密，而没有及时认识到工人阶级蒸蒸日上的力量，这在很大程度上阻滞了学科的发展。同时在客观上，当时更流行采用大规模定量数据进行社会认知研究，而以个案研究为主的民族志研究陷于边缘化状态；第二，学术氛围的影响。当时在人类学领域，科学主义范式被大力提倡，落实到实践层面，便是鼓励学者到遥远的他乡进行所谓的"科学"数据收集以及"客观"性描述，而继续留在国内进行研究的工商人类学者则被视为是二流学者，[7](P227-229)他们的作品也难以受到重视；第三是研究伦理的反思。自1971年起，美国人类学家协会禁止开展一切不能免费公之于众的研究项目。那些受企业资助的工商人类学研究项目通常都要受制于企业资助方，由此，一些研究成果便很难通过伦理审查，以至于无法公开发表。于是，在这段时期里，工商人类学研究几乎从学术视野中消失。[8](P25)

即便如此，工商人类学依然以一种"碎片化"状态呈现出一些研究进展。这些进展主要体现在一些议题上，包括对发展中国家工业化进程的研究、对特定专业及职业文化的研究等。[9](P230-231)比如英国的日本研究专家多尔（Ronald

Dore）在 1973 年推出了一部专著——《英国工厂、日本工厂——工业关系中的国家多元化根源》，该书曾得到广泛关注。多尔指出，未来的世界不会形成统一的形貌，而不同国家前资本主义时期的不同历史、特定人口、地理状况、工业化带来的不同影响等，将使资本主义发展呈现更加多元化的状态。[10](P1331-1332) 总之，这一阶段的工商人类学研究虽然在某种意义上陷入了衰微境地，但是一些研究成果仍值得关注，它们沿袭了人类关系研究的传统，并为日后工商人类学的组织研究奠定了基础。

（四）1980 年代至今：工商人类学研究的蓬勃期

20 世纪 70 年代之前，欧洲诸国以及日本等都面临着战后重建任务，它们在经济复苏中度过了相当长的时间。自 1970 年代开始，这些国家的经济实现了高速增长，同时亚洲四小龙等经济实体也逐渐崛起，由此带来了世界市场的兴旺与全球经济的繁荣。无论是全球化的经营行为，还是消费行为，都面临着前所未有的多样化与地方性的再适应问题。[11](P232-234) 在美国，当人们发现丰田汽车代替雪弗莱在街上畅行时，管理学家的关注自然指向了企业生产中的文化事项。[12](P25) 同时，商品消费不仅渗入人们生活实践的方方面面，并在相当程度上标注了人们的社会身份与自我认同。在另一方面，在人们将消费视为理所当然的习惯时，却不能深究消费行为及其理念对人类以及特定个体的意义和价值。于是，人们常常迷失在充满诱惑与幻想的消费中，反而不能辨清自己真正的消费需求是什么。同时，从工商实践的产业形态看，曾经集生产、销售于一体的公司行为，随着社会分工日益精细化与专业化，裂变出更加细分的工商实践领域，比如市场营销公司、公共关系公司、电子商务公司、艺术品市场等，这些都为工商人类学的再度兴起提供了广泛的社会基础。

与蓬勃发展的工商实践相呼应，1980 年代以来工商人类学研究几乎拓展到工商实践的所有环节，比如对生产环节中文化适宜性的审视、对企业作为组织变迁的关注、对产品设计与开发的介入、对市场和消费行为的研究、对跨文化企业的关注等。[13](P77-88) 从方法上看，人们已经不再满足于传统的问卷调查。1980 年代以后，在社会科学界，定性研究方法日渐兴起，并受到了应有的重视。于是，在工商研究中，学者们呼吁采用更加深入并具有解释力的研究方法。人类学擅长的田野工作方法，恰逢其时地被应用，并促进了工商人类学的发展与繁荣。[14](P232-234)

这种繁荣的景象主要反映在不同方面。比如，在生产领域的研究中，阿帕伯姆（Applebum）关于建筑工人的研究颇具代表性。他发现建筑业的职业特征，比如建筑的设计特色、工期长短、甚至是天气变化带来的施工过程的调整等，均依赖建筑工人漂亮的活计来实施、完成。所有这些，促使建筑工人克制了商业化的强势姿态，维系了建筑工人的职业自尊与权威。[15]（P230-232）

在消费领域，一些研究者通过自然而然的观察、访谈，发掘出了消费者对于特定产品的缄默需求。例如，斯夸尔和布莱恩（Squires and Byrne）发现，人们并不仅仅将汽车视为交通工具，同时汽车往往还扮演着移动办公室等多重角色。斯夸尔还对早餐麦片的消费进行了细致观察，她发现，众多的女性都面临着紧张的社会节奏与维系"好妈妈"形象之间的矛盾。于是，研究者为某家公司设计了一种食品方案，建议他们生产一种名为"GO GURT"的酸奶饼干，这种饼干既有酸奶的营养，又符合儿童口味，还方便携带，可以一边上路，一边吃。结果，它一经售出，便在有限的区域里创下 3700 万美元的骄人销量。[16]（P239-242）

在艺术品销售领域，以摩尔闰（Brian Moeran）为代表的工商人类学者则讨论了艺术品的定价机制，与既往的基于使用价值、交换价值、剩余价值的经济学定价理论进行了对话。研究者发现，陶瓷作品的定价和作品本身关系不大，而是更多地依赖与其他人的比较，同时还要显示中间商的地位和购买者的品位。这一研究揭示了艺术品生产与定价之间的张力机制。[17]（P195-210）

回顾工商人类学发展历程，可以看出人类学所推崇的充满自然主义色彩的田野工作方法，为工商人类学研究的价值与特色奠定了方法论基础；对社会生活情境性细节的关注和关联性建构，为理解经营行为和消费行为开启着一扇扇文化之窗；而工商人类学的发展也不断遭遇一些难题，如伦理困境、阶层冲突等，但或许，这也是人类学研究不得不面临的尴尬的经历，因为在日常生活中追寻文化规则，总是会面对一些难以预测的不确定性。总的说来，工商人类学始终以其特定的发展路径和视角，与社会学、经济学等其他学科，相映生辉地呼应着一些共同的主题，比如对商品、生产、消费等经济活动的理解。

二、文化视野下的商品生产与消费

工商实践无疑是经济活动中最为活跃生动的面向之一。从社会整体论出发，按照波兰尼的实体主义观点，经济活动是嵌入社会关系中诸多活动之一种。[18]（P49）工商人类学正是通过对商品、货币、生产、消费等明示或暗含在工商实践中核心概念的解析，实现着人类学对经济活动的认知，并在终极意义上指向对人类自身文明的反思。

（一）两个核心概念：商品与货币

商品与货币，可以被视为工商实践中最具显现性而又无法割裂的载体。在人类学视野下，商品不仅仅意味着市场上摆放的货物，货币也不只是人们揣在口袋里的钞票。

毫无疑问，商品首先是"物"，它必须依托一定形式的物质条件与表现形式。人类学是研究"人""人性"及"文化"的学问；[19] 而它对于看似静态、客观的"物"的研究意趣在于探究"物"所传达的社会关系[20](P141)。人类学家阿帕杜拉（A. Appadurai）在《物的社会生命：文化视野中的商品》中指出：物的意义必然蕴含在它们的形式、用途和轨迹之中。因此，通过描摹物的轨迹，并进行分析，才能更好地解释人们对物的理解，从而指向对人与社会的理解。商品，只是特定的"物"在其独特生命史中的一个片段。"商品能够进入、走出商品阶段，并且这种运动可以慢、快、反复，或者一去不复返，可以是正常的，也可以是反常的。"[21](P9) 按照马克思的观点，商品具有双重属性：交换价值与使用价值。"就使用价值说，有意义的只是商品中包含的劳动的质，就价值量说，有意义的只是商品中包含的劳动量，不过这种劳动已经化为没有质的区别的人类劳动"。[22](P89) 即使是能表达劳动的质的不同的使用价值，其存在的核心意义也越来越不以其物理功能的实现为依据。当代消费社会学家鲍德里亚指出，面对看似平等的使用价值，"作为符号和差异的那些深层等级化了的物品没有丝毫平等可言"。[23](P85) 因此，对于传统意义上的商品，只有将其放置于制作、形成、消费、阐释的体系中，才可以更好地理解商品作为物，与人的关系。更何况，随着市场化推进，可以用于交易的商品清单被不断扩充，比如陪伴服务、咨询服务，甚至性服务。这些本身直接承载社会实践的活动成为可以明码标价、兑换成货币的商品，则进一步提示我们去追问商品的终极意义。

对于与商品相生相伴的"货币"，马克思有关商品拜物教的论述，将二者紧密联系在一起。他在《资本论》中指出，由于有了货币这样一个中介，商品的使用价值和价值以及蕴含在商品生产中的劳动二重性被割裂开来，从而使人与人的社会关系遮蒙上了物与物的虚幻形式[24](P89) 马克思虽然曾经冷静地讲"货币没有臭味，无论它从哪里来，一方面它代表已经卖掉的商品，另一方面，它代表可以买到的商品"，[25](P129) 但在他那里，货币和商品价值、剩余劳动价值、剥削存在着天然的联系。齐美尔的观点则有所不同，他并没有像马克思那样，对于货币运行中物与物关系对人与人关系的遮蔽与代替愤懑不平。[26] 他认为，当货币被当作普遍的交换媒介时，人们会愈加迅速地同事物中那些经济上无法表达的特别意义擦肩而过。但是，货币的抽象性也创造了所有活动中的非人格性，从而提高了人格的独立和自主，甚至点燃人们的渴望，去涉足和拥有曾经遥不可及的东西。[27](P1-12) 格雷戈里（C. A. Gregory）提出，商品交换是可以异化的物品在相互独立的交易者之间的交换，而礼物交换则是不可异化的物品在相互依赖的交易者之间的交换。这种具有怀旧色彩的区分，为人类学者理解初民部落对货币的不同处置提供了一个常见的解释框架。[28](P6) 陶西格（M. T. Taussig）在《南美的恶魔与商品拜物教》一书中这样描述："在哥伦比亚热带山村里，那些在市场经济席卷下，不得不离开土地、出卖劳动力进行糖业种植与生产的农民，认为魔鬼在操纵生产过程，而通过魔鬼挣来的钱即使购买土地，也会携带着魔鬼的贫瘠，导致土地荒凉、牲畜死亡。"[29](P13) 当然，货币作为人们诸多交换活动中一种交易符号，永远有不能涵盖的领域。在拜金主义至上的当代社会，更需要在理解货币能够与不能够有所为的社会空间里，去理解人类发明、使用货币的初衷。而在这一话题下，工商实践无疑是最具敏感性的议题领域。

以上关于商品和货币的梳理依然停留在相对静态的层面。接下来通过商品生产与消费两个工商人类学关注的经典领域，构建对劳动、物、人、交换的整体性理解，以讨论工商人类学在追求文化意趣层面上的超越性。

（二）商品生产：劳动建构人与物的关系

客观而言，物、人、劳动之间的关系是不言自明的：人的生存与发展离不开通过劳动实现对物的创造与发明；而物的诞生与演进无不体现着劳动的水准与人的选择、意志。人们表面上是在生产商品，但实质上却被绑缚在以商品为表象的一组组关联中。其中，劳动是形成这些关联的关键性实践。在不同的发展阶段，工商人类学研究都曾涉及公司职员、劳动者在日常工作即劳动中的感受。无论是扬基城鞋厂工人在社会变迁中对陌生人操控、被替代边缘化所进行的强烈反抗，还是建筑工人对自身技术所带来的职业自豪感的陈述，其实质都是在讨论劳动者在多大程度上、以何种方式抵抗自身劳动被异化为商品的宿命。

在资本主义制度下，劳动本身成为商品，不再以人身依附为表现，而是采取了物的生产形式，即以商品为载体、以货币为媒介。在商品生产中，人们见证着商品使用价值与交换价值的分离。此时，劳动已成为"物"，且是作为商品的"物"，并被对象化、被定价和支付。然而，在人类学所秉承的文化整体观视野下，人与物终究不能从根本上被割裂。列维·布留尔在《野性思维》一书中提出，尽管科技发展日新月异，但人类仍然保存着"原始思维"，比如互渗律，即人的思维与物的存在可以相互渗透和传递。互渗律的形式，可能不再表现为在图腾崇拜中获得族缘性认同，但是在现代生活中，仍然表现为宗教上对灵物的寄托，生活中对礼物所承载的情谊的理解，修辞上的拟人手法等等。人们并非生来就习惯于将自身的劳动交付于市场运作下的商品生产与交换。在资本主义生产过程中，人们也总在以另外的形式，不断寻找着劳动、商品生产与人的价值的文化关联，比如技术专业性带来的自信、非正式群体形成的权力格局等。于是，人们一方面产生像马克思所描述的对拜物教异化形成抵抗；另一方面，又像齐美尔所指出的感受着货币带来的抽象性与自由。于是，当劳动成为商品，在商品至少具有物的社会生命阶段性、候选性和情境性时，[30](P13)人们会在对作为"物"的商品的生产过程中，以反抗、顾虑、自信、灵智等方式来协调劳动本身作为商品与人性的让渡、分离。也就是说，原本和人们日常需求融为一体的劳动，一方面，包含了人对自然、对物进行干预及其改变过程中所体现出人类智慧与能力的成就感；另一方面，透过物的生产与交换，构建出人与人特定的关系，比如以物寄思的制作与赠予、曾经如父子般的师徒关系等等。而经历了以货币为媒介对商品使用价值和交换价值的分割后，在生产技术逐步被工业化程序切割成无数片段后，劳动曾经给人们带来的成就感和亲密感遭受了侵蚀。工商人类学对商品生产的研究，实际上，旨在回答人们在何种程度上能够容忍商品生产过程中劳动在本质意义上的扭曲。

就此而论，在人类关系的研究中，人类学并未从资本、货币、劳动等相对抽象的概念直接入手，而是建构起了一个人类关系的分析框架，通过实践者的生存感受，特别是人与人在生产活动中各个层面的互动，感悟劳动者在日常工作场景下的文化精神需求，以此来回应劳动作为商品与人的关系问题，最终指向劳动场景下的人性考量。

（三）商品消费：从物指向人的文化选择

在经济学研究中，商品作为市场交换的对象而存在；在社会学研究中，商品作为织连社会关系的重要载体被理解；在人类学视野下，商品作为文化选择的对象与实践过程被置于混沌的生活世界中并得以解读。对于具体的商品而言，在市场经济条件下，身为生产者的人们，不断追问的是正在经历的生产活动，与人的社会性、创造性之间的关联；身为消费者的人们，则更为直接地在商品的选择中投射出作为人的需要。"需要是用以描述一切有生命物质的存在状态和存在的范畴，其根本指向是非自足性和稀缺性。这是包括人在内的所有有机物共同具有的，然而只有人可以感觉到、控制、解决这种由非自足性和稀缺性所引发的'问题'，并用'需要'概念去指称这种状态……"[31](P28) 对于个体而言，每个人的需要塑造了个体的特殊性；对于社会而言，"人类需求成了社会自身的缘由"。[32](P12) 人们对商品的选择和消费，无疑是处置自身需要的重要方式，同时关系着社会秩序的表达与维系。

工商人类学对消费的研究以民族志方法为"利器"，穿梭在主位与客位之间，对消费者之于商品所表达出来的人的需求及其满足方式进行了"去熟悉化"的分析，探寻着隐藏其间的文化脉络，致力于拨开人们日常消费的迷雾，擦拭着被市场、商品、货币掩埋的人性灯塔。

如果回到斯夸尔关于早餐麦片的研究，可以看到：研究者秉承了人类学整体观的观察视角。她似乎并没有直奔主题，就麦片讨论麦片，而是在更为广阔、细碎的生活世界里勾连起不同实践主体对这一问题直接或间接的反馈。这一研究中，除了忙碌着做"好妈妈"的女主人之外，不在场的男主人、顽皮的儿子、远程联络的奶奶等人物，都被纳入作者细腻的观察视野。那个需要养育孩子又需要外出工作的母亲，虽然一直以主位的视角强调着"营养""健康"的话语，但在研究者看来，她并没有注意到：自己制作的营养早餐，没有被儿子吃下去；在匆忙节奏的遮蔽下，她甚至来不及体会"好妈妈"角色的实现与捉襟见肘的时间资源之间的矛盾。这便是研究者的客位解读。更为重要的是，研究者也在努力引导人们超越商品本身，去揭示掩盖在日常生活中的隐喻与冲突。工商人类学研究恰是在此基础上，对并不明晰的商品需求予以进一步的反思和刻画，从中提取出更为贴切的消费理念，并从一种意想不到的角度推动了商品的供给。伴随着工业化步伐，商品生产与消费之间的关系被不断调整：从最初的产品导向时代，进入当下市场细分时代，即商品和消费者必须同时被置于社会场景下进行展演。工商业成为一番生活风格的想象。就此，为避免停滞，原先只负责生产商品的企业，如今必须还要负责制造让人们可接受的商品意义。[33](P63~65) 工商人类学对消费研究，以自然主义的方法，观测人们如何消费，并进一步反思人们在本真意义上的需求。

（四）日常生活：理解选择与建构的必经路径

无论是对于商品生产还是商品消费的研究，工商人类学都非常注重对文化情境即特定日常生活场景的细致观察。显然，这与人类学的学科旨趣有着密不可分的关系。乍一看，对当下与人们生产生活密切相关的工商实践研究，与传统意义上针对原始部落、初民社会的人类学研究大相径庭。人类学借助于文化表现的巨大差异，使得他者得以彰显并跃然纸上，承载着超现实主义的凝视。在海默尔看来，人类学和超现实主义在面对日常生活时，共享着两种策略：一是放弃了高等文化和低等文化之间的区别；二是对日常性去熟悉化的处理方式，并以此质疑日常活动的"理所当然性"。"日常生活变成了人类学研究一枝独秀的舞台……由于熟视而终于无睹的东西于是就被重新灌注了惊奇和意义的潜能……"。[34](P146)

以研究文化为己任的人类学，将触角深深地扎根在人们的日常生活之中，无论是原始人的宗教仪式、村民的求神问卦、现代人的日常工作，还是对商品的选购……无一不被涵盖在它的研究框架之下，因为人类的文化总是源自生生不息的日常生活。这里，我们可以将文化视作历史性凝结而成的一组组隐性和显性的规则，以及人们对这些规则的实践与应对。从历史积淀的意义上讲，它具有群体性和强制性的一面；从生存方式意义上讲，又因每个个体动态的生存过程，展现出超越性的一面。规则，早已成为人类学观察文化脉络的关键词；而规则除了可以被陈述出来，更多地掩埋在日常生活中的实践惯性和不假思索的默认之中。因此，默默蕴涵着种种规则的日常生活，便成为文化的栖息地，也正是在日常生活"平庸与神奇"的二重性辩证法中，[35](P164~165)文化的强制性与超越性得以充分展演。

在现代社会中，工商实践为人们破解文化谜团设置了天然的障碍。这里，我们不得不再次提到货币。货币作为一种通约性的价值符号，容易促使人们将通约性与无限性、本真性混淆。在现代工业机制的驱动下，个体成为机械化大生产中一个环节或步骤，并以此获得货币形式的生活资料。在此间，有形的规则（比如工作流程、薪酬制度等）与无形的规则（比如自我认同尺度的把握）共同交织在涵纳着生产劳动的日常生活之中。在工商人类学的研究中，研究者通常会将生产者的劳动过程作为其"日常生活"进行剖析。他们在对平淡重复的工作场景进行"去熟悉化"处理后发现，人们往往会通过对企业规则的操纵与超越来获得对自我的认可与调整。工资或货币，已不再只是经济意义上的效用与回报，而是人们生活世界的一个有机组成部分。由此，工商人类学对于企业作为文化组织的描述，重新回归到了劳动实现人性本质的讨论。同样，在对商品消费与市场的研究中，工商人类学倡导重视商品的实际用途，并主张以隐喻的形式将其植入人们的日常生活中去进行讨论。同时，商品的价格，即货币价值的体现，也应被视为支撑日常生活的一部分。在人类学看来，资本主义的货币理性，与斐济人或特罗布里恩德岛民的物质实践虽然方式不同，但殊途同归，它只是更大文化价值体系的结果。[36](P7) 文化之于经济，并非外生的变量，而狭义的经济理性和广义的文化理性，共同创造着人们的生活秩序与过程。

三、工商人类学研究的价值及其本土化

在全球化、后现代化趋势日益加深的背景下，工商人类学研究也应与时俱进、紧跟社会现实发展的步伐。客观上，这一领域的研究潜力巨大，既可以丰富人类学学科本身的内在价值，亦可以为整个社会创造丰富多样的文化意义。在经济快速成长、繁荣的中国，一方面，在现实层面，工商人类学可以为工商实践贡献众多富有指导意义和借鉴价值的研究成果；另一方面，在实现本土化的进程中，面对汹涌澎湃的商业化浪潮，工商人类学的发展恰好可以自觉主动地彰显出一种弥足珍贵的文化魅力和感召力。

（一）工商人类学的担当：超越现实与人文反思

人类学原本是一门非常注重自我反省与富有危机意识的学科。工商人类学自然也不例外，它也在时时刻刻追寻着自身的存在价值、努力构建起属于工商领域的文化意义体系。在物质生产过剩与绝对贫困并存的当今世界中，主流社会中的人们一面为应接不暇的新产品所吸引，甚至为不曾明晰的消费欲望而欢呼，一面又以各种方式直接或间接地参与到商品制造乃至全球贩卖的各个环节。在科技与商业化的推动下，消费性狂欢似乎已经成为人们释放追求的主流趋势。然而，那未必是本真的生活。费希特在《极乐生活》中讲到："本真生活的一切思维、爱、顺从以及自我享受永远地融入统一体中；——与此相反，假象生活……把杂多、转瞬即逝的东西本身当作真正的存在，并满足于这种东西"。[37](P56) 工商实践直接通过商品的生产与消费贴近人们的生活。人类学对于工商实践的研究，首先对人们生产、生活那些转瞬即逝的活动进行描述，而这种提取和描述本身，首先表达了一种文化自觉。在此基础上，人类学研究又恰恰试图扬弃种种日常生活中流动的假象，去追寻一份隽永的贯通。萨林斯说："我们唯有像研究他者一样，凭借人类学的敏锐观察，才能了解我们本身的经济。其实我们也是无数的他者之一。"[38](P7)

在经济形态和市场运行发展的不同阶段，有学者将传统经济与现代经济的

区分理解为，前者的生产、交换活动目标明确有限，而后者则追求"无限可能"。[39](P127)在人类活动历经前现代、现代与后现代的演进过程中，经济行为与人文因素的关联方式和密切程度是有所不同的。在传统社会，宗教、风俗、惯例、氏族、伦理、政治对经济活动的制约是长期而稳定的，经济活动的合法性取决于宗教、伦理和政治的认同与宽容，甚至说，经济活动只有成为政治活动才有可能实现自身的定位，经济活动通常与权力和地位及身份的运作相伴。而在现代社会，经济活动从政治的藩篱下解放出来，独立发挥它的基础性作用，甚至成为优先于其他规则的实践活动[40](P17)。工商人类学研究的历程显示，工商实践是人们协调、沟通抽象经济活动和宏观社会事实的中介桥梁。在生产和消费的日常实践中，经济活动是人们追求本真生活的有机片段。

张小军在其《让"经济"有灵魂》一书中提出："'经济现象'是一个历史过错，必须防止滥用'经济'、'最大化'等概念来裹挟人类行为；特别是'最大化'并非可以随便泛化。"[41](P37)经济原本是社会进化、文明进步的基础和工具，但如今却成为人类奋斗、争取的核心目标，即为了经济而经济。与之相对应的是，工商活动演变成为所谓"理性最大化"的利益追逐。这其中自然也包含了"低成本""低能耗""高收益""高效率"的狭义经济学思维。

针对这种现状，工商人类学有责任帮助人们重新认识人类工商行为的本真面目和终极价值。当然这需要超越现实的眼光并付出极大的努力。虽然工商人类学从一开始就被标注上了应用与实践的身份，但这并不妨碍它对其终极价值的探索。纵然我们无法也不可能促使充满竞争与风险的商品经济或市场经济重新回归到富有道德、朴素伦理的初民经济状态，但在后工商时代，作为社会人，人们应该明白个人利益的最大化已经越来越脱离了作为人的文化本原。实际上，人类的工商实践正面临着如何实现"秩序最优化"的难题。"秩序最优化"是讲人类能量的最优运行状态，由能量法则支配，遵从能量法则如生态平衡等法则；而"利益最大化"是讲某一能量的恶性积累，由放大人类的贪婪等本性来表达，两者在本质上完全不同。[42](P38)显然，利益最大化势必会将人类追求的公平、正义、民主等原则吞噬殆尽，而只有秩序最优化才可能会兼顾到更多群体的感受、权益、福祉，帮助人类在高风险环境中摆脱厄运、实现可持续发展。同时，我们也不可否认，在现实生活情境中，工商人类学研究未必能对企业的运作方向和人们的追求欲望产生实质性的影响。直白地说，就是也不能改变什么，但至少可以提示人们认识到工商行为还有其文化价值的一面，物质经济的追逐终究要服务于社会人的整体、全面发展。这亦是工商人类学，乃至人类学作为学科使命的担当。

（二）工商人类学的本土化：议题方向与方法论

改革开放以来，伴随着工业化、城市化的快速推进，中国的社会结构及其基本面貌都发生了前所未有的变化，同时，社会主义市场经济催生了工商产业及其文化的快速成长与繁荣。由此，工商人类学研究无论是从学术角度还是应用层面来讲都意义重大。如前所述，工商人类学在中国的发展尚处于起步阶段，如何推动这一全新领域的发展，使之主动适应中国社会现实的需求，这已成为当今中国人类学界面临的重要任务和挑战。同时需要强调的是，这种以自我实践为主的本土化趋势，实际上也从一个侧面反映出工商人类学追求本真价值的必要性和紧迫性。

一方面，在经济全球化的进程中，中国创造了举世瞩目的经济奇迹，因而当前有很多工商实践的议题期待着工商人类学研究者提出富有见地的回应，比如在中国提出"一带一路"倡议的背景下，中国企业投资行为与当地文化的契合问题；在"互联网+"推动下，人们消费个体化对企业标准化生产提出的挑战问题；再如企业的社会责任问题、商品生产与人类的道德良心之间的文化关系、食品安全问题、工商消费与环境保护问题等等。面对由工商业扩展而带来的高危风险，人类学研究者理应形成富有远见卓识的独立见解，并以高度的责任感承担起对现代工商社会进行文化反思、批判和创新的重要角色

另一方面，在新的时期，中国人类学的学科建设也需要工商人类学在方法论、核心理论层面上做出力所能及的贡献。从方法上讲，人类学非常擅长研究他者的文化形貌，并以此作为"看家本领"，但对于发生在我们身边的工商活动的关注力度尚显不足。故而，在未来我们该如何对之进行超现实主义的对象化处理与阐释，不仅事关工商人类学学术关切的合法性和学科定位问题，同时也关乎人类学这门学科在现代社会研究中方法论的适应与发展问题。我们可以预见的是，结合中国丰富多样的工商实践活动，诸多人类学经典的核心话题在理论层面上，均有希望获得富有时代感和地方性的积极回应，例如：围绕着人类学关注的时空观问题，工商人类学可以考察在"互联网+"时代里，人们的生产与消费行为如何折射出 21 世纪人类对时间、空间的理解与操控；"老字号"企业如何焕发出历久弥新的魅力[43]，怎样对抗工业生产技术的线性时间观的挑战；在工业化生产中，面对污染和食品安全问题，人们怎样理解人与自然、人与人的关系问题等等。

总之，人类学家应当保持一定程度的学术独立性，不应成为工商企业的附庸。[44]一方面中国工商研究无疑需要积极借鉴工商人类学发展的国际经验，另一方面，更要考虑到当前中国社会文化发展的现实状况，避免陷入他者曾经误入的窠臼。20 世纪 60、70 年代工商人类学曾经经历的衰落与停滞便是最好的警示与镜鉴。当下中国正在经历的社会变迁过程、经济新常态下工商实践的调适与升级以及互联网经济模式的快速崛起等，这些都为中国工商人类学的发展提供了前所未有的历史机遇和得天独厚的条件。

四、结语

纵观工商人类学在西方发展的百年历史，可以发现，人类学家非常擅长研究贯穿于商品整个"生命周期"的文化脉线，并在一种"物"的解释框架下为人们呈现出了商品生产、消费背后丰富的日常生活图景。此种研究范式的优势，在于更易于增进人们对工商实践在人类行为系统中的文化功能、意义的整体性理解。

归根结底，工商活动与经济行为仅是人类生活结构与秩序的一部分，也许是基础的一部分，但并非是全部。当前，人类正处在一个被物欲裹挟的时代和社会，工商人类学的发展亦面临新的机遇和挑战，而超越社会现实并进行适度的人文省思是其未来发展的方向及价值之所在。而在经济全球化的大背景下，工商人类学的本土化实践也不例外，即既要服务于社会现实，更要追寻文化意义上的终极价值。

参考文献

［1］ ［2］ ［4］ ［7］ ［9］ ［11］ ［14］ ［15］ ［16］ Marietta L. Baba. Anthropology Practice in Business and Industry ［M］. // Statish Kedia and John van Willigen ed. Applied Anthropology Domains of Application. London：Praeger，2005.

［3］ ［6］ F. L. W. Richardson，Jr Source. Anthropology and Human Relations in Business and Industry. Yearbook of Anthropology，1955.

［5］ ［8］ ［12］ Ann T. Jordan. The Importance of Business Anthropology：Its U-nique Contributions. International Journal of Business Anthropology Vol. 1 （1）2010，15.

［10］ Book Review by George O. Totten：British Factory--Japanese Factory：The

Origins of National Diversity in Industrial Relations. The American Political Science Review, Vol. 70, No. 4 (Dec., 1976).

[13] Robert Guang Tian. The Unique Contributions and the Unique Methodologies: Concise Overview of the Applications of Business Anthropology. Journal of Business Anthropology, vol. 1 (2) 2010.

[17] Brian Moeran. A business anthropological approach to the study of values: Evaluative practices in ceramic art. Culture and Organization, Vol. 18, No. 3, June 2012.

[18] 刘少杰. 经济社会学的新视野——理性选择与感性选择 [M]. 北京: 社会科学文献出版社, 2005.

[19] 庄孔韶主编. 人类学通论 [M]. 太原: 山西教育出版社, 2002: 导言.

[20] 孙晓舒. 山参之"野"——关于意义与价格之生成的人类学研究 [M] //庄孔韶主编. 人类学研究(第贰卷). 杭州: 浙江大学出版社, 2013.

[21] [30] Arjun Appadurai. The Social Life of Things: Commodities in Cultural Perspective [M]. New York: Cambridge University Press, 1986.

[22] [24] [25] [德] 卡尔·马克思. 资本论 [M]. 北京: 中央编译局, 1975.

[23] [法] 鲍德里亚. 刘成富、全志刚译. 消费社会 [M]. 南京大学出版社, 2001.

[26] [27] [德] 齐美尔. 刘小枫选编, 顾仁明译. 金钱、性别、现代风格 [M]. 上海: 华东师范大学出版社, 2010.

[28] [英] C·A·格雷戈里. 杜杉杉、姚继德、郭锐译. 礼物与商品 [M]. 昆明: 云南大学出版社, 2001.

[29] Michael T. Taussig, the Devil and Commodity Fetishism in South America [M]. The University of North Carolina Press, Chapel Hill, 2010.

[31] [40] 晏辉. 经济行为的人文向度——经济分析的人类学范式 [M]. 南昌: 江西教育出版社, 2005.

[32] [美] 马歇尔·萨林斯. 王铭铭、胡宗泽译. 甜蜜的悲哀: 西方宇宙观的本土人类学探讨 [M]. 北京: 生活·读书·新知三联书店, 2000.

[33] Celia Lury. Consumer Culture [M]. Rutger University Press, Cornwall, 1996.

[34] [英] 本·海默尔. 周宪、许钧主编. 日常生活与文化理论导论 [M]

. 北京：商务印书馆，2008.

［35］吴宁. 日常生活批判——列斐伏尔哲学思想研究［M］. 北京：人民出版社，2007.

［36］［38］［39］［美］马歇尔·萨林斯. 张经纬、郑少雄译. 石器时代经济学［M］. 北京：生活·读书·新知三联书店，2009.

［37］［德］费希特. 于君译. 极乐生活［M］. 北京：光明日报出版社，2009.

［41］［42］张小军. 让"经济"有灵魂——文化经济学思想之旅［M］. 北京：清华大学出版社，2014.

［43］张继焦. 企业人类学的创新视角：老字号的研究现状、现实意义和学术价值. 创新. 2015 年 1 期刊.

［44］钟哲. 工商人类学拓展人类学研究疆域. 中国社会科学报. 2012 年 7 月 23 日.

On the perspective of Anthropology study for the Commodity producing and consuming
——From the development of the western business Anthropology

Liu Qian Zhang Yinfeng

（The School of Sociology & Population Studies, Renmin University of China, Beijing 100872; The Sociology Institute, Tianjin Academy of Social Sciences, Tianjin 300191）

［Abstract］ Reviewing the stages of development of business anthropology, the contribution of anthropology involving in business study relies on its culture approach in studying commodity producing and consuming. Anthropologists regard commodities as specific stage of things. This specific stage is closely related to the social context. In this way, commodities can be perceived in deeper meaning for people. To explore the meaning, the field work engaging deeply into the daily practice of people is good at understanding the meaning of human life. Modern China provides rich soil for business anthropology study. It is expected to   contribute the theory and methodology of anthropology today.

［Key words］ Business Anthropology, Commodity, Culture

新时代中国民营企业发展的文化维度①

冯刚　刘嘉圣

内容提要　新时代中国民营企业的高质量发展，对于我国全面建成小康社会以及建设社会主义现代化国家具有重要意义。当前，我国民营企业已经步入了企业文化建设与企业精神培育的发展阶段，逐渐形成新时代中国民营企业发展的文化维度，具体体现在新时代中国民营企业的企业文化实践持续深入，企业文化使命不断明确，企业文化内涵更加丰富，企业文化体系构建逐渐完善。

关键词　新时代；中国民营企业；企业发展；文化维度

作者简介　冯刚，管理学博士，北京师范大学思想政治工作研究院院长、教授；刘嘉圣，北京师范大学马克思主义学院博士研究生。

习近平总书记 2018 年 11 月 1 日在主持民营企业座谈会时指出："我国民营经济已经成为推动我国发展不可或缺的力量，成为创业就业的主要领域、技术创新的重要主体、国家税收的重要来源，为我国社会主义市场经济发展、政府职能转变、农村富余劳动力转移、国际市场开拓等发挥了重要作用。"[1] 在座谈会上，习近平总书记除了高度肯定我国民营企业的地位和作用，还为我国民营企业的发展指明了方向。当前，中国的民营企业已经进入了注重培育企业文化与企业精神的阶段，企业家精神作为激发企业文化和企业精神的内在动力，在民营企业的发展过程中扮演着重要的角色。

2020 年 7 月 21 日，习近平总书记在主持召开企业家座谈会时也强调指出："要千方百计把市场主体保护好，激发市场主体活力，弘扬企业家精神，推动企业发挥更大作用实现更大发展，为经济发展积蓄基本力量。"[2] 从文化维度更深入地研究和推动当代中国民营企业的发展，具有重要的理论价值和实践意义。面对着我国经济转型带来的压力，我国民营企业需要守正创新、兼收并蓄，充分注重民营企业的企业家精神对民营企业及市场发展的牵引，从企业文化实践、企业文化使命、企业文化内涵、企业文化体系这几个企业文化维度重点推进，

---

① 文章选自《高校马克思主义理论研究》2020 年第 3 期。

不断吸收时代的精华，实现民营企业健康、稳定、高效、创新发展。

一、新时代中国民营企业的企业文化实践持续深入

进入新时代以来，中国民营企业也面临着非常严峻的挑战。国际经济环境的变化、中国经济的转型、民营企业自身发展产生的粗放生产、信用安全不规范等问题都成为新时代中国民营企业需要攻克的难题，今年以来新冠肺炎疫情也对民营企业的复工复产产生了一定的影响。对于我国民营企业来说，这些发展中的问题需要在发展中得到解决，从我国民营企业的企业文化建设的新发展阶段来看，重视企业软实力、关注企业文化的发展、追求内涵式发展成为企业文化实践持续深入的重要体现。

（一）新时代中国民营企业更加重视企业软实力的建设

企业软实力是企业在激烈的市场竞争中安身立命的根本，同时也是企业竞争优势的突出表现。企业软实力可以从企业的文化、品牌、形象、价值观、服务、核心技术、市场辨别度、稀缺性等方面展现出来。一方面，新时代中国民营企业更加重视企业软实力的建设，这既是大势所趋，也是增强我国民营企业竞争实力以及积极参与全球竞争的需要。面对着风起云涌的国际经济形势，中国民营企业要将蕴含中国价值、弘扬中国文化、讲好中国故事的企业品牌及文化传播出去，颠覆一些欧美国家对于中国民营企业的刻板印象，重塑"中国制造"的国际信誉及形象。另一方面，中国民营企业正面临着我国经济因转型调整而带来的阵痛期，由于国内市场环境复杂、信息多元化、资源稀缺性等原因，提高企业文化软实力建设也是大势所趋。海尔、李宁等我国著名的民营企业能够在激烈的竞争中长盛不衰、基业长青，究其原因，就是经历了由引进技术到企业制度革新再到企业软实力的提升，在竞争中形成了富有个性特色并能够克敌制胜的法宝。因此，我国民营企业应该积极顺应时代的变化，注重企业软实力的建设，更新发展理念，优化产业结构，调整产业动力。

（二）新时代中国民营企业更加关注企业文化的发展

除了在经济方面需要做出稳定的贡献之外，新时代中国民营企业还应该弘扬和创新企业文化，为全社会留下一批宝贵的企业精神文化。其一，中国民营企业的文化建设有助于适应时代的发展要求。很多企业文化中包含的落后的精神内核往往与现在新时代的要求显得格格不入，如果任其发展，很多民营企业将会被市场和时代淘汰。因此我国民营企业需要保留企业文化中合理的部分，紧跟时代的发展，不断进行企业文化的创新。其二，中国民营企业的文化培育有利于推动民营企业高质量发展。培育良好的企业文化有助于在企业内营造出励精图治、追求卓越、为国奉献的氛围，反之，如果一个民营企业没有正向的企业文化作为企业的精神支撑，那么这个企业就会毫无生机，并且缺乏凝聚力与战斗力。在积极向上的企业文化氛围中，民营企业可以开阔眼界，更新理念，凝聚各方力量，推动质量、效率、动力的变革，实现民营企业的高质量发展。其三，中国民营企业的文化创新有益于促进新时代企业精神的形成。民营企业在进行企业文化创新的过程中，以创新的思维为核心，将企业家精神与企业所要传达出的价值理念相结合，熔铸出企业精神。企业精神作为企业文化的凝练表达，不但可以成为激发员工团结奋斗的精神旗帜，进而还会提高企业的影响力。

（三）新时代中国民营企业更加追求内涵式发展

习近平总书记指出："在经济高速增长时期，一部分民营企业经营比较粗放，热衷于铺摊子、上规模，负债过高，在环保、社保、质量、安全、信用等方面存在不规范、不稳健甚至不合规合法的问题，在加强监管执法的背景下必然会面临很大压力。"[1]当前我国经济已经进入中高速发展阶段，但是经济发展健康稳定的基本面没有改变，更加强调经济发展的质量，因此与之相对应的是广大民营企业要追求内涵式发展。民营企业的内涵式发展主要着眼于新时代中国民营企业发展的内在需求，追求优化结构、提高质量、增强竞争力，同时更加强调企业文化建设与企业精神的培育，使我国广大民营企业走向更加广阔的经济舞台。民营企业内涵式发展的优越性在于适应了我国经济发展注重"高质量发展"的要求，同时利用文化潜移默化、文以载道的作用，使民营企业更加具有人文情怀。通过我国民营企业内部的改革，推动发展动力更加科学，管理机制更加合理，运行方式更加有效，积累量变引发质变，不断增强民营企业的实力，提高民营企业的综合竞争力，在民营企业内部形成螺旋式上升的逻辑回路。因此，内涵式发展将侧重点从重视结果转变为重视过程，即要求新时代的中国民营企业练好内功，提高经营水平与管理能力，建立起现代民营企业管理制度，发扬企业文化和企业精神，既要落细、落小、落实，又要做大、做优、做强。

二、新时代中国民营企业的企业文化使命不断明确

进入新时代以来，习近平总书记曾在党的十九大、民营企业座谈会、改革开放 40 周年大会等多次强调，民营经济对于中国经济发展来说是功不可没的，并多次指出要坚持基本的经济制度不动摇，同时指出民营经济的贡献与作用不容置疑。但同时，我国经济发展的不确定性明显上升，民营企业在新时代也会面临更大的困难与挑战。面对发展中的必经阶段，新时代中国民营企业需要从继续发挥更大的作用、勇于承担企业责任、完善企业形象三个方面不断明确企业文化使命。

（一）新时代中国民营企业理应继续发挥更大的作用

习近平总书记在民营企业座谈会上强调："民营经济具有'五六七八九'的特征，即贡献了 50% 以上的税收，60% 以上的国内生产总值，70% 以上的技术创新成果，80% 以上的城镇劳动就业，90% 以上的企业数量。"[1]民营企业作为民营经济的重要组成部分，在我国社会主义市场经济的发展中做出重要的贡献。其突出贡献主要体现在以下两个方面：一方面，作为非公有制经济的重要组成部分，中国民营企业在我国经济发展中扮演着至关重要的角色。从宏观层面来看，我国民营企业是国家发展的"助推器"，体现在民营企业不仅有助于社会主义市场经济的发展，而且促进了生产力的提高，同时还有利于世界市场的开拓等；从微观层面来看，我国民营企业也是提高民众生活水平的"加油站"，民营企业为众多城市和农村富余的劳动力提供了就业的机会，并且鼓励有勇气的青年才俊积极自主创业，激发全社会创新创造的热情。另一方面，中国民营企业在经济发展中占据不可替代的地位。"两个毫不动摇"已经在党的十九大上被写入新时代坚持和发展中国特色社会主义的基本方略，特别是在民营企业座谈会上，习近平总书记更是用三个"没有变"来强调民营企业在经济发展中的作用，即"非公有制经济在我国经济社会发展中的地位和作用没有变！我们毫不动摇鼓励、支持、引导非公有制经济发展的方针政策没有变！我们致力于为非公有制经济发展营造良好环境和提供更多机会的方针政策没有变！"[1]支持中国民营企业的发展，既是党中央集体智慧的结晶，又是党中央一贯坚持的方针，因此我国民营企业在新时代要吃下"定心丸"，继续蓬勃发展。

（二）新时代中国民营企业必须勇于承担企业责任

中国民营企业的企业责任必须围绕服务于我国经济社会发展的主题，从总体上看，民营企业的企业责任应该主要包含以下几个部分：第一，经济责任。我国民营企业肩负着稳定增长、促进创新、增加就业、改善民生、提高社会资源利用效率等方面的重要责任。第二，法规责任。我国民营企业必须在遵守国家法律法规的基础上，执行行业标准、规范、制度以及遵守行业的道德准则。第三，伦理责任。我国民营企业对内要维护股东、职工等的合法权益以及合理回报，对外要维护消费者的权益，此外还要承担积极参与社区建设，控制资源消耗，维持环境永续发展的责任。第四，慈善责任。我国民营企业还应自愿承担扶贫、助残、照顾孤寡老人等慈善责任，并且根据当地的人文与风俗习惯等履行相关的社会责任，我国民营企业在承担社会责任时所展现出的企业行为，包含着企业的精神作风与文化风貌。我国民营企业要想在新时代面临的挑战中迎难而上，就必须有一些承担企业责任的新作为，因此要弘扬以企业家为代表的企业精神，发展和弘扬企业家爱国敬业、遵纪守法、艰苦奋斗、追求卓越、诚实守信的精神，将企业家精神提升为企业精神，并将企业精神与承担企业责任紧密结合，民营企业若能将国家使命与民族情怀作为一切活动的出发点，就能为企业的社会责任注入新鲜的血液。此外，还要将中华传统文化与企业文化巧妙融合，采取"破"与"立"的原则，所谓"破"，就是要用辩证的态度对待中华传统文化，依据民营企业自身发展需求，在充分考虑时代发展的基础上进行有选择的鉴别；所谓"立"，就是在民营企业实践的过程中，对中华优秀传统文化进行有选择的创新与发展，不断为中华优秀传统文化增添富有时代与实践特色的精华，成为有效回应现实发展问题的强大精神指引。

（三）新时代中国民营企业需要不断完善企业形象

新时代的中国民营企业，提倡完善企业形象是明确企业文化使命的重要形式。企业形象可以从企业理念、企业精神、企业标志、经营理念、价值观、行为准则等提炼出来，通过弘扬爱国奉献、实事求是、艰苦奋斗、团结互助等优秀的企业精神与企业文化，可以在完善新时代中国民营企业的企业形象的基础上，进而提升品牌声誉和企业声誉。我国著名的民营企业华为公司就是在文化层面完善企业形象的典型案例，华为公司从企业成立伊始就注重企业文化的建设，以任正非为代表的华为人不断总结提炼，形成了具有中国民营企业文化特色的《华为基本法》，其中包含的企业文化及企业精神为华为员工们提供了行为标准，不仅使华为成为将中国情怀和世界眼光紧密结合的"国产荣光"，而且也向世界展示了新时代中国民营企业的企业形象。因此，新时代民营企业要以华为公司等中国优秀的民营企业作为标杆和榜样，以承担社会责任、完善企业形象作为回报社会的自觉行动，在完善企业形象时从整体入手，顺应时代的变化，不断继承传统并推陈出新，为建设社会主义现代化国家做出更大的贡献。

三、新时代中国民营企业的企业文化内涵更加丰富

新时代中国民营企业实现什么样的发展、如何实现创新发展，成为现阶段必须回答的现实问题。新时代中国民营企业虽然面临着市场需求下降、转型动力不足、融资难等问题，但从长期来看，我国民营企业的发展也具备一些有利的发展优势，比如我国拥有巨大的发展潜力、良好的物质基础、丰富的人力资本、辽阔的国土资源、稳定向好的经济形势、和平稳定的发展环境等。新时代中国民营企业在企业文化建设的实践过程中，其企业文化的内涵也在不断丰富，具体体现在以下三个方面。

（一）注重培育新时代中国民营企业的企业家精神

2017 年 9 月，中共中央、国务院发布了《关于营造企业家健康成长环境 弘扬优秀企业家精神 更好发挥企业家作用的意见》，新中国成立以来首次以专门文件明确企业家精神的地位和价值，并对企业家的环境、企业家的贡献、企业家的精神和作用进行了系统概括，引起较大社会反响。党的十九大报告进一步明确提出："激发和保护企业家精神，鼓励更多社会主体投身创新创业。"[3]企业精神是企业文化的核心，既可以反映出企业的个性特质与理想追求，同时也可以激发企业员工的积极性与创造性，增强企业活力。企业家精神与企业精神之间存在着密不可分的联系，企业精神是企业全体成员所展现出的思想追求、精神面貌、行为准则等结合企业宗旨、经营理念、企业价值观以及企业成员的个性、追求及情怀等，伴随着企业发展最终凝结而成的。培育新时代中国民营企业的企业精神是促进我国民营企业可持续发展的内生动力，民营企业的企业精神往往与民营企业家有着密不可分的关系，一个重要的原因是民营企业家对企业精神起到策划和组织的作用，这也是培育健康积极向上的企业精神的关键。我国民营企业的高质量发展关键在于是否拥有一批具有优秀企业家精神的企业经营管理者，优秀的企业家们以其企业家精神不仅引领中国民营企业在新时代进一步发展，而且向世界展示了中国民营企业的家国情怀。因此，培育新时代中国民营企业的企业精神需要弘扬和保护优秀的企业家精神，不断完善激发民营企业家精神的制度建设与法律保障，形成开放包容的文化氛围以及容错机制，使企业家精神成为企业精神的重要"温床"，拥有尊重人、成就人、造福人的开放胸怀，坚持结合精益求精和工匠精神，形成遵纪守法、诚实守信的行为准则，带领广大民营企业恒守初心，秉持回报社会的使命担当。

（二）强调发挥中国民营企业精神建设的内部协同效应

新时代，很多中国民营企业在发展的过程中遇到了市场的冰山、融资的高山、转型的火山"三座大山"的困扰。面对这些困难和挑战，我国民营企业应该充分调动一切积极的因素，在企业精神建设的过程中发挥内部协同效应，一方面，要注重我国民营企业精神文化的建设。企业精神文化包含着企业价值观、企业精神、企业宗旨、企业愿景等，反映着企业在经营活动中独具特色的企业文化观念。加强我国民营企业的精神文化建设要注重企业精神的建设，比如注重企业价值观的形成、提升企业的凝聚力、增强企业对员工的关心度、开展企业公益项目等，还可以将企业的使命、宗旨、原则等融入企业的经营管理哲学中，提升企业的品牌形象。另一方面，要在我国民营企业文化建设中统筹发展企业物质文化、企业行为文化、企业制度文化与企业精神文化，不断增强我国民营企业可持续发展的内生动力。具体来看，在企业物质文化建设中不断提高民营企业科技能力的创新，注重企业自主研发的能力以及新产品技术的开发率和成果率等。在企业行为文化建设中以优秀的企业家精神为内核的企业精神激励与引导企业内部员工的思想和行为，此外要不断提高企业员工的学习能力，激发企业员工的内生动力，由"要我做"转变为"我要做"。在企业制度文化建设中要根据时代的特点对民营企业管理制度进行创新，还应兼顾民营企业长期沿袭、约定俗成的企业风俗习惯等。

（三）进行中国民营企业文化的创造性转化与创新性发展

新时代我国民营企业文化的创造性转化与创新性发展可以反映出时代精神，体现时代发展的坐标与方向。我国民营企业不仅要继承和弘扬"仁义礼智"的人本观念、"见利思义"的义利观念、"言必诚信"的诚信观念等中华民族优秀传统文化的精神财富，还要拥有对于企业文化建设的创新能力，提升核心竞争力，这样才能始终在激烈的竞争中保证企业拥有源源不断的动力来源。注重民营企业文化的创造性转化和创新性发展，应从以下三个方面重点推进。其一，加强思想观念的创新。思想观念的创新是提升企业创新能力的先导，民营企业要意识到创新能力是企业核心竞争力的关键，冲破束缚创新思想的桎梏，激励、宽容、尊重每一次创新想法以及创新活动，形成鼓励创新的企业氛围。其二，促进体制机制的创新。体制机制的创新是调动企业内部员工积极性与创造性的重要制度保障，通过建立健全现代化的体制机制，为创新活动提供稳定的市场环境、政策支持与法制保障，综合各方的资源优势，推动民营企业良性运转。

其三，鼓励创新实践的形成。将创新落实到实践才能实现创新的成果，但是创新实践往往是螺旋式上升的过程，很多创新的尝试往往不可能一次性达到成功，这就需要形成对于创新尝试的容错度，宽容失败，避免形成"成王败寇"的评判标准。从每一次失败中得到经验启示，才能拥有接近成功的可能。

四、新时代中国民营企业的企业文化体系建构逐渐完善

新时代，推进国家治理体系与治理能力现代化是中国共产党带领全国各族人民必须攻克的一项时代课题。党的十九届四中全会通过了《中共中央关于坚持和完善中国特色社会主义制度、推进国家治理体系和治理能力现代化若干重大问题的决定》（以下简称《决定》），《决定》强调："要毫不动摇巩固和发展公有制经济，毫不动摇鼓励、支持、引导非公有制经济发展，坚持按劳分配为主体、多种分配方式并存，加快完善社会主义市场经济体制，完善科技创新体制机制，建设更高水平开放型经济新体制。"[4]国家治理体系和治理能力建设，为我国民营企业的发展指明了前进的方向，同时也在国家层面、社会层面、企业层面对我国民营企业的企业文化体系建构进行了完善。

（一）国家层面：中国民营企业文化是推动国家治理现代化的重要力量

在国家治理中，文化是一个民族的精神血脉，在推进国家治理体系和治理能力现代化中发挥着重要的支撑作用。新时代，随着中国日益走近世界舞台的中央，我国更加注重文化自信。文化自信是一个民族、一个国家对自身拥有的传统和价值的充分认同与肯定，是对其文化旺盛生命力所保持的坚定信心和希望。[5]因此，在推进国家治理体系和治理能力现代化时要意识到文化在推进国家治理现代化中的作用，虽然经济的可持续发展是国家治理的核心目标，但是文化的繁荣对于经济发展、政治清明、社会稳定等具有重要的推动作用。新时代中国民营企业不仅要面对激烈的国内竞争，而且还要面对更加强调综合软实力的国际竞争，这种国际的综合软实力竞争说到底，其核心是文化的较量，集中体现在文化的创造、对外输出等能力，这对于新时代中国民营企业的文化建设提出了更高的要求。所以，要将民营企业文化的构建置于国家治理体系框架内进行考虑。一方面，党和国家要通过顶层设计，制定一系列符合企业文化建设的支撑性政策，增强我国民营企业的参与感，重振企业家的信心，特别要将近年来制定的"非公经济 36 条""民间投资 36 条"等一系列政策措施等在落细、落小、落实上下功夫，为民营企业文化建设提供政策的保障。另一方面，党和

国家要优化营商环境，在全社会范围内尊重民营企业、尊重民营企业家，形成诚实守信、公平竞争、创新实干的氛围，鼓励我国民营企业形成符合自身企业特色的企业文化，使民营企业切身感受到来自国家的信任与支持。

（二）社会层面：中国民营企业文化是完善社会治理的重要保障

从社会层面来看，社会治理既是新时代中国特色社会主义建设的重要内容，同时也是推进国家治理体系与治理能力现代化的重要力量。当前，我国已经成为仅次于美国的世界第二大经济体，在综合国力不断增强的大背景下，我国民营企业应该承担起社会责任，积极参与社会治理。民营企业的社会治理主要包含两个方面的内容，一个是民营企业的外部治理，主要是民营企业在社会范围内参与社会治理，其中主要包括民营企业要主动承担多重社会责任，协助参与公共服务，强化服务意思，积极培育和弘扬企业文化等；另一个是民营企业的内部治理，即企业内部事务及劳资关系等的处理，主要包括给予员工劳动关系保障，关注员工的精神文化需求，充分发挥企业党组织的领导核心及枢纽的作用等。无论是民营企业的外部治理还是内部治理，都离不开民营企业的企业文化建设这一重要内容，加强民营企业的企业文化建设不仅对内具有满足民营企业员工心理精神需求，落实人文关怀理念，而且对外具有形成企业核心价值观，提升民营企业内部凝聚力、荣誉感、向心力，进而形成民营企业积极参与社会治理的作用。比如中国著名的民营企业吉利控股集团就是不断培育和弘扬企业文化，积极参与社会治理的典型案例，吉利始终秉承"不忘初心，勇于担当"的企业核心价值观，在产品、经济、环境以及社会四个领域全力投入，不断提升企业竞争力，推动可持续发展。[6]对企业内部的员工给予充分地尊重，为员工每年安排体检、为员工提供各项假期福利以及为员工家属购买保险等，在企业社会责任方面，吉利积极响应党和国家号召，大力开展扶贫事业并且开展加强核心科学技术的研发等一系列工作，将优秀的企业文化凝聚成为企业的核心资产，积极承担社会责任，为社会贡献力量。总而言之，新时代我国民营企业要更加注重企业文化的建设以及企业精神的培育，提高社会参与度，主动参与社会治理，不断推进国家治理体系和治理能力的现代化。

（三）企业层面：中国民营企业文化是促进企业健康发展的精神力量

从企业层面来看，企业文化是企业赖以生存的核心。对于我国民营企业来说，企业文化是民营企业的灵魂，民营企业的文化不仅决定了企业的形象、精神面貌等，还决定了企业的核心竞争力，进而关乎民营企业的生存与发展。加强我国民营企业的文化建设是企业练好内功的重要源泉，有了优秀的企业文化作为保障，民营企业可以提高企业的经营水平与管理能力，建立和完善公司内部的法人治理结构，建立和完善现代企业制度，在社会治理中发挥积极的作用，进而为国家治理体系助力。此外，优秀的企业文化对于我国民营企业内部的良性运转也起到巨大的推进作用，使企业内部员工形成了一股强大的精神力量，充分发挥了以文化人、以文育人的作用，注重企业内部员工的精神成长以及思想提升，通过潜移默化、润物无声的形式长久地、默默地、逐渐地感染人、影响人、转化人，让人们在不知不觉中接近和接受正确价值观、远离和摒弃错误价值观，实现"蓬生麻中不扶自直""入芝兰之室久而自芳"的教育效果。[7]在这种教育效果的影响下，企业文化将在企业员工的心中扎根，调动企业员工高昂的工作激情，极大地激发企业员工的创造力和凝聚力。新时代民营企业要实现高质量发展，必须通过弘扬企业精神来发展企业文化，第一，我国民营企业要加强企业内部的管理。在培育企业员工价值观的同时，要建立健全各项规章制度，将硬性约束和软性治理结合起来，为企业精神的培育创造良好的条件。第二，充分发挥企业领导人以及企业模范人物的作用。将企业领导人和企业模范人物的心理素质、能力素质、文化素质等精神层面的财富与企业精神紧密结合，充分发挥企业领导人以及企业模范人物的"头羊效应"，为企业内部员工树立榜样，使企业内部形成向心力。第三，弘扬我国民营企业的企业精神必须坚持以人为本的原则。尊重与重视每一位员工的正当、合理的需求，形成平等、民主、团结的企业上下级关系，给予企业员工提供展示自己才华的平台，同时为员工创造能实现其自身价值的机会。综上所述，要将民营企业文化的建设贯穿我国民营企业活动的全过程，使中国民营企业为国家治理体系和治理能力的现代化做出自己的贡献。

参考文献

［1］习近平主持召开民营企业座谈会强调 毫不动摇鼓励支持引导非公有制经济发展 支持民营企业发展并走向更加广阔的舞台［N］.人民日报，2018-11-02（01）.

［2］习近平主持召开企业家座谈会强调 激发市场主体活力弘扬企业家精神 推动企业发挥更大作用实现更大发展［N］.人民日报，2020-7-2（01）.

［3］习近平.决胜全面建成小康社会 夺取新时代中国特色社会主义伟大胜利———在中国共产党第十九次全国代表大会上的报告［M］.北京：人民出版

社，2017：27.

[4] 中共十九届四中全会在京举行 中央政治局主持会议 中央委员会总书记习近平做重要讲话 [N]. 人民日报，2019-11-01（01）.

[5] 冯刚. 改革开放以来高校思想政治教育发展史 [M]. 北京：人民出版社，2018：27.

[6] 高云龙，徐乐江，谢经荣. 中国民营企业社会责任优秀案例 [M]. 北京：社会科学文献出版社，2018：1-12.

[7] 冯刚. 在中华民族伟大复兴进程中坚定文化自信 [J]. 马克思主义理论学科研究，2017（3）：94-103.

深刻把握企业家精神的时代内涵①

刘谦　朱宏强②

观点提示

新时代，新机遇，呼唤中国企业家群体响应习近平总书记的号召，践行企业家精神，淬炼当代"实业报国"精神，以充沛的物质生产和积极的精神力量，为实现中华民族伟大复兴的中国梦，推进社会主义现代化建设的伟大进程做出应有的贡献。

2020年7月21日习近平总书记主持召开企业家座谈会并发表重要讲话，强调面对疫情要激发市场主体活力，弘扬企业家精神，推动企业发挥更大作用实现更大发展，为经济发展积蓄基本力量。座谈会上习近平总书记强调企业家精神对企业家带领企业战胜疫情危机、实现长远发展的关键意义，也明确了企业家要成为新时代推动经济高质量发展生力军的素质要求，展现了丰富的时代内涵。

弘扬企业家精神的意义

企业家的概念，于1800年由法国经济学家理查德（Richard）首次提出，他认为企业家是能够使经济资源的效率由低转高的商业组织运营者。企业家精神是通过创建和经营管理企业表现出的综合才能，是一种重要且特殊的无形生产要素。企业家精神既内化于企业家个体所具备、坚守并践行的信念品质，也外化于企业有序发展，促进资产持续增长等重要形态。对于当代中国企业家而言，它更是在经济领域践行社会主义核心价值观的集中体现。企业家精神凝聚企业家力量，融入实现中国梦的整体合力，在我国社会主义现代化进程中发挥着重

---

① 《中国教育报》2020年09月24日第5版 版名：理论周刊
② 作者单位分别是中国人民大学、北京师范大学。刘谦系中国人民大学国家发展与战略研究院研究员、教授。

大作用。

　　企业家精神是激发企业主体活力的关键。习近平总书记在企业家座谈会上强调："市场主体是我国经济活动的主要参与者、就业机会的主要提供者、技术进步的主要推动者，在国家发展中发挥着十分重要的作用。"市场主体活力直接关系我国经济的健康发展，关乎就业和民生，影响到社会的和谐稳定。由于新冠肺炎疫情的冲击，我国一些市场主体面临前所未有的压力，很多企业一度陷入停滞，迫切需要激发企业主体新的活力。企业家是企业的掌舵人，企业家的心态直接影响整个企业的士气，关系企业前进的方向。面对疫情，企业家继续发扬顽强拼搏、攻坚克难的精神品质，不放弃不丧气，在党和政府各项政策的支持下，调动和运用一切积极因素奋力自救，在疫情防控中焕发出了新的活力。

　　企业家精神是社会主义核心价值观在经济领域的具体体现。习近平总书记在企业家座谈会上强调："任何企业存在于社会之中，都是社会的企业。"企业的经营管理必须与社会前进的方向相一致，与社会发展的目标相适应，与社会的主流价值观念相契合。社会主义核心价值观是全体人民价值观念的最大公约数，也是企业经营管理的正确价值引领。企业家精神是社会主义精神文明建设在经济领域的体现。企业家应当铭记社会主义核心价值观，并将这种精神通过管理实践传导给员工和消费者，在经济领域更好地培育践行社会主义核心价值观。

　　企业家精神是实现中国梦的强大力量。总书记在企业家座谈会上说："企业营销无国界，企业家有祖国。"中国梦终将在一代代中国人民的接续奋斗中实现，需要全体人民共同努力，企业家和企业的力量是其中不可或缺的关键部分。如何将企业的生产力凝聚起来融入全体人民的整体合力，关键在企业家，关键在企业家精神的引领。以爱国为要义的企业家精神，通过共同的精神纽带将企业家团结凝聚在一起，以自己的方式践行爱国理念，办好一流企业，带领企业奋力拼搏、力争一流，实现质量更好、效益更高、竞争力更强、影响力更大的发展，切实将企业的生产力转化为实现中国梦的强大推动力。

企业家精神的时代内涵

　　习近平总书记强调："企业家要带领企业战胜当前的困难，走向更辉煌的未来，就要在爱国、创新、诚信、社会责任和国际视野等方面不断提升自己，努力成为新时代构建新发展格局、建设现代化经济体系、推动高质量发展的生力军。"这五点特质既明确了企业家应有的品质素养，也强调了企业家肩负的责任担当，更是当前形势下对企业家的时代要求，共同构筑起企业家精神的丰富内涵。

诚信守法、勇于创新是企业家应有的品质素养。在依法治国的背景下，企业的诚信不仅体现为道义追求，而且需要依托契约精神和专业知识，切实以法律为准绳，履行相关法律义务、责任与程序。法律是反映人民意志的规章准则，遵守法律就是履行了与人民的基本约定，是诚信的集中体现。如果说诚信是企业经营的根基，那么创新是企业强大的武器。唯有以创新的思维和实践模式，应对各种难以预见的困难，企业方可在市场洪流中得以自由驾驭。新冠肺炎疫情全球蔓延，无疑为企业有序经营带来更直接的挑战，进一步呼唤企业家调动创新能力，激发企业勇于创新、持续探索的决心和勇气，从而提升企业抗风险的能力与韧性。企业家因诚信而能立足市场，因创新而能攻坚克难，两者是企业家必不可少的品质素养。

爱国报国、回报社会是企业家肩负的责任担当。习近平总书记在企业家座谈会上强调："优秀企业家必须对国家、对民族怀有崇高使命感和强烈责任感，把企业发展同国家繁荣、民族兴盛、人民幸福紧密结合在一起，主动为国担当、为国分忧，正所谓'利于国者爱之，害于国者恶之'。"国家是企业发展壮大的支撑，社会是企业家施展才华的舞台，国家和社会成就了企业和企业家。因此，企业家的爱国情怀和责任意识，需要从两个层面得以展现，一是通过引领企业的组织行为和工商实践，力争在社会主义现代化进程中发挥更大作用，并与国家同呼吸、共命运，展现共克时艰的信念与行动；二是企业家个人还应充分展现正面示范的社会责任，十分珍视和维护好自身社会形象，在爱国敬业、守法经营、创业创新、回报社会等方面发挥重要示范作用。

立足中国、放眼世界是企业家面临的时代要求。总书记在企业家座谈会上强调："有多大的视野，就有多大的胸怀。"在经济全球化浪潮中，我国企业更广更深参与国际市场已成为历史必然，中国企业家更需要具有技术敏感性、国际秩序规则意识和多元文化自觉性。这需要当代中国企业家引领企业在新一轮科技革命和产业变革中占据优势地位，积极推动建立健全公正合理的国际经济秩序。而如何基于各国各具特色的历史与传统文化根基，将国际经济秩序在不同文化主体间进行沟通、约束与推广，也是考验当代中国企业家国际视野的重要维度。这就要求企业家们开拓国际视野，以长远的战略眼光和规划布局拓展国际市场，在更高水平的对外开放中实现更好的发展。国内市场是企业的根基，企业家们更要看到国内超大规模市场和各项政策支持的优势，在内需满足中为我国经济发展增添动力。总的来说，新时代我国企业家要立足中国、面向世界，做好国内市场和国际市场联通的桥梁，为形成以国内大循环为主体、国内国际双循环相互促进的新发展格局助力。

企业家精神的培育路径

要发挥企业家精神对企业发展、经济建设和国家繁荣的巨大作用，必须从激发企业家内生动力和营造良好的企业家精神培育环境两方面着手，大力培养适应时代发展要求的企业家精神。

从主体积极性动员方面，需要激发企业家精神培育的内生动力。提高企业家群体对企业家精神的自觉性，需要坚持需求导向、明确责任、长期熏陶的原则。对企业家而言，企业效益直接关涉生存与发展，因此，通过案例示范和比较分析引导企业家深刻认识到，企业家精神所包含的创新、务实与坚守，对于企业发展壮大、转型升级的方向具有战略引领作用。加强企业社会责任宣传，帮助企业家进一步认识到企业发展与国家命运休戚相关，以提升其依托企业生产推动社会主义现代化进程的社会责任感与自觉性。切实发掘优秀企业家的先进事迹，以实际的案例展现企业家精神的现实价值，通过榜样塑造和表彰奖励倡导向优秀企业家学习、看齐，从而激发培育养成的自觉意识和内生动力。

从外部环境营造方面，需要进一步为培育企业家精神提供良好支持性环境。针对企业家群体的具体需求营造良好环境，对企业家精神的养成具有重要意义。要加大政策支持力度，激发市场主体活力，通过落实好纾困惠企政策，打造市场化、法治化、国际化营商环境，构建亲清政商关系，高度重视支持个体工商户发展等途径，保护好市场主体，使其作为经济的力量载体，充分发挥企业的活力、主动性与创造性。切实完善帮助企业家成长的政策制度，通过创设便利条件，以政策的鼓励支持和制度的规范约束，营造有利于企业家精神培育的制度环境。企业家身处现实环境中，潜移默化下将这些精神理念融入实际的经营管理，从而内化为认同的思想信念。

面对当前复杂的国内外形势，企业作为重要的市场主体始终发挥着重要功能。新时代，新机遇，呼唤中国企业家群体响应习近平总书记的号召，践行企业家精神，淬炼当代"实业报国"精神，以充沛的物质生产和积极的精神力量，为实现中华民族伟大复兴的中国梦，推进社会主义现代化建设的伟大进程做出应有的贡献。

工商人类学视野下民营企业品牌管理探究①

——基于"劲仔"风味小鱼品牌个案研究

刘谦，郝怡冰

（中国人民大学 社会学理论与方法研究中心，北京 100872）

摘要 中国民营企业因其独特的成长环境与发展传统，在市场竞争中面临更大挑战，品牌成为企业发展的生命线。从工商人类学的文化视角切入，以湖南省华文食品股份有限公司的"劲仔"品牌为典型个案进行剖析，首先梳理处于系统成长期的"劲仔"品牌三个发展阶段特征，发现民营企业在品牌管理中应处理好的三组平衡——引领消费需求与追随需求之间的平衡、管理商品实体形态与构建品牌符号体系之间的平衡、维护企业利益与消费者和劳动者利益之间的平衡。同时，地方文化、行业前景、时代召唤，也为民营企业品牌成长带来历史机遇。

关键词 民营企业；品牌管理；工商人类学

Exploring Brand Management of Private E

enterprises from the Perspective of Business Anthropology
——A Case Study of "Jinzai" Flavored Small Fish Brand

LIU Qian，HAO Yi-bing

（**Research Center of Sociological Theory and Methodology，Renmin University，Beijing 100872，China**）

Abstract：Brand management is an important part of enterprise production and management activities. Due to their unique growth environment and development tradition，Chinese private enterprises face greater challenges in the market competition，and

---

① 本文原发于《湖南大学学报（社会科学版）》，2021 年第 3 期

brand becomes the lifeline of enterprise development. From the cultural perspective of business anthropology, the "Jinzai" brand of Hunan Huawen Food Co., Ltd. is a typical case of private enterprise brand development. By exploring the opportunities and challenges they face in the three stages of development, this paper draws three balances that private enterprises should handle in brand management --The balance between the leader and the caterer of brand marketing, the balance between the physical form of goods and the construction of symbolic system, and the balance between commercial interests and the interests of consumers and workers.

Key words: Private Enterprises; brand management; business anthropology

中国的工商实践中，民营企业扮演着不可替代的角色。2018 年习近平总书记在民营企业座谈会上提出，民营经济具有"五六七八九"的特征，即为中国贡献了 50% 以上的税收、60% 以上的国内生产总值、70% 以上的技术创新成果、80% 以上的城镇劳动就业和 90% 以上的企业数量。[1] 民营企业实力不断提升，总体规模不断扩大，但也面临日益激烈的市场竞争，品牌管理因此成为民营企业发展的生命线。

"品牌"的英文单词"Brand"源自古挪威语，意为"火、火光、燃烧的木头"等。当时，为了区分牲畜，牧场主会用烙铁在牲畜身上打上烙印。后来人们在表示商品品牌时仍沿用了"Brand"一词，并逐渐发现这种品牌印记能够带来无形价值，于是保护品牌印记的商标及商标法也应运而生。注册商标意识的觉醒和广泛实践催生了现代意义上的品牌概念和管理策略。[2] 著名广告大师大卫·奥格威提出："品牌是一种错综复杂的象征，它是品牌的属性、名称、包装、价格、历史、声誉、广告风格的无形总和，品牌因消费者对其使用的印象及自身的经验而有所界定，它是消费者对产品一切感觉的总和。"[3] 由此可见，企业生产的特定商品是品牌的物质基础，商品名称、包装和广告等是品牌的表现手段，企业形象和声誉是品牌管理的指向，而品牌本身是勾连消费者选择和企业生产供给的桥梁。因此，对品牌的管理是全方位塑造产品和企业形象的系统性工程。

当前，品牌管理受到传播学、管理学、心理学、法学、美学等多个学科的关注，本文则从工商人类学视角切入。在人类学看来，工人不是机器，消费者也不是计算器。当人们作为劳动者，将自己的体力、智力转化为某一品牌的产品时，当人们作为消费者，将手中的货币兑换为贴着某一商标的商品时，关于劳动、金钱、价值的文化考量将贯穿工商实践的全过程。

一、品牌管理与企业经营

品牌管理作为一项系统工程，不仅可以从投入、产出和经营效率上进行讨论，也可以从企业文化、品牌内涵和消费文化的关系方面予以考量。而这种联动形态，又需要将其置于企业发展不同阶段和中国民营企业生存境遇下进行更深入的理解。

（一）品牌管理：一项系统工程

作为联系企业和消费者的关键环节，品牌管理一方面需要通过企业内部建设来打造优质稳定的产品，另一方面则需要利用专业手段让产品得到消费者认可，并转化为实际消费行为。营销学者凯文·莱恩·凯勒在《战略品牌管理》[4]一书中总结了品牌管理的四个步骤：首先，综合产品特点、企业价值观与消费者心理学，识别和确定品牌定位和价值；其次，规划并执行各类品牌营销活动，向消费者传递品牌元素；再次，通过产品表现和市场反馈来评估和诠释品牌绩效；最后，利用专业的品牌战略来提升和维系品牌资产。因此，从工商管理的角度讲，品牌管理与企业成长的内外部环境息息相关，需要整合各类资源以提升企业整体利润，是伴随企业发展的一项长期、动态、系统工程。

（二）物与劳动：工商人类学视野下的品牌管理

人类学视角下，品牌所依托的商品首先是"物"。它不仅仅具有物质的躯壳，更蕴含着多重社会关系。以日常消费品为例，它的前身是工厂里的产品，在这一阶段，需要人们投入劳动改变生产原料的形态，对其进行加工，以达到相应标准。生产阶段的核心社会关系是人将劳动作用于物的关联性。当产品进入市场，便转变成为承载着品牌的商品，它需要吸引消费者并促发购买行为。这个阶段的核心关系是消费者和商家建构起双方共同认可的价值体系。当消费者完成购买行为后，商品又转变为私人物品，其反映的深层社会关系是特定消费物品是否可以和谐融入人们的日常生活实践及互动。同时，消费者的反馈又以直接或间接的方式，影响着产品生产与销售，与企业形成螺旋式的循环互动。因此，商品只是特定的"物"在其独特生命史中某个阶段的样态。[5]工商人类学将品牌认知看作一套文化系统，这套文化系统以商品为物质基础，展现了商品生产者、推广者、销售者、消费者等多元实践主体共同建构的文化环境和意义体系。

如此看来，工商人类学和工商管理视角的共通之处在于，不将品牌管理视为一个单独的环节，而是将其放置于企业经营生态系统中来综合关照。工商管理研究将投入、产出、利润、销售等概念置于前台，以提升企业运行效率为目标。而这些概念在工商人类学中则作为背景呈现。工商人类学强调将企业视为具有文化特性的组织，将商品视为组织文化的投射，注重从生产、销售、消费等环节观察产品不同生命阶段所凝聚的文化格局是否和谐有序，从而既满足消费者诉求，又与企业文化及其社会生态形成深层的互动与促进。

（三）品牌与成长：系统成长期民营企业品牌管理特性

如果企业被视为具有文化特性的组织，那么"民营企业"就是具有鲜明中国特色与时代特征的一类组织。它不是一个严格的法律概念，从经济学的意义上讲，是指按照市场经济运作的微观经济组织形式。一般来说，民营企业具有"五自"的特点，即自行组建、自行筹资、自主经营、自负盈亏、自谋发展。[6]从社会学角度出发，中国的经济社会结构实际上是由政府和民间的两套社会关系结构组成的，张继焦将代表官方的政府主导社会称为"伞式社会"，代表普通百姓的民间社会称为"蜂窝式社会"。由于权力和资源主要集中在"伞式社会"的政府手中，不具备政府资源背书的民营企业必须利用有限的先赋性资源和传统行为规则，建构群体性链式"蜂窝"，实现社会资本积累，以提升话语权和经济地位。品牌管理事关民营企业的生存与利益，又必须依赖"蜂窝"式路径，而非"伞式社会"的庇护。[7]可以说，品牌管理与民营企业发展是深刻互嵌与互构的关系。从这个角度讲，尽管品牌管理是所有企业共同面临的任务，但企业所处发展阶段的不同特征对品牌管理的目标、策略、手段等有着直接影响。

关于如何描述和理解企业发展阶段，诸多学者也有着多方位的探讨，比如仿生论、阶段论、归因论和对策论等。[8]施炜和苗兆光在此基础上提出中国民营企业五阶段成长模型，即创业阶段、机会成长阶段、系统成长阶段、分蘖成长阶段和重构成长阶段。[9]具体而言，创业阶段的企业组织规模较小，依靠强烈的进取开拓精神捕捉市场机会，实现资本初步积累；机会成长阶段，企业积累了一定资本，逐步扩大规模，需要准确把握市场信号和竞争形势，利用各类营销手段抓住机遇；进入系统成长阶段后，企业的成长动因从外部机遇转变为组织自身，开始建立现代企业制度，倾向于制定清晰的战略目标，管理趋于成熟；而分蘖成长和重构成长阶段是企业成熟之后的两种扩张选择。因此，每一个阶段的企业都在经营模式、组织架构、战略部署等方面面临不同的问题，形成不同的文化格局。

本文关注处于系统成长期的民营企业，重点研究这一阶段企业的品牌管理如何体现企业系统成长的成果，并在企业文化与品牌内涵的呼应方面存在哪些机遇与挑战。这个问题既展现了品牌管理的文化理论视角，也对促进中国民营企业的健康成长具有现实意义。

二、研究对象及研究方法

为回应以上问题，采取个案研究方法。个案研究方法通过对一个人、一个事件、一个社会集团或一个社区进行深入全面的研究，来了解其发生和发展的规律，从而为解决更一般的问题提供经验。[10] 个案选择追求典型性[11]，个案的分析则需要依循特定的理论来组织和展现材料并得出结论。[12]

研究以华文食品股份有限公司（下文简称华文食品）及其主打产品"劲仔"风味小鱼为对象。这是湖南省的一家以休闲食品研发、生产与销售为核心的现代化企业。2018 年华文食品股份营业收入为 8.05 亿元，净利润 1.15 亿元。[13] 2020 年 9 月 14 日，在深交所敲钟上市。华文食品一直在休闲食品业务领域深耕，尚未出现分蘖成长阶段的多元业务版块，营业收入等指标也表明其尚处于系统成长阶段。因此华文食品可以被视为处于系统成长阶段的中国民营企业典型个案。伴随企业发展，"劲仔"品牌也经历了从无到有、日渐成熟又面临挑战的成长历程。这一案例能够较为全面地展示企业不同发展阶段品牌管理的文化特征。

2019 年，研究团队先后两次进入华文食品总部和平江生产工厂进行调研，深入一线车间，亲眼见证小鱼从原料筛选到加工、包装、铺货再到最终进入消费者购物袋的全过程。同时与企业员工同吃同住，深入体验和理解他们的生活。此外，团队成员先后访谈了 32 名员工，涵盖了研发部、品控部、设备部等 7 个生产部门和市场部、审计部、人力资源部等 9 个职能部门。

下面将在回顾华文食品与"劲仔"品牌共同成长的三个阶段的基础上，从文化角度揭示系统成长期民营企业品牌管理的三组平衡，分析具有地方特色和时代色彩的机遇与挑战。

三、"劲仔"品牌成长历程

在创业阶段、机会成长阶段和系统成长阶段，企业面临的生存压力不同，展现出不同的劳动认同方式和企业文化图景。品牌培育只有与企业各个阶段的文化品位进行深层共通互动，才能实现协同发展。

（一）创业阶段和机会成长阶段：积累品牌知名度

华文食品创始人周劲松是湖南省平江县人。平江县是酱干、火焙鱼、霉豆腐、蜜饯等小吃的发源地之一，拥有悠久的休闲食品制作和销售传统。乘着改革开放的春风，周劲松初中毕业后，先是在家乡办了个豆干小作坊，后来在1994年北上洛阳做豆干生意。最初作坊式的豆干生产主要依靠老乡一起打拼。在当时洛阳豆干市场乃至零食行业几乎一片空白的情况下，他推着三轮车一个商店一个商店地推销，这种最原始的市场推广方式获得了巨大成功。到1995年下半年，豆干销售非常火爆，经销商直接跑到工厂拿货，甚至有经销商为抢货发生争执。然而在有了一定的知名度后，很多人冒用他的品牌，因此他前往北京注册了"劲松""周劲松"商标名和自己的肖像。

当时，周劲松带着一群平江老乡在河南一起打拼。作坊式的生产中，员工的劳动热情主要来自对周劲松人品和能力的认同。洛阳工厂开工时的招工录取比例接近5∶1，甚至有很多工人放弃其他工厂更高的工资，想要跟着周劲松干。而背后的原因正是他诚信忠厚的人品和性格，当时的老员工也说："周总从来没有拖欠过工人工资，我们信他。"[14]

2000年，周劲松回到岳阳创办了新厂，注册了"劲仔"品牌。"劲仔"的名称保留了周劲松名字中的"劲"字，同时加入了一个湖南方言中常用的"仔"字，一方面保留了原有品牌名的特点，最大程度保持消费者和经销商的黏性；另一方面新品牌名显得更加接地气、趣味化，迎合了休闲食品所对准的年轻消费群体的喜好。2010年华文食品有限公司成立。之前，公司的主要产品一直是豆干，但豆干市场的竞争越来越激烈，公司发展面临瓶颈。2011年他在全国糖酒会上发现了新的商机——风味小鱼。当时岳阳的小鱼生产加工技术已经相对成熟，市场反馈也十分热烈，但却没有形成面向全国的销售网络。周劲松看准机会，借助"劲仔"豆干在全国的销售网络和品牌知名度积累，将公司主要产品更换为风味小鱼，调整和增加了麻辣、香辣等多个口味，销往全国，迅速引爆市场。周劲松回忆说，当时一天做1000箱，但即使是做10000箱也能卖完。

1994年至2010年，华文食品经历了典型的创业阶段和机会成长阶段，企业的生存压力始终紧迫。不管是做豆干、做风味小鱼，还是汇集劳动力从事生产、在全国铺开销售网络，都十分依赖企业创始人的个人胆识、魄力与人格魅力。而从"劲松"到"劲仔"的品牌名转变，也与企业家个人有着直接而密切的关联。经过艰苦初创，"劲仔"品牌实现了知名度的原始积累，消费者也对品牌名称、企业名称、商品标识、品牌特定符号、专有产品名称等有了初步认知，迈出了构造品牌形象的第一步。[15]

（二）系统成长阶段初期：传递品牌内涵

2012 年至 2016 年，华文食品进入系统成长阶段的初期，这也是公司转型和现代化的启动阶段。此时有三个标志性事件：一是 2012 年聘请了专业的企业管理咨询公司，对当时作坊式的生产流程进行规范，全面提升企业管理水平；二是 2013 年选择汪涵担任"劲仔"形象代言人；三是 2015 年底，高标准、规范化的休闲食品生产基地在平江正式投产，产能和质量大幅提升。曾经 6 个代加工厂 3000 多人的日均产量，现由 800 多员工就可完成，并通过了 ISO9001、HACCP、GMP 多项标准认证。从作坊式生产到自动化生产的转型，不仅是效率的提升，更是企业作为文化组织所经历的文化格局的蜕变。现代企业管理制度提升了工厂的效率和产能，也激发了员工的劳动热情、强化了劳动纪律。老员工们形容这场变革"是脱胎换骨的痛，是洗心革面"[16]，从上下班时间到技术标准，变革贯穿工作的点点滴滴，对员工们而言是一次艰难又痛苦的淬炼。尽管初期大家不理解这些举措的意义，但半年后看到变革带来的实实在在的成效时，大家终于意识到现代化管理的优势所在，而员工也必须要跟上公司发展的步伐，否则就会被淘汰。

这一阶段，品牌推广也逐渐走向专业化。2013 年华文食品与品牌策划公司合作，制作了专业的品牌推广方案，选择在湖南具有极高知名度的著名娱乐节目主持人汪涵作为形象代言人。汪涵成熟稳重、严谨踏实又富有文化底蕴的个人形象，准确传递了"劲仔"品牌诚信为本、真材实料、传承中华美食的品牌内涵。浙江台州的消费者张强（化名）回忆他在 2014 年选购"劲仔"小鱼的场景时提到，相比于其他小厂家生产的小零食，劲仔小鱼有湖南卫视著名主持人汪涵代言，极大提升了他对这一企业及其产品的信任程度，"有名人的加持，就更令人信赖"。

在消费者看来，"请得起代言人"体现了企业实力，而代言人所属的湖南卫视与其自身成长经历密切关联，增加了对产品的信任，而且促使其将"优秀"这一代言人品质迁移到产品上，"湖南口音"则明确了产品的地方特色。工商人类学研究发现，名人通过广告代言，可以将其拥有的符号意义，包括身份、阶层、性格以及生活方式传递给被代言产品；商品则通过代言人形象被赋予了新的文化内涵，进而激发消费者的消费行为。[17]事实证明，汪涵的代言显著提升了"劲仔"小鱼的销量，实现了品牌突破。

邀请汪涵担任代言人的品牌管理举措，和当时的企业文化相得益彰。一方面，处在系统成长阶段的华文食品，摆脱了早期对创始人的直接依赖，以更专业的手段和管理格局运营企业，这与追求效益与精准的企业改革保持了深刻的同步性。另一方面，代言人恰当传递了公司的实力与理念，在当时休闲食品行业尚未全面规范的情况下，有效凸显了华文食品的业界引领者形象。

（三）系统成长阶段成熟期：强化品牌识别

2016 年以来，华文食品进入系统成长阶段的成熟期，其标志是 2016 年联想控股下的现代农业和食品产品投资平台佳沃集团入股，为公司带来了 3 亿的战略投资。2019 年年初，公司把总部从岳阳迁到长沙开福区，高端现代的办公场所不仅展现了华文食品的企业实力，也提升了其对专业人才的吸引力，有利于下一步深入推进品牌战略。在筹备上市过程中，公司建立起了更专业和细化的组织体系，企业文化力量也进一步凝聚，"精英誓词"贯穿在日常工作中，还组建了党支部、工会、华文慈善基金会、华文学院等机构，定期组织活动。2020年 9 月，华文食品在深圳证券交易所中小板成功上市。

这一阶段，品牌意识跃升，品牌建设上升为企业战略规划的重要内容。品牌战略要求企业不仅要通过广告等显性营销手段推广产品及品牌，更要从根本上理解自身品牌内核，回答一系列问题，如品牌的价值主张是什么、品牌应具有怎样的个性、品牌的长期目标和最终目标是什么、品牌的辨别符号是什么等。[18]此时，华文食品将主要消费群体确定为"青年"，并提出"制造安全、美味、便捷的休闲食品，传递简单、自由、快乐的生活理念"的品牌口号。2019年公司决定与邓伦开始新一轮的代言合作，希望通过邓伦在年轻人中的知名度、影响力和号召力来获得青年群体更多的关注。华文食品由此进入了从单纯推广品牌形象到深刻识别品牌文化内在价值的全新发展阶段。

如果说系统成长初期的主要挑战在于将生产效率和品牌知名度推向新高度，巩固在风味小鱼领域的领军地位，那么进入成熟期后则需要在整个休闲食品行业中精准定位，塑造更负责任的企业形象。

四、中国民营企业品牌管理启示

在华文食品品牌管理的历程中，始终有两条线索贯穿其中：一是企业的成长，二是与之相对应的品牌成长。从"劲仔"品牌管理案例可以看到，品牌管理作为企业文化与消费文化之间的互动桥梁，需要充分汲取地方文化营养、借助产业发展态势、聆听时代脉搏，在精妙的平衡中，应对挑战与风险。

（一）品牌管理中的三组平衡

首先，企业作为品牌营销者，需要在对消费需求的引领与追随之间寻求平衡。企业一方面是品牌意义的引领者，对于产品的性能和特点进行直接掌控和调整，以主动创设品牌意义来引导和满足消费者的符号需求。但另一方面，在市场运行中消费者作为需求方，对于商品的性能、价位有着深层驱动。从这个意义上讲，企业又是消费者的迎合者。在"劲仔"品牌的发展历程中，从"劲松"到"劲仔"的转变，迎合了90年代休闲食品市场需求旺盛的趋势；邀请汪涵代言，将代言人价值注入品牌，在当时管理尚不规范、食品安全事件层不出穷的背景下，较好地回应了消费者对产品品质的呼唤；后邀请"流量担当"邓伦作为新任代言人，则鲜明体现了青年消费群体通过网络表达选择与情绪的时代特征。可见，华文食品既是"劲仔"品牌管理三阶段转变的发起方、引领者，又敏感地捕捉到不同竞争阶段消费者对商品的需求变化，有效实现对消费需求的识别与追随。

其次，企业作为品牌管理者，需要在管理商品的实体形态与符号体系构建之间寻求平衡。商品的实体形态以产品质量和使用价值为基础，而品牌的符号体系则通过具有象征功能的媒介进行传播。与化妆品、服饰等品类的日常消费品相比，休闲食品的口味、用料等实体状态更容易被直接评估，这种切实的实体感受会在一定程度上限制消费者对产品的符号期待与想象。这一点在"劲仔"品牌发展初期表现得十分明显。当时使用"劲松""劲仔"等品牌名只是为和同行产品区分开来，没有考虑到品牌理念和价值。而进入系统成长期后，企业目标消费群体更加明确，品牌核心价值和营销手段也更为自觉。同时，从机会成长期开始，华文食品的生产能力不断提高，为产品实体形态的市场表现打下基础。华文食品在产品的实体形态和符号体系构建之间做到了齐头并进、有效关联。

最后，企业作为商业组织，天然追求商业利益，但同时要兼顾消费者和劳动者的利益，只有适当让利才能实现可持续发展。对于华文食品而言，品牌管理逐渐被纳入企业战略规划当中，品牌投入增加。但同时，现代化管理制度的建立大幅提升了生产效率，降低生产成本，因此能够在保证盈利的基础上，提供具有更高性价比的产品，从而实现企业和消费者利益的平衡。另一方面，企业文化建设对于平衡企业和劳动者利益有重要意义，劳动者与企业除了具备出卖劳动力和赚取酬劳的关系之外，还因为企业文化的凝聚力提升了对企业的忠诚度和责任感，同样可以落实在生产劳动环节，提升生产效率与产品质量，为企业带来效益。

回顾"劲仔"风味小鱼品牌管理的实践可以发现，华文食品正是因为较好地实现了这三组平衡，才得以较为顺利地从创业期和机会成长期发展至目前的系统成长期，并达成了良好的品牌管理效果。然而从长期来看，外部竞争日益激烈，民营企业自身又存在着固有的发展限制，系统成长期的企业仍然在品牌管理方面面临着诸多机遇和挑战。

（二）系统成长期民营企业品牌管理的机遇

依赖"蜂窝"路径成长壮大，在缺乏政府背书的情况下，能够发展至系统成长期，展现了民营企业的生命力和经营策略，而这也正是其品牌管理的优势所在。

第一，地方文化为品牌注入天然文化特质。大多数民营企业的创立和发展具有相当深厚的地方文化基础。"劲仔"风味小鱼脱胎于重香辣的湖南传统小吃。湘食自身的文化传统与特色，成为"劲仔"品牌的天然背书。《2018 全国调味品行业蓝皮书》显示，辣味已经成为全球化的流行趋势，全球吃辣人群超过 25 亿人。[19]来自湖南的"劲仔"，因为携带湘味地方饮食文化传统，在麻辣卤味产品中具备着天然优势。

第二，行业前景为品牌发展提供空间。能够到达系统成长阶段的民营企业，往往处在具有良好发展态势的行业，这为民营企业的品牌成长提供了良好的业态保障。"劲仔"所处的休闲食品行业，近年来市场规模呈几何级速度增长，高出食品市场平均增长率 20%。[20]中商产业研究院发布的《2019 年中国休闲食品行业市场前景研究报告》显示，休闲卤制品在近十年的发展中增速一直保持最快，到 2020 年总体市场规模将超过 1200 亿元。[21]同时，我国休闲食品产量与发达国家相差甚远，美国人均休闲食品消费量是中国的 150 倍。休闲食品行业巨大的发展空间和市场潜力，无疑为"劲仔"品牌发展提供了切实的可能。

第三，时代特征呼唤品牌意义体系构建。民营企业的成长，必须顺应历史洪流，方可寻得生存空间。随着人民生活水平的提高，在饮食中追求休闲的精神状态已成为时代趋势。关于"休闲"，不同年龄、不同社会阶层对"休闲"

的定义，则更敏感地承载了当代社会的气息与脉动。除了口味，人们对休闲食品报以时尚、个性、健康等更多期待。[22]这些多元需求为休闲食品品牌意义体系建构和符号表达提供了广阔舞台。

（三）系统成长期民营企业品牌管理的挑战

机遇往往与挑战相伴。这些挑战，既包括在当下消费洪流中企业品牌管理的共同难题，也有生发于系统成长期民营企业特点之中的针对性问题。

第一，消费碎片化，品牌忠诚度低。由于互联网和各类数字媒体的迅速发展，人们的生活方式、生活态度逐渐多样化，消费群体根据不断更新的个性化需求分裂形成不同的小群体、小阶层，其内部有着高度相似的消费行为、品牌选择和媒介接触。[23]碎片化的小型消费群体消费行为的背后，是文化价值观的分化与割裂。[24]华文食品将目标消费者定位为青年，但是当前青年内部亚文化圈层众多，如"潮文化""追星文化""时尚文化""健康文化"等。如何应对日益碎片化的消费群体和消费需求，是下一步品牌管理的重点。

第二，信息爆炸，注意力稀缺。随着互联网和新媒体的发展，信息打破传统时空限制，随时随地涌来。为了不在知名度上落后，每家企业都希望在尽可能多的媒体平台上发放尽可能多的广告，从而加剧了信息过载，人们的注意力进一步被稀释。这使得品牌与消费者之间的沟通更加困难和复杂。"劲仔"品牌推广的同时，很多其他休闲食品品牌也在通过流量明星吸引粉丝，比如良品铺子选择吴亦凡和迪丽热巴作为代言人，百草味的代言人则是易烊千玺。所以"劲仔"品牌管理要在流量代言的基础上，讲出简洁而有意义的故事，赋予品牌更多深意和特色。

第三，人才与管理依然是民营企业品牌管理的直接痛点。面对上述挑战，企业需要具备专业能力且与企业精神契合的人才来解析、回应消费行为背后精细的文化诉求。但民营企业在政治资源、融资渠道、整体实力方面相对薄弱，在人才竞争中处于劣势，特别对于高端专业人才缺乏吸引力。华文食品在获得联想投资之后，引入了一定数量的外部人才，但这些没有经历过华文创业期和机会发展期的专业人才真正融入企业还需要时间；同时，进入系统成长期后，随着新员工的不断加入，员工之间的文化背景更加多样化，在此基础上如何建立起高效又包容开放的组织文化和管理体制服务品牌管理，又是一个新的挑战。

五、结语

品牌不仅是企业赋予产品的名字，它之所以能够成为一种资产、带给企业实实在在的利润回报，是因为品牌作为一种特殊的符号与消费者的符号解码体系对接，让消费者感受到了商品提供者足够的诚意与能力，从而促生持久的互动。在人类学看来，商品的生产、销售、消费环节蕴含着人与劳动、人与人、人与组织的关系，成功的品牌管理正是实现了这些关系的和谐和平衡，并与地方文化、产业形态形成了良性互动。

对于面临诸多发展限制的民营企业而言，有必要用品牌资产弥补其他资源的不足，在激烈的市场竞争中实现可持续发展。那些经历了创业期和机会成长期积累和沉淀的民营企业，在系统成长阶段已经具备了相对稳定的企业文化实践模式和有形的生产销售体系等，从战略层面上规划并实施品牌管理更具动力和可行性。同时，面对当代社会消费碎片化、注意力稀缺等现实趋势，民营企业仍需吸引人才、创新管理，打造更专业的商品意义系统和符号传递手段，将品牌管理提升到新高度。

参考文献

[1] 习近平：在民营企业座谈会上的讲话 [EB/OL]．http://www.gov.cn/xinwen/2018-11/01/content_ 5336616. html

[2] 罗文军．品牌的性质 [J]．上海企业，2007（11）：46-47.

[3] 卢改营，金永军．品牌的整合和定位 [J]．上海综合经济，2004（06）：71-74.

[4] 凯文·莱恩·凯勒．战略品牌定位 [M]．北京：中国人民大学出版社，2003：35-38

[5] 刘谦，张银锋．人类学视野下的商品生产与消费——从西方工商人类学的发展谈起 [J]．中国人民大学学报，2016，30（01）：138-146.

[6] 赵德江．我国民营企业可持续发展问题研究 [D]．福建师范大学，2013.

[7] 张继焦．"伞式社会"——观察中国经济社会结构转型的一个新概念 [J]．思想战线，2014，40（04）：54-61.

[8] 徐忠伟．中国民营企业可持续成长影响因素的实证研究 [D]．复旦大学，2005.

[9] 施炜，苗兆光．企业成长导航 [M]．北京：机械工业出版社，2019

[10] 文军，蒋逸民．质性研究概论 [M]．北京：北京大学出版社，2010

[11] 王宁．个案研究的代表性问题与抽样逻辑 [J]．甘肃社会科学，2007

（05）：1-4.

[12] 张静. 案例分析的目标：从故事到知识 [J]. 中国社会科学，2018（08）：126-143.

[13] 华文食品股份有限公司首次公开发行股票招股说明书，2019 年 12 月版，1-1-47

[14] 2019 年 8 月 14 日访谈平江华文生产后段经理（华文食品老员工）

[15] 罗子明. 品牌形象的构成及其测量 [J]. 北京工商大学学报（社会科学版），2001（04）：19-22.

[16] 2019 年 8 月 14 日访谈平江华文老员工

[17] 田广，王颖，王红. 工商人类学视角下的消费行为研究 [J]. 广西民族大学学报（哲学社会科学版），2017，39（04）：2-10.

[18] 范秀成，陈洁. 品牌形象综合测评模型及其应用 [J]. 南开学报，2002（03）：65-71.

[19]《2019 全国调味品行业蓝皮书》发布会 [EB/OL] http：//www. cfsn. cn/front/web/site. newshow？hyid＝13&newsid＝1636

[20] 叶盼盼，张书敏. 我国休闲食品现状和发展趋势 [J]. 食品科技，2013，38（09）：95-98.

[21] 2019 年中国休闲食品行业市场前景研究报告 [R/OL] http：//wk. askci. com/details/fdf025a0927449b4a2f645a6ba622607/

[22] 严亚，黄悦. 小食品大市场——休闲食品的市场攻略 [J]. 营销，2009（2）：52-57

[23] 黄升民，杨雪睿. 碎片化背景下消费行为的新变化与发展趋势 [J]. 广告研究（理论版），2006（02）：4-9.

[24] 李克琴，喻建良. 品牌忠诚分类研究 [J]. 湖南大学学报（社会科学版），2002（03）：25-28.

参考文献

［1］ Bass，B. M. Leadership and Performance Beyond Expectations ［M］. New York，NY：Free Press，1985.

［2］ Deal T. E.，A. A. Kennedy. Corporate Cultures：The Rites and Rituals of Organizational Life ［M］. New Jersey：Addison Wesley，1982.

［3］ Marietta L. Baba. "Anthropology Practice in Business and Industry". In Statish Kedia and John van Willigen（eds.）*Applied Anthropology Domains of Application*. London：Praeger，2005.

［4］ Marietta L. Baba. "Anthropology Practice in Business and Industry". In Statish Kedia and John van Willigen（eds.）*Applied Anthropology Domains of Application*. London：Praeger，2005.

［5］ Peter Drucker . The Practice of Management ［M］ . Harper & Brothers，1954.

［6］ Robert Guang Tian. "The Unique Contributions and the Unique Methodologies：Concise Overview of the Applications of Business Anthropology".. *Journal of Business Anthropology*，2010.

［7］ UNESCO Institute for Statistics. Global Education Digest ［R］. Montreal：UNESCO Institute for Statistics，2012.

［8］ 丹尼尔·贝尔. 资本主义文化矛盾 ［M］. 严蓓雯译. 南京：江苏人民出版社，2012.

［9］ 加里·阿姆斯特朗，菲利普·科特勒，吕一林等译. 市场营销学（第9版）［M］. 北京：中国人民大学出版社，2010.

［10］（美）马斯洛. 人的潜能与价值 ［M］. 林方 译，北京：华夏出版社，1987.

［11］ 曼纽尔·卡斯特. 网络社会的崛起 ［M］. 夏铸九，王志弘等译. 北

京：社会科学文献出版社，2001.

［12］让·鲍德里亚．消费社会［M］．刘成富，全志钢译．江苏：南京大学出版社，2014.

经典著作类

［1］毛泽东选集（第3卷）［M］，北京：人民出版社，1991年.

［2］习近平关于科技创新论述摘编（八）［M］．北京：中央文献出版社，2016.

学术著作

［1］陈明淑、王元京．民营经济发展的新机制、新动力和新机遇［M］．云南：云南人民出版社，2004.

［2］陈嘉映，哲学·科学·常识［M］．北京：中信出版社，2018.

［3］程宇宁．品牌策划与管理［M］．北京：中国人民大学出版社，2014.

［4］董克用、李超平．人力资源管理概论（第5版）［M］．北京：中国人民大学出版社，2019.

［5］冯光明、徐宁．人力资源管理［M］．北京：北京师范大学出版社，2010.

［6］冯刚．理直气壮开好思政课——把握新时代思政课建设规律［M］．北京：人民出版社，2019.

［7］高鸿业．西方经济学［M］．北京：中国人民大学出版社，2011.

［8］顾建光．现代公共管理理论与实践［M］．上海：上海人民出版社，2017.

［9］国家统计局．中国贸易物价统计资料（1952-1983）［M］．北京：中国统计出版社，1984.

［10］林新奇．新中国人力资源管理变革的路径和走向：制度变迁与政策选择［M］．大连：东北财经大学出版社，2012.

［11］诺伊等．人力资源管理：赢得竞争优势：第九版［M］．北京：中国人民大学出版社，2018.

［12］彭剑锋．人力资源管理概论（第三版）［M］．上海：复旦大学出版社，2019年.

［13］田广，周大鸣．工商人类学通论［M］．北京：中国财政经济出版

社，2013.

［14］施炜，苗兆光．企业成长导航［M］．北京：机械工业出版社，2019.

［15］史晋川．中国民营经济发展报告［M］．北京：经济科学出版社，2018.

［16］王通讯：人才学通论［M］．北京：中国社会科学出版社，2001.

［17］王裕民，吴国庆等．劳动关系与争议处理：政策与实务．［M］北京：北京大学出版社，2008.

［18］张德．人力资源开发与管理．2版．北京：清华大学出版社，2001.

［19］张杉杉，罗震雷，徐晓峰．人力资源管理心理学［M］．北京：首都经济贸易大学出版社，2009.

［20］赵曙明．国际企业：人力资源管理［M］．南京：南京大学出版社，1992.

［21］朱炳祥．社会人类学［M］．湖北：武汉大学出版社，2004.

［22］曾向东．民营经济发展论［M］．南京：南京大学出版社，2006.

报纸文章

［1］《中国经济贸易年鉴》［N］.2018

［2］国务院．《宪法》修正案［Z］.2004.

［3］国务院．关于鼓励和引导民间投资健康发展的若干意见［Z］.2010.

［4］国务院．关于鼓励支持和引导个体私营等非公有制经济发展的若干意见［Z］.2005.

［5］习近平．在民营企业座谈会上的讲话［N］．人民日报，2018-11-02（002）.

［6］仇玉娇．立足岳阳，发扬湖湘美食文化——访湖南省华文食品有限公司董事长周劲松［N］．洞庭之声.2015-3-23.

［7］中商产业研究院，2019年休闲食品市场前景研究报告.

［8］魏杰：人力资本应作为企业制度要素［N］．经济消息报，2001-5-2（7）.

［9］陈良栋．新时代须把依法治企向纵深推进［N］．企业家日报，2018-01-22（003）.

学术期刊

［1］白丽，唐海亨，汤晋．食品企业食品安全行为决策机理研究［J］．消费经济，2011（04）．

［2］陈春花．企业文化的改造与创新［J］．北京大学学报（哲学社会科学版），1999，（3）．

［3］陈全明，张广科．人力资源管理思想：三个里程碑及其在中国的升华［J］．中国行政管理，2012（09）．

［4］陈清泰．中国经济的活力之源——关于推进民营企业发展的三大问题［J］．中国民营科技与经济，2001（02）．

［5］陈方若，大疫当前谈供应链思维：从"啤酒游戏"说起［J］，中国科学院院刊，2020（3）．

［6］赵刚．中国休闲食品的现状与发展［J］．中外食品工业信息，2000（01）．

［7］贺庆．2004～2005年我国大豆价格走势分析［J］．农业科技通讯，2005（12）．

［8］许敏兰．中国民营企业管理模式的制度变迁——从家族制管理向现代企业制度管理过渡［J］．贵州财经学院学报，2003（06）．

［9］张天龙，陈圻，杨有权．产业品牌概念起源及其研究述评［J］．商业时代，2008（17）．

［10］卢政营，金永军．品牌的整合和定位［J］．上海综合经济，2004（06）．

［11］卢楠．市场经济下企业经济管理模式研究［J］．现代营销（信息版），2020（02）．

［12］王世泉．民营企业人才流失的成因及对策［J］．中外企业家，2009（11）．

［13］王宝义．中国电子商务网络零售产业演进、竞争态势及发展趋势［J］．中国流通经济，2017（04）．

［14］温华．广告代言人现象的社会心理透视［J］．江汉大学学报（人文社会科学版），2002（03）．

［15］吴庆军，王振中，龚永国．改革开放以来我国人均国民收入变动及发展趋势预测［J］．华东经济管理，2018（12）．

［16］吴照云，王宇露．企业文化与企业竞争力——一个基于价值创造和价

值实现的分析视角 [J]．中国工业经济，2003（12）．

[17] 吴秋生，刘沛．企业文化对内部控制有效性影响的实证研究——基于丹尼森企业文化模型的问卷调查 [J]．经济问题，2015（7）．

[18] 吴冬梅．人力资源理论的五次创新 [J]．企业经济，2012（11）．

[19] 曹智．2006 年上半年中国大豆市场回顾 [J]．农业展望，2006（06）．

[20] 尚金梅：人力资源开发的人力资本分析，石家庄经济学院学报，1999（3）．

[21] 史勇彪．人文关怀对企业管理的重要性，现代企业文化·理论版 [J]．2014（9）．

[22] 褚敏，靳涛．民营经济发展存在体制内阻力吗？——基于政府主导和国企垄断双重影响下的发展检验 [J]．南京社会科学，2015（8），

[23] 徐慧华，李碧珍．民营企业政治关联、企业家精神与全要素生产率增长 [J]．金融与经济，2019（11）．

[24] 余力，孙碧澄．民营经济发展的融资困境研究——基于金融抑制视角 [J]．财经科学，2013，（8）．

[25] 于尚艳，杨越，曾静．变革型领导对员工工作绩效的影响：以任务冲突为中介变量 [J]．华南师范大学学报：社会科学版，2013（5）．

[26] 休闲食品新趋势 [J]．休闲食品新趋势 [J]．企业销售，1995（05）．

[27] 休闲食品：一个诱人的市场 [J]．江西食品工业，2000（03）．

[28] 邱红彬．关于品牌定位几个理论问题的探讨 [J]．北京工商大学学报（社会科学版），2002（04）．

[29] 亓光勇．工商人类学理论在精准扶贫中的应用研究——基于民族地区社会扶贫的实证研究 [J]．广西师范学院学报（哲学社会科学版），2017（04）．

[30] 焦斌龙：人力资源、人力资本和知识资本，山西财经大学学报，1999（4）．

[31] 黄升民，杨雪睿．碎片化背景下消费行为的新变化与发展趋势 [J]．广告研究（理论版），2006（02）．

[32] 黄婷．中小企业品牌管理创新的重要性和策略研究 [J]．商场现代化，2017（10）．

[33] 何星亮. 文化人类学田野调查法——参与观察法与深度访谈法 [J]. 宗教信仰与民族文化, 2016 (00).

[34] 宫文卿. 我国企业应如何选择品牌代言人策略 [J]. 现代商业, 2008 (27).

[35] 郭静. 中国工商人类学研究的回顾与展望 [J]. 湖北民族学院学报 (哲学社会科学版), 2018 (01).

[36] 葛清俊: 人力资源与人力资本刍议 [J]. 科技与管理, 2003 (2).

[37] 罗文军. 品牌的性质 [J]. 上海企业, 2007 (11).

[38] 罗子明. 品牌形象的构成及其测量 [J]. 北京工商大学学报 (社会科学版), 2001 (04).

[39] 梁雯, 凌珊. 基于企业文化与动态能力的企业竞争优势重构研究 [J]. 商业研究, 2015 (3).

[40] 林新奇. 人力资源管理三十年: 路径与走向 [J]. 中国人才, 2008 (21).

[41] 刘谦, 张银锋: "人类学视野下的商品生产与消费——从西方工商人类学的发展谈起" [J]. 中国人民大学学报, 2016 (1).

[42] 刘建堤. 品牌定义与品牌资产理论研究文献综述 [J]. 经济研究导刊, 2012 (31).

[43] 刘瀚文. 国内休闲食品行业现状及未来发展 [J]. 现代食品, 2018 (22).

[44] 李庆胜. 直击企业变革中的员工抵制 [J]. 人力资源管理. 2008 (10).

[45] 李祝舜. 中国民营企业人力资源管理发展研究 [J]. 企业经济, 2005 (02).

[46] 李道平. 利益协调: 公共关系协调的实质所在 [J]. 公关世界, 1997 (01).

[47] 李培圩. 中国休闲食品的发展前景 [J]. 中国食物与营养, 1998 (1).

[48] 方尚玲. 跨世纪休闲食品开发方向与发展策略 [J]. 适用技术市场, 2000, (06).

[49] 范二平. 品牌价值提升策略探讨 [J]. 企业经济, 2013, 32 (01).

[50] 范秀成, 陈洁. 品牌形象综合测评模型及其应用 [J]. 南开学报,

2002（03）．

[51] 毛晶莹．关于市场部定位问题的战略研究［J］．商讯商业经济文荟，2004（03）．

[52] 彭际作，毛德华，刘明．1998年湖南省特大洪涝灾害分析与思考［J］．湖南师范大学自然科学学报，2001（1）．

[53] 彭博，晁钢令．品牌代言人对品牌的作用及选择研究［J］．现代管理科学，2011（12）．

硕博论文

[1] 艾亮．企业文化建设研究［D］．天津大学博士论文，2012．

[2] 刘双．品牌代言人可信度对品牌关系质量的影响研究［D］．广西大学，2015．

[3] 周义勇．岳阳市民营经济税收现状及对策研究［D］．中南大学，2007．

[4] 张琦．员工感知的企业家精神对员工行为的影响研究［D］．西北大学，2015．

电子期刊

[1] 习近平：在民营企业座谈会上的讲话［EB/OL］．http：//www. xinhuanet. com/politics/leaders/201811/01/c_ 1123649488. htm

[2] 现行标准下洛阳市辖县撤县设市可行性探讨［EB/OL］．http：//www. lytjj. gov. cn/sitesources/lystjj/page_ pc/tjfw/tjfx/sjfx/articleb6815d3525a4445299d6eb4a523cfe31. html.

[3] "麻辣王子"走出网红辣条"晋升路"　［EB/OL］．http：//hn. people. com. cn/n2/2019/0222/c356883-32673068. html.

[4] 百度文库［EB/OL］．https：//wenku. baidu. com/view/addb0ea4c8d376eeafaa314d. html

[5] 中国休闲食品发展史［EB/OL］．https：//baijiahao. baidu. com/s？id=1646637628820371945&wfr=spider&for=pc

[6] "麻辣王子"走出网红辣条"晋升路"［EB/OL］．http：//hn. people. com. cn/n2/2019/0222/c356883-32673068. html

[7] 广告营销［EB/OL］．https：//baike. baidu. com/item/广告营销/

3088842？fr＝aladdin

［8］"劲仔"成岳阳唯一入围首批"CCTV 中国品牌榜"品牌［EB/OL］．https：//hunan. ifeng. com/a/20170511/5648273＿0. shtml

［9］《香蜜沉沉烬如霜》线上线下掀收视口碑风潮 成平台＋IP＋演员相互成就典范［EB/OL］. http：//www. sohu. com/a/252067353＿99981993

［10］邓伦［EB/OL］．https：//baike. baidu. com/item/邓伦/10133303？fr＝aladdin#

［11］《中国电子商务发展报告 2018－2019》在厦门发布［EB/OL］．https：//baijiahao. baidu. com/s？id＝1644156804439677363&wfr＝spider&for＝pc

［12］品牌理论［EB/OL］．https：//wiki. mbalib. com/wiki/品牌理论

［13］2019 年中国休闲食品行业市场规模及发展趋势预测［EB/OL］．http：//www. askci. com/news/chanye/20190114/1639031140214＿2. shtml

［14］注意力经济［EB/OL］．https：//baike. baidu. com/item/注意力经济/2324673？fr＝aladdin

华文招股说明书

华文食品，首次公开发行股票招股说明书，2019 年 12 月。

华文食品股份有限公司，《湖南省华文食品有限公司行政人事部变革总结报告》，2013 年。

华文食品股份有限公司，《华文食品股份有限公司首次公开发行股票说明书》，2019 年 12 月。

华文食品股份有限公司首次公开发行股票招股说明书（申报稿），2019 年 12 月。

华文食品股份有限公司首次公开发行股票招股说明书，2019 年 12 月。

华文食品有限，《PMC 部变革总结报告》，2013 年。

华文有限，《湖南省华文食品有限公司品质部文件汇编》，2013 年。

欧博企业管理研究所，湖南省华文食品有限公司文件汇编，2013 年 12 月 26 日。

网络资源

［1］http：//www. gov. cn/xinwen/2018－11/01/content＿5336616. htm，习近平：在民营企业座谈会上的讲话

［2］广东欧博企管企业管理研究所＿360 百科 https：//baike. so. com/doc/

6633155-6846959. html

[3] http：//www. kemen. cn/html/gykm/fzlc/#fzlc1984，克明发展历程

[4] 佳沃集团官网简介 . https：//zdb. pedaily. cn/enterprise/show50592/

[5] https：//baike. baidu. com/item/%E4%BD%B3%E6%B2%83%E9%9B%86%E5%9B%A2/8063461？fr=aladdin

[6] 乐哈网 . 来源链接：http：//www. leha. com/health/1208660_ 2

[7] ttps：//baijiahao. baidu. com/s？id=1559776187624964&wfr=spider&for=pc

[8] 国家工商行政管理局、国家统计局 .《关于划分企业登记注册类型的规定》.［9］http：//www. stats. gov. cn/tjsj/tjbz/200610/t20061018_ 8657. html

[10] 国家统计局 . 工业经济在调整优化中实现了跨越式发展——改革开放30 年［11］我国经济社会发展成就系列报告之九［R］. 2008. http：//www. stats. gov. cn/ztjc/ztfx/jnggkf30n/200811/t20081106_ 65695. html

[12] 国家统计局 . 1987 年国民经济和社会发展统计公报［R］. 1988.

[13] 华文食品挂牌上市 靠一年卖 12 亿包劲仔小鱼出圈 | 华文食品_ 新浪财经_ 新浪网［EB\OB］.（si-na. com. cn）

[14] 官宣：华文食品正式更名为劲仔食品 | 经营_ 网易订阅［EB\OB］.（163. com）

后　记

　　新时代中国民营企业的高质量发展，对于我国全面建成小康社会以及建设社会主义现代化国家具有重要意义。随着《关于营造更好发展环境支持民营企业改革发展的意见》（中发〔2019〕）、《关于新时代加快完善社会主义市场经济体制的意见》（中发〔2020〕）等系列文件的出台，更为系统、科学地把握新时代我国民营企业的高质量发展成为亟待解决的时代课题。围绕贯彻落实习近平总书记在民营企业座谈会上的讲话精神，对我国民营企业的发展进行研究，分析民营企业的创业成长历程，把握民营企业的文化内涵，总结民营企业的品牌形象，对于理解我国民营企业成长规律和外部环境，为激发我国民营企业活力和创造力提供建议与参考，具有重要意义。在此背景下，我们很高兴有机会深入劲仔食品集团股份有限公司进行调研。劲仔食品从小作坊一步步发展成为如今的规模和体量。2020 年 8 月，在本书即将付梓之际，喜闻华文食品集团股份有限公司已在深圳证券交易所中小板顺利上市，并于 2021 年更名为劲仔食品股份有限公司。劲仔食品的发展历程可以被视作当代中国民营企业健康发展的缩影。

　　负责本书调研与撰写的课题组成员由北京师范大学思想政治工作研究院院长冯刚教授、中国人民大学社会与人口学院人类学研究所刘谦教授，以及中国人民大学、北京师范大学、中南大学、湖南大学、湖南理工学院等高校的中青年学者和博士、硕士研究生组成。冯刚、刘谦等负责全书策划和框架设计，力图从人类学、社会学、法学、哲学、文化建设等多学科角度，对劲仔食品的企业成长进行解读。

　　经过多次研讨和认真准备，现场调研工作于 2019 年 2 月正式启动。研究团队先后于 2019 年 4 月和 8 月在劲仔食品总部对公司高管、中层管理干部进行访谈，并进入平江生产工厂进行集中调研，与劲仔员工同吃同住，尽可能深入地体验和理解他们的生活。在经销商和零售店环节，还对经销商进行走访、观察消费者具体的选择与购买活动。经过较为详细的调研，结合理论分析和深入研究，形成本书。2019 年 9 月至 2020 年 4 月为本书的集中撰写阶段。受疫情影响，出版工作受到一定影响。与此同时，劲仔食品的各项工作稳步推进。其标志性事件为 2020 年 9 月在深交所成功上市和 2021 年 4 月 30 日公司中文名称由"华文食品股份有限公司"变更为"劲仔食品集团股份有限公司"。为如实记录公司发展历程，文中出现的公司简称、有关人物职务等，以调研阶段所获信息为依据和叙述方式；而在对公司发展进行总体性理解和评述，以及后续开展的活动描述中，则以"劲仔食品"进行表达。

全书撰写具体分工如下：前言（刘谦）、绪论（刘谦）、第一章（朱宏强）、第二章（刘颖）、第三章（刘谦、申林灵）、第四章（申林灵）、第五章（郝怡冰）、第六章（刘嘉圣）、第七章（朱宏强）、第八章（刘谦）。刘谦、刘嘉圣、朱宏强、申林灵负责全书统稿和修订。冯刚教授多次参与本书的讨论并给予指导。刘嘉圣、申林灵、朱宏强、郝怡冰、刘颖等参与了文献整理和资料收集工作。

在本书的编撰过程中，得到了劲仔食品集团股份有限公司董事长周劲松等公司高层以及员工们的支持与配合，课题组得以深入企业内部，获得了大量珍贵的一手资料，对此深表感谢！同时，本书的编撰除了参考经典著作以外，还参考了相关专家学者的研究成果，对此一并表示感谢！文中的场景描写、人物访谈等采用楷体记录，参考文献采用脚注方式进行标注，并在书末列出全书主要参考文献。

本书关于我国民营企业的研究只是一个开始，期待今后可以进行更为深入的挖掘。由于我国民营企业的研究内容甚为丰富，加之篇幅有限，研究成果的出版又具有一些时滞性，这些都给编写工作带来较大的难度，一些观点有待于进一步深入探讨，对于本书的局限与不足只能留待今后补充与修正，也真诚地希望各位专家、读者批评指正。

著者

2020 年 7 月 19 日

2019 年 10 月一稿于长沙

2019 年 12 月二稿于岳阳

2020 年 3 月三稿于北京

2020 年 8 月四稿于北京

2021 年 1 月五稿于北京

2021 年 7 月定稿于北京